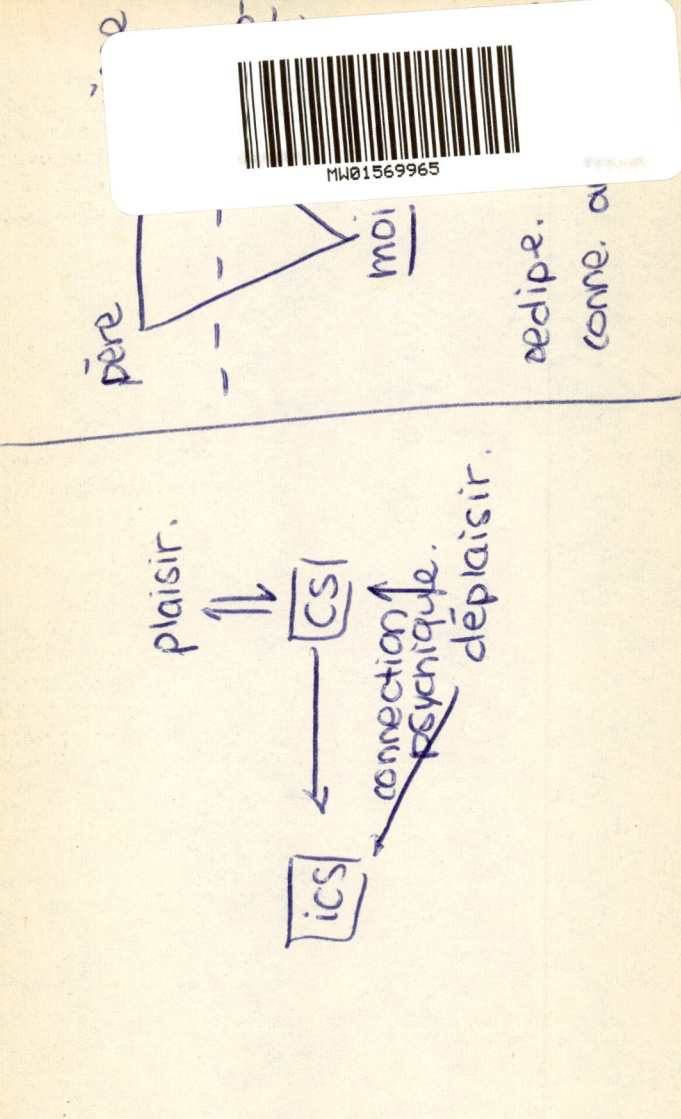

Essais de psychanalyse

**Du même auteur
dans la même collection**

Introduction à la psychanalyse
Essais de psychanalyse
Totem et Tabou
Cinq leçons sur la psychanalyse
Psychopathologie de la vie quotidienne

Sigmund Freud

Essais de psychanalyse

Traduit de l'allemand, sous la responsabilité
d'André Bourguignon, par J. Altounian,
A. Bourguignon, O. Bourguignon, A. Cherki,
P. Coter, J. Laplanche, J.-B. Pontalis, A. Rauzy.

Petite Bibliothèque Payot

Ces *Essais* de Sigmund Freud ont été précédemment publiés par les Éditions Payot dans la traduction du Dr S. Jankélévitch, désormais remplacée par les nouvelles traductions publiées en 1981.

© 1981, Éditions Payot pour l'édition en langue française.
© 2001, Éditions Payot & Rivages
pour la présente édition
106, boulevard Saint-Germain, 75006 Paris

Préface

L'histoire des relations ambiguës de Freud avec la France et de celles, non moins ambiguës, des Français avec Freud et son œuvre, expliquent, en partie, pourquoi en 1981 le lecteur français ne dispose toujours pas d'une édition collective comparable aux *Gesammelte Werke* ou à la *Standard Edition*.

Sous le titre *Essais de psychanalyse*, les Éditions Payot ont pris l'habitude de réunir quatre textes freudiens d'une particulière importance : *Considérations actuelles sur la guerre et sur la mort* (1915), *Au-delà du principe de plaisir* (1920), *Psychologie des foules et analyse du moi* (1921), *Le moi et le ça* (1923).

La première traduction française de ces textes, due à S. Jankélévitch, date de 1924 pour *Massenpsychologie* et de 1927 pour les trois autres. Bien qu'elle ait été « revue et mise au point par le Dr A. Hesnard », elle ne répondait plus aux critères exigés aujourd'hui pour les traductions de textes philosophiques et/ou scientifiques ; sans compter que toute traduction moderne de Freud doit tenir compte des apports et des choix du *Vocabulaire* de Laplanche et Pontalis (1967). Il nous a donc paru utile et opportun de rassembler les traductions nouvelles dont nous connaissions l'existence. En effet, nous savions que Laplanche avait traduit, seul, *Le moi et le ça* et, avec Pontalis, *Au-delà du principe de plaisir*. D'un autre côté, Pierre Cotet, avec nous-même et d'autres germanistes et/ou analystes, avait traduit les *Considérations actuelles* et la *Psychologie des foules*.

Tout le monde sait qu'aucune traduction n'est sans reproche. En tout cas, celles qui sont ici présentées ont l'avantage d'une extrême fidélité au texte allemand et d'une parfaite conformité avec le *Vocabulaire de la psychanalyse*, qui a désormais acquis force de loi, même si de loin en loin on rencontre quelque lecteur hésitant encore à traduire *Triebregung* par motion pulsionnelle. Mais que proposer de mieux ? L'essentiel n'est-il pas de prendre le parti qu'on juge le meilleur, de le justifier et de s'y tenir ? C'est ce qui a été fait pour certaines traductions, dans *Massenpsychologie und Ich-Analyse* par exemple, à propos desquelles les traducteurs fournissent d'amples justifications.

Nous remercions vivement nos amis J. Laplanche et J.-B. Pontalis qui ont souscrit sans hésiter à notre projet, ainsi que M. Pidoux-Payot qui a immédiatement tout mis en œuvre pour le faire aboutir.

André BOURGUIGNON.

Les notes de Freud sont appelées par des chiffres arabes, les autres par des astérisques.

Considérations actuelles
sur la guerre et sur la mort
(1915)

Zeitgemässes über Krieg und Tod,
Gesammelte Werke, tome X, p. 323-355

*Traduit de l'allemand par Pierre Cotet,
André Bourguignon et Alice Cherki*

1
La désillusion causée par la guerre

Pris dans le tourbillon de ces années de guerre, informé unilatéralement, sans recul par rapport aux grands changements qui se sont déjà accomplis ou sont en voie de s'accomplir, sans avoir vent de l'avenir qui prend forme, nous-mêmes ne savons plus quel sens donner aux impressions qui nous assaillent et quelle valeur accorder aux jugements que nous formons. Nous serions tenté de croire que jamais encore un événement n'avait détruit tant de biens précieux communs à l'humanité, égaré tant d'intelligences parmi les plus lucides, si radicalement abaissé ce qui était élevé. Même la science a perdu son impassible impartialité ; ses serviteurs profondément ulcérés tentent de lui ravir des armes, pour apporter leur contribution au combat contre l'ennemi. L'anthropologiste se doit de déclarer l'adversaire inférieur et dégénéré, le psychiatre de diagnostiquer chez lui un trouble mental ou psychique. Mais, sans doute, ressentons-nous le mal de ce temps avec une force excessive et n'avons-nous pas le droit de le comparer au mal d'autres temps que nous n'avons pas vécus.

L'individu qui n'est pas devenu lui-même un combattant et, de ce fait, une infime particule de la gigantesque machine de guerre, se sent troublé dans son orientation et inhibé dans sa capacité de réalisation. Je pense que, pour lui, le moindre geste, qui lui rendra plus facile de s'y reconnaître en son monde intérieur, sera le bienvenu. Parmi les facteurs, responsables de la misère psychique de ceux de l'arrière, et dont la maîtrise leur pose de si difficiles problèmes, il y en a deux que je voudrais mettre en évidence et traiter ici : la désillusion que cette guerre a provoquée et le changement d'attitude à l'égard de la mort qu'elle nous impose — comme toutes les autres guerres.

Quand je parle de désillusion, chacun sait aussitôt ce que j'entends par là. Sans avoir besoin d'être un fanatique de la pitié, tout en reconnaissant la nécessité biologique et psychologique de la souffrance pour l'économie de la vie humaine, on n'en a pas moins le droit de condamner la guerre dans ses moyens et ses buts et d'aspirer à la cessation des guerres. On se disait, il est vrai, que les guerres ne pourraient cesser tant que les peuples auront des conditions d'existence si différentes, tant que chez eux l'appréciation des valeurs relatives à la vie de l'individu sera aussi divergente, tant que les haines qui les séparent représenteront de si puissantes forces de pulsion pour le psychisme. Aussi était-on préparé à ce que des guerres entre les peuples primitifs et civilisés, entre les races de couleurs différentes, voire des guerres entre les individus-peuples d'Europe peu développés ou redevenus sauvages, retiennent pendant longtemps encore l'attention de l'humanité. Mais on osait espérer quelque chose d'autre. Des grandes nations de race blanche régnant sur le monde, auxquelles incombe la direction du genre humain, que l'on savait employées à défendre certains intérêts communs au monde entier, et dont l'œuvre comprend aussi bien les progrès techniques dans la domination de la nature que les valeurs artistiques et scientifiques de civilisation — de ces peuples-là, on avait attendu qu'ils fussent capables de résoudre par d'autres voies les dissensions et les conflits d'intérêts. Au sein de chacune de ces nations avaient été établies, pour l'individu, des normes morales élevées, auxquelles il devait se conformer dans la conduite de sa vie, s'il voulait trouver sa place dans la communauté civilisée. Ces préceptes d'une rigueur souvent excessive exigeaient beaucoup de lui, un grand effort de limitation de soi-même et un large renoncement à la satisfaction pulsionnelle. Il lui était avant tout refusé de se servir des avantages extraordinaires que procure l'usage du mensonge et de la tromperie dans la compétition avec son prochain. L'État civilisé considérait ces normes morales comme les assises de son existence, il intervenait avec sévérité si on osait y toucher, et souvent déclarait qu'il ne convenait même pas de les soumettre à l'examen de la raison critique. On pouvait donc supposer qu'il les respecterait lui-même et qu'il n'avait pas l'intention de rien entreprendre contre elles, ce par quoi il eût nié les fondements de sa propre existence. Enfin on pouvait certes constater qu'il y avait, épars au sein de ces nations civilisées, certains résidus ethniques, communément tenus pour indésirables, et qui de ce fait n'avaient été admis qu'à contrecœur à prendre part, et même pas de façon pleine et entière, à l'œuvre commune de civilisation, à laquelle ils s'étaient pourtant montrés suffisamment aptes. Mais on pouvait penser que les grands peuples, quant à eux, auraient acquis une conscience suffisante de leur communauté et assez de tolérance à l'égard de leur disparité, pour qu'il ne fût plus possible de fondre en une seule acception, comme c'était encore le cas dans l'Antiquité classique, « étranger » et « hostile ».

Confiants en cette union des peuples civilisés, un nombre incalculable d'hommes ont changé leur résidence dans la patrie contre un lieu de séjour à l'étranger et lié leur existence aux relations entretenues entre eux par les peuples amis. Mais celui que l'urgence de la vie ne retenait pas prisonnier à la même place pouvait de tous les avantages et de tous les charmes des pays civilisés se composer une nouvelle et plus grande patrie où il évoluait sans entraves et à l'abri des soupçons. Il jouissait ainsi de la mer bleue et de la mer grise, de la beauté des cimes enneigées et de celle des vertes prairies, de l'enchantement de la forêt nordique, de la splendeur de la végétation méridionale, de l'atmosphère des paysages sur lesquels planent de grands souvenirs historiques et de la paix de la nature inviolée. Pour lui, cette nouvelle patrie était aussi un musée, plein de tous les trésors que les artistes de l'humanité civilisée avaient créés et légués depuis des siècles. Se promenant d'une salle à l'autre de ce musée, il pouvait constater et apprécier sans parti pris la variété des types de perfection que le mélange des sangs, l'histoire, la spécificité de la terre-mère avaient produits chez ses compatriotes, au sens le plus large. Était développé au plus haut point, ici l'énergie froide et inflexible, ailleurs l'art gracieux d'embellir la vie, ailleurs encore le sens de l'ordre et de la loi ou de toute autre des qualités qui ont fait de l'homme le maître de la terre.

N'oublions pas non plus que chaque citoyen du monde civilisé s'était créé son propre « Parnasse » et son « École d'Athènes ». Entre les grands penseurs, poètes, artistes de toutes les nations, il avait élu ceux auxquels il supposait devoir le meilleur de ce qui lui avait été imparti en fait de jouissance et d'intelligence de la vie et il les avait associés dans sa vénération aux immortels Anciens, tout comme aux maîtres familiers parlant sa propre langue. Aucun de ces grands hommes, même parlant une autre langue, ne lui était apparu étranger, pas plus l'incomparable chercheur allant jusqu'au fond des passions humaines, que le visionnaire ivre de beauté, le prophète aux violentes menaces ou le railleur à l'esprit délié, et jamais il ne s'était reproché pour autant d'avoir renié sa propre nation et sa langue maternelle bien aimée.

Il arrivait que cette jouissance d'une communauté de civilisation fût troublée par des voix qui donnaient l'alerte, prévenant que même entre les membres d'une telle communauté des différences héritées du passé rendraient une guerre inévitable. On ne voulait pas y croire, mais comment se figurait-on cette guerre, s'il fallait en arriver là ? Comme une occasion de montrer les progrès accomplis par les hommes dans le sentiment de leurs intérêts communs depuis l'époque où les amphictyonies grecques avaient interdit de détruire une ville appartenant à la fédération, d'abattre ses oliviers ou de lui couper l'eau. Comme une passe d'armes chevaleresque qui se bornerait à constater la supériorité d'une des parties, en évitant le plus possible les grandes souffrances qui ne sauraient contribuer en rien à la décision, en épargnant sans restriction le blessé contraint de quitter le combat, le médecin et le soignant qui se consacrent à son rétablissement. Il allait de soi qu'on ménagerait la partie non belligérante de la population, les femmes qui restent à l'écart du métier des armes et les enfants qui, une fois adultes, doivent devenir, pour ceux de l'autre côté, des amis et des collaborateurs, qu'on maintiendrait également toutes les entreprises et institutions internationales dans lesquelles s'était incarnée la communauté de civilisation du temps de paix.

Une telle guerre n'aurait pas manqué de comporter encore assez d'horreurs et d'épreuves lourdes à supporter ; mais elle n'aurait pas interrompu le développement de rapports moraux entre ces grands individus de l'humanité que sont les peuples et les États.

Et voilà que la guerre, à laquelle nous ne voulions pas croire, éclata et apporta la... désillusion. Elle n'est pas seulement, en raison du puissant perfectionnement des armes offensives et défensives, plus sanglante et plus meurtrière qu'aucune des guerres antérieures, mais elle est pour le moins aussi cruelle, acharnée, impitoyable, que toutes celles qui l'ont précédée. Elle rejette toutes les limitations auxquelles on se soumet en temps de paix et qu'on avait appelées droit des gens, elle ne reconnaît pas les prérogatives du blessé et du médecin, ne fait pas de distinction entre la partie non belligérante et la partie combattante de la population et nie les droits de la propriété privée. En proie à une rage aveugle, elle renverse tout ce qui lui barre la route, comme si après elle il ne devait y avoir pour les hommes ni avenir ni paix. Elle rompt tous les liens faisant des peuples qui se combattent actuellement une communauté et menace de laisser derrière elle une animosité qui pendant longtemps ne permettra pas de les renouer.

Elle a révélé aussi ce phénomène à peine concevable : les peuples civilisés se connaissent et se comprennent si peu que l'un peut se retourner contre l'autre, plein de haine et d'horreur. Bien plus, une des grandes nations civilisées est si généralement détestée qu'on peut être tenté de l'exclure, en tant que « barbare », de la communauté civilisée, bien qu'elle ait prouvé par les contributions les plus grandioses son aptitude à en faire partie. Nous vivons dans l'espoir qu'une version impartiale de l'histoire apportera la preuve que cette nation justement, celle dans la langue de laquelle nous écrivons, pour la victoire de laquelle combattent ceux qui nous sont chers, est celle qui a le moins violé les lois de la morale humaine ; mais qui a le droit en pareil temps de se poser en juge de sa propre cause ?

Les peuples sont plus ou moins représentés par les États qu'ils constituent, ces États par les gouvernements qui les dirigent. Chaque ressortissant d'une nation peut, dans cette guerre, constater avec effroi — ce qui, déjà en temps de paix, tendait parfois à s'imposer à lui — que l'État a interdit à l'individu l'usage de l'injustice, non parce qu'il veut l'abolir, mais parce qu'il veut en avoir le monopole, comme du sel et du tabac. L'État qui fait la guerre se permet toutes les injustices, toutes les violences, ce qui déshonorerait l'individu. Il se sert contre l'ennemi non seulement de la ruse autorisée, mais aussi du mensonge conscient et de la tromperie délibérée, et le fait, certes, dans des proportions qui semblent dépasser tous les usages des guerres antérieures. L'État exige de ses citoyens le maximum d'obéissance et de sacrifices, tout en faisant d'eux des sujets mineurs par un secret excessif et une censure des communications et expressions d'opinions, qui met ceux qu'on a ainsi intellectuellement opprimés hors d'état de faire face à toute situation défavorable et à toute rumeur alarmante. Il s'affranchit des garanties et des traités par lesquels il s'était lié envers d'autres États, il ne craint pas de confesser sa rapacité et sa soif de puissance, que l'individu doit alors approuver par patriotisme.

Qu'on n'objecte pas que l'État ne peut renoncer à l'usage de l'injustice, parce qu'il se porterait alors préjudice. Pour l'individu, lui aussi, le respect des normes morales, le renoncement à l'exercice brutal de la force, sont en général fort désavantageux, et l'État ne se montre que rarement capable de le dédommager du sacrifice qu'il a exigé de lui. Il ne faut pas non plus s'étonner que le relâchement de tous les rapports moraux entre les grandes individualités collectives de l'humanité ait eu une répercussion sur la moralité de l'individu, car notre conscience morale n'est pas le juge inflexible pour lequel la font passer les moralistes, elle est à son origine « *angoisse sociale* » et rien d'autre. Là où la communauté abolit le blâme, cesse également la répression des appétits mauvais, et les hommes commettent des actes de cruauté, de perfidie, de trahison et de barbarie, dont on aurait tenu la possibilité pour inconciliable avec leur niveau de civilisation.

C'est ainsi que le citoyen du monde civilisé, dont nous avons parlé plus haut, peut se trouver désemparé dans un monde qui lui est devenu étranger — sa grande patrie en ruine, les biens communs dévastés, les concitoyens divisés et avilis !

Sa déception pourrait faire l'objet de quelques critiques. À le bien prendre, elle ne se justifie pas, car elle consiste en la destruction d'une illusion. Les illusions se recommandent à nous par le fait qu'elles nous épargnent des sentiments de déplaisir et nous font éprouver à leur place la satisfaction. Il nous faut donc accepter sans nous plaindre qu'elles se heurtent un jour à une partie de la réalité et s'y brisent.

Cette guerre a suscité notre désillusion pour deux raisons : la faible moralité, dans leurs relations extérieures, des États qui se comportaient à l'intérieur comme les gardiens des normes morales et, chez les individus, une brutalité de comportement, dont on n'aurait pas cru que, participant de la plus haute civilisation humaine, ils fussent capables.

Commençons par le second point et tentons de formuler en une seule et brève proposition l'opinion que nous voulons critiquer. Comment se représente-t-on, à vrai dire, le processus par lequel un individu parvient à un degré supérieur de moralité ? La première réponse sera sans doute : l'homme est de naissance et dès l'origine noble et bon. Ne nous y attardons pas davantage. Une seconde réponse sera induite par l'idée qu'ici on se trouve nécessairement en présence d'un processus de développement et l'on admettra sans doute que ce développement consiste en ce que les mauvais penchants inhérents à l'homme sont exterminés et remplacés, sous l'influence de l'éducation et de l'environnement civilisé, par des penchants au bien. En ce cas il est permis, certes, de s'étonner que chez l'homme ainsi éduqué le mal réapparaisse dans toute sa virulence.

Mais cette réponse renferme également la proposition que nous voulons réfuter. En vérité il n'y a aucune « extermination » du mal. La recherche psychologique — dans un sens plus strict, la recherche psychanalytique — montre tout au contraire que l'essence la plus profonde de l'homme consiste en motions pulsionnelles qui sont de nature élémentaire, qui sont identiques chez tous les hommes et tendent à la satisfaction de certains besoins originels. Ces motions pulsionnelles ne sont en soi ni bonnes ni mauvaises. Nous les classons comme telles, elles et leurs manifestations, en fonction de leur rapport avec les besoins et les exigences de la communauté humaine. Nous admettons que toutes celles qui sont condamnées par la société comme mauvaises — prenons par exemple les motions égoïste et cruelle — font partie des motions primitives.

Ces motions primitives suivent le cours d'un long développement, jusqu'à ce que leur activité manifeste soit permise chez l'adulte. Elles sont inhibées, dirigées vers d'autres buts et d'autres domaines, elles fusionnent les unes avec les autres, changent d'objets, se retournent en partie contre la personne propre. Des formations réactionnelles contre certaines pulsions nous donnent l'illusion d'un changement du contenu de celles-ci, comme si, de l'égoïsme provenait l'altruisme et de la cruauté, la pitié. Ce qui favorise ces formations réactionnelles, c'est que certaines motions pulsionnelles se présentent presque dès le début par couples d'opposés — phénomène très remarquable, étranger à la conscience populaire et que l'on appelle l'« ambivalence affective ». Ce qu'il y a de plus facile à observer et à saisir par la pensée, c'est le fait qu'aimer avec force et haïr avec force se trouvent si souvent réunis chez la même personne. La psychanalyse ajoute à cela qu'il n'est pas rare que les deux motions affectives opposées prennent la même personne pour objet.

C'est seulement après qu'un tel « destin pulsionnel » a été surmonté qu'émerge ce qu'on appelle le caractère d'un homme et ce qui, comme l'on sait, ne peut être classé que très insuffisamment à l'aide des mots « bon » et « mauvais ». L'homme est rarement tout à fait bon ou mauvais, le plus souvent « bon » dans telle relation, « mauvais » dans telle autre ou « bon » dans telle circonstance et dans telle autre franchement « mauvais ». Il est intéressant de constater que souvent la préexistence chez l'enfant de fortes motions « mauvaises » devient au premier chef la condition d'une orientation particulièrement nette de l'adulte vers le « bien ». Les enfants le plus fortement égoïstes peuvent devenir les citoyens les plus secourables et les plus capables de dévouement ; la plupart des fanatiques de la pitié, des philanthropes, des protecteurs d'animaux se sont formés à partir de petits sadiques et de bourreaux des bêtes.

Le remaniement des pulsions « mauvaises » est l'œuvre de deux facteurs agissant dans le même sens, l'un interne et l'autre externe. L'influence exercée sur les pulsions mauvaises — disons égoïstes — par l'érotisme, besoin d'amour de l'homme pris dans son sens le plus large, constitue le facteur interne. Du fait de l'adjonction des composantes *érotiques*, les pulsions égoïstes se changent en pulsions *sociales*.

On apprend à voir dans le fait d'être aimé un avantage qui permet de renoncer à tous les autres. Le facteur externe est la contrainte imposée par l'éducation qui représente les exigences de la civilisation ambiante et qui est relayée par l'intervention directe d'un milieu civilisé. La civilisation a été acquise par le renoncement à la satisfaction pulsionnelle et elle réclame de chaque nouveau-venu qu'il accomplisse le même renoncement pulsionnel. Au cours de la vie d'un individu s'opère une constante transposition de la contrainte externe en contrainte interne. Des influences de la civilisation il résulte qu'une part toujours plus grande des tendances égoïstes se transforme, grâce aux apports érotiques, en tendances altruistes et sociales. On peut finalement admettre que toute contrainte interne, qui se fait sentir dans le développement de l'homme, n'était à l'origine, c'est-à-dire au cours de l'*histoire de l'humanité*, qu'une contrainte externe. Les hommes qui naissent aujourd'hui apportent avec eux — organisation héritée — une partie de la tendance (disposition) à transformer les pulsions égoïstes en pulsions sociales, tendance qui mène à bien cette transformation, en réponse à de légères incitations. Une autre partie de cette transformation pulsionnelle doit nécessairement s'accomplir au cours de la vie elle-même. C'est ainsi que l'individu, non seulement se trouve soumis à l'action de son milieu civilisé actuel, mais subit également l'influence de l'histoire de la civilisation ancestrale.

En donnant à la capacité impartie à un homme de remanier ces pulsions égoïstes sous l'influence de l'érotisme le nom d'*aptitude à la civilisation*, nous pouvons dire que celle-ci se compose de deux parties — l'une étant innée et l'autre acquise au cours de la vie — et que le rapport que les deux ont entre elles et avec la partie restée inchangée de la vie pulsionnelle est très variable.

En général, nous avons tendance à accorder une trop grande valeur à la partie innée, de plus nous courons le risque de surestimer l'ensemble de l'aptitude à la civilisation dans son rapport à la vie pulsionnelle restée primitive, c'est-à-dire que nous sommes entraînés à juger les hommes « meilleurs » qu'ils ne sont en réalité. En fait, il existe encore un autre facteur qui trouble notre jugement et oriente le résultat dans un sens trop favorable.

Les motions pulsionnelles d'un autre homme échappent évidemment à notre perception. Nous les déduisons de ses actions et de son comportement, que nous rapportons à des *motifs* issus de sa vie pulsionnelle. Une telle conclusion se révèle nécessairement erronée dans un grand nombre de cas. Les mêmes actions, « bonnes » du point de vue de la civilisation, peuvent une fois naître de motifs « nobles », une autre fois non. Les théoriciens de l'éthique ne déclarent « bonnes » que les actions qui sont l'expression de motions pulsionnelles bonnes et refusent de prendre les autres en considération. Mais la société guidée par des desseins pragmatiques ne se soucie pas, dans l'ensemble, de cette distinction, il lui suffit qu'un homme se conforme, dans son comportement et ses actions, aux règles de la civilisation, et elle s'interroge peu sur ses motifs.

Nous avons vu que la *contrainte externe* exercée sur l'homme par l'éducation et l'environnement provoque un plus vaste remaniement de sa vie pulsionnelle dans le sens du bien, un retournement de l'égoïsme en altruisme. Mais tel n'est pas nécessairement ou régulièrement l'effet de la contrainte externe. Éducation et environnement n'ont pas seulement à offrir des primes d'amour, mais œuvrent aussi à l'aide de primes d'une autre sorte, récompense et punition. Ils peuvent donc manifester une action telle que celui qui est soumis à leur influence se décide à bien agir, du point de vue de la civilisation, sans que se soit accompli en lui un ennoblissement des pulsions, une transposition des penchants égoïstes en penchants sociaux. Le succès sera en gros le même ; seules des conditions particulières pourront montrer que l'un agit toujours bien parce que ses penchants pulsionnels l'y obligent et que l'autre n'est bon qu'aussi longtemps et pour autant que ce comportement civilisé favorise ses desseins égoïstes. Mais une connaissance superficielle des individus ne nous donnera aucun moyen de distinguer les deux cas, et notre optimisme nous entraînera certainement à surestimer singulièrement le nombre des hommes modifiés dans le sens de la civilisation.

La société civilisée qui exige qu'on agisse bien, sans se soucier du fondement pulsionnel de l'action, a ainsi fait qu'un grand nombre d'hommes obéissent à la civilisation sans suivre en cela leur nature. Encouragée par ce succès, elle s'est laissée entraîner à pousser les exigences morales aussi haut que possible et ainsi elle a forcé ses membres à s'éloigner encore davantage de leur constitution pulsionnelle. Ceux-ci sont maintenant contraints à une constante répression pulsionnelle et la tension qui en résulte se traduit par les phénomènes de réaction et de compensation les plus remarquables. Dans le domaine de la sexualité, où une telle répression est le moins réalisable, cela conduit ainsi aux manifestations réactionnelles des affections névrotiques. Dans les autres domaines la pression exercée par la civilisation n'entraîne, certes, aucune conséquence pathologique, mais elle s'exprime dans des déformations du caractère et dans la disposition permanente des pulsions inhibées à faire irruption vers la satisfaction si l'occasion s'en présente. Celui qui est ainsi obligé de réagir constamment dans le sens de prescriptions qui ne sont pas l'expression de ses penchants pulsionnels, vit, psychologiquement parlant, au-dessus de ses moyens et mérite objectivement d'être qualifié d'hypocrite, qu'il ait ou non pris clairement conscience de cette différence. Il est indéniable que notre civilisation actuelle favorise dans des proportions extraordinaires le développement de cette forme d'hypocrisie. On pourrait aller jusqu'à affirmer qu'elle repose sur cette hypocrisie et serait forcée de consentir à des transformations en profondeur, si les hommes entreprenaient de conformer leur vie à la vérité psychologique. Il y a ainsi incomparablement plus d'hypocrites de la civilisation que d'hommes authentiquement civilisés, et même on peut se demander si une certaine part de cette hypocrisie n'est pas indispensable au maintien de la civilisation, parce que, chez les hommes vivant aujourd'hui, ce qui est déjà organisé en fait d'aptitude à la civilisation, ne suffirait peut-être pas à obtenir ce résultat. D'autre part, le maintien de la civilisation, même sur une base aussi discutable, permet d'espérer que chaque génération nouvelle fraiera la voie à un remaniement pulsionnel continu, porteur d'une civilisation meilleure.

Les discussions précédentes nous apportent déjà une première consolation : notre affliction et notre douloureuse désillusion provoquées par le comportement non civilisé de nos concitoyens du monde durant cette guerre étaient injustifiées. Elles reposaient sur une illusion à laquelle nous nous étions laissé prendre. En réalité ils ne sont pas tombés aussi bas que nous le redoutions, parce qu'ils ne s'étaient absolument pas élevés aussi haut que nous l'avions pensé d'eux. Que les grandes individualités humaines, les peuples et les États, aient laissé tomber, les uns à l'égard des autres, les restrictions d'ordre moral, c'est ce qui les a incités de façon bien compréhensible à se soustraire pour un temps à la pression exercée par la civilisation et à accorder une satisfaction transitoire à leurs pulsions réfrénées. Il est vraisemblable que leur moralité relative, en vigueur au sein de leur propre nation, n'en a subi aucun dommage.

Mais nous pouvons nous faire une idée plus profonde de la transformation que la guerre révèle chez nos anciens compatriotes et trouver là un avertissement de ne commettre aucune injustice envers eux. C'est que les développements psychiques possèdent une particularité qui ne se rencontre dans aucun autre processus de développement. Quand, en grandissant, un village devient ville, un enfant devient homme, village et enfant se résorbent alors dans la ville et dans l'homme. Seul le souvenir peut reporter les anciens traits sur la nouvelle image ; en réalité les formes ou les matériaux anciens ont été supprimés et remplacés par de nouveaux. Il en va tout autrement pour un développement psychique. La seule façon de décrire cet état de choses à nul autre pareil, c'est d'affirmer que tout stade antérieur de développement subsiste à côté du stade ultérieur né de lui ; la succession implique une coexistence, bien que toute la série des transformations découle des mêmes matériaux. L'état psychique initial peut bien, des années durant, ne pas se manifester ; il n'en subsiste pas moins, tant et si bien qu'il peut un jour redevenir la forme d'expression des forces psychiques, voire la forme unique, comme si tous les développements ultérieurs avaient été annulés, ramenés en arrière. Cette extraordinaire plasticité des développements psychiques n'est pas illimitée quant à sa direction. On peut la désigner comme une capacité particulière au retour en arrière — régression — car il peut arriver qu'un stade ultérieur et plus élevé de développement, qui a été abandonné, ne puisse pas être de nouveau atteint. Mais les états primitifs peuvent toujours être réinstaurés, le psychique primitif est, au sens le plus plein, impérissable.

Les maladies dites mentales créent nécessairement chez le profane l'impression que la vie mentale et psychique est la proie de la destruction. En réalité, la destruction ne concerne que des acquisitions et des développements tardifs. L'essence de la maladie mentale, c'est le retour à des états antérieurs de la vie affective et de la fonction. Un remarquable exemple de la plasticité de la vie psychique est donné par l'état de sommeil auquel nous aspirons chaque nuit. Depuis que nous nous entendons à traduire des rêves, même extravagants et confus, nous savons que lors de chaque endormissement nous rejetons loin de nous notre moralité péniblement acquise, comme un vêtement que nous remettons le matin. Ce déshabillage est naturellement sans danger, parce que, paralysé par l'état de sommeil, nous sommes condamné à l'inactivité. Seul le rêve peut nous renseigner sur la régression de notre vie affective à l'un des tout premiers stades de développement. Ainsi il est remarquable, par exemple, que tous nos rêves sont dominés par des motifs purement égoïstes. Un de mes amis anglais défendit ce point de vue en Amérique devant une assemblée savante, sur quoi une des dames présentes lui fit remarquer que cela pouvait bien être vrai pour l'Autriche, mais qu'elle était en mesure d'affirmer qu'elle-même et ses amis éprouvaient aussi en rêve des sentiments altruistes. Mon ami, bien qu'étant lui-même de race anglaise, se vit obligé, s'appuyant sur sa propre expérience de l'analyse des rêves, de contredire énergiquement la dame : dans ses rêves la noble Américaine est tout aussi égoïste que l'Autrichienne.

Ainsi, le remaniement pulsionnel sur lequel repose notre aptitude à la civilisation, peut lui aussi être ramené en arrière — de façon durable ou transitoire — par les interventions de la vie. Sans aucun doute, les influences exercées par la guerre sont au nombre des forces capables de produire un tel retour en arrière et c'est pourquoi nous n'avons pas à considérer comme inaptes à la civilisation tous ceux qui actuellement ne se comportent pas en hommes civilisés et il nous est permis d'espérer qu'en des temps plus tranquilles l'ennoblissement de leurs pulsions se rétablira.

Mais il est chez nos concitoyens du monde un autre symptôme qui ne nous a peut-être pas moins surpris et effrayé que l'abaissement si douloureusement ressenti de leur grandeur morale. Je veux parler du manque de jugement, qui se manifeste chez les meilleures têtes, de leur obstination, de leur inaccessibilité aux arguments les plus convaincants, de la crédulité qui leur fait accepter sans esprit critique les affirmations les plus contestables. Cela donne assurément un triste tableau et je veux affirmer bien haut que, nullement aveuglé par le parti pris, je ne trouve pas ces errements intellectuels seulement dans l'un des deux camps. Mais ce phénomène est encore plus aisé à expliquer et beaucoup moins préoccupant que celui sur lequel nous nous sommes expliqué précédemment. Des moralistes et des philosophes, nous avons appris depuis longtemps que nous avons tort de considérer notre intelligence comme une force autonome et de ne pas voir combien elle dépend de la vie affective. Notre intellect ne pourrait travailler de façon sûre que soustrait à l'action de fortes motions affectives; dans le cas contraire il se comporterait simplement comme un instrument entre les mains d'une volonté et il produirait le résultat qu'elle l'a chargé d'obtenir. Les arguments logiques seraient sans pouvoir contre les intérêts affectifs et c'est pourquoi la lutte à coup de raisons — ces raisons qui, selon le mot de Falstaff, sont aussi communes que des mûres — est, dans le monde des intérêts, si stérile. L'expérience psychanalytique a encore renforcé, si possible, ces assertions. Elle peut montrer tous les jours que les hommes à l'esprit le plus aiguisé se comportent soudain avec aussi peu de jugement que des simples d'esprit, dès que le jugement qu'on attend se heurte en eux à une résistance affective, mais qu'ils retrouvent aussi toute leur compréhension dès que cette résistance est surmontée. L'aveuglement dont cette guerre a, comme par un charme, frappé la logique de nos concitoyens, souvent et précisément les meilleurs, est donc un phénomène secondaire, consécutif à l'excitation affective et destiné, espérons-le, à disparaître avec elle.

Si, de cette manière, nous comprenons de nouveau nos concitoyens qui nous étaient devenus étrangers, nous supporterons beaucoup plus facilement la désillusion que nous ont réservée les peuples, ces grands individus de l'humanité ; car nous pourrons n'avoir à leur égard que des exigences beaucoup plus modestes. Peut-être ces peuples répètent-ils le développement des individus et se présentent-ils à nous, aujourd'hui encore, à des stades très primitifs sur la voie de l'organisation, de la formation d'unités supérieures. C'est pourquoi le facteur éducatif de contrainte externe agissant dans le sens de la moralité est encore à peine décelable chez eux, alors que nous le rencontrions si efficace chez l'individu. Nous avions, certes, espéré que l'impressionnante communauté d'intérêts née de l'échange et de la production aurait pu être à l'origine d'une telle contrainte, mais il semble que les peuples obéissent, pour l'instant, beaucoup plus à leurs passions ; ils mettent en avant leurs intérêts pour pouvoir trouver des raisons à la satisfaction de leurs passions. Pourquoi, à vrai dire, les individus-peuples se méprisent-ils, se haïssent-ils, s'abhorrent-ils les uns les autres, même en temps de paix, et pourquoi chaque nation traite-t-elle ainsi les autres ? cela certes est une énigme. Je ne sais pas répondre à cette question. Dans ce cas, tout se passe comme si, dès lors qu'on réunit une multitude, voire même des millions d'hommes, toutes les acquisitions morales des individus s'effaçaient et qu'il ne restât plus que les attitudes psychiques les plus primitives, les plus anciennes et les plus grossières. Seuls des développements ultérieurs pourront peut-être apporter quelques modifications à ce regrettable état de choses. Mais un peu plus de sincérité et de franchise de tous côtés, dans les relations des hommes entre eux et dans les rapports entre les hommes et ceux qui les gouvernent, pourrait également aplanir les chemins de cette transformation.

2

Notre relation à la mort

Le second facteur dont je fais découler le sentiment que nous éprouvons d'être perdus dans ce monde, jadis si beau et si familier, est la perturbation de notre relation à la mort, telle que nous l'avions fermement maintenue jusque-là.

Cette relation manquait de franchise. À nous entendre, nous étions naturellement prêts à soutenir que la mort est l'issue nécessaire de toute vie, que chacun d'entre nous est redevable à la Nature d'une mort et doit être prêt à payer cette dette, bref que la mort est naturelle, indéniable et inévitable. En réalité, nous avions coutume de nous comporter comme s'il en était autrement. Nous avons manifesté à l'évidence une tendance à mettre la mort de côté, à l'éliminer de la vie. Nous avons essayé de la passer sous silence ; ne possédons-nous pas le proverbe — on pense à cela comme à la mort ? Comme à sa propre mort bien sûr. C'est que notre propre mort ne nous est pas représentable et aussi souvent que nous tentons de nous la représenter nous pouvons remarquer qu'en réalité nous continuons à être là en tant que spectateur. C'est pourquoi dans l'école psychanalytique on a pu oser cette déclaration : personne, au fond, ne croit à sa propre mort ou, ce qui revient au même : dans l'inconscient, chacun de nous est persuadé de son immortalité.

En ce qui concerne la mort d'un autre, l'homme civilisé évitera soigneusement de parler de cette possibilité, si celui qui est voué à la mort peut l'entendre. Seuls les enfants passent outre à cette limitation ; ils se menacent, sans crainte, de mort éventuelle et trouvent même moyen de dire en face, à une personne aimée, des paroles telles que, par exemple : Chère maman, quand malheureusement tu seras morte, je serai ceci ou cela. Le civilisé adulte ne fera pas volontiers place, dans ses pensées, à la mort d'un autre, sans paraître à ses propres yeux dur ou méchant, à moins que, de par sa profession de médecin, avocat ou autre, il ait affaire avec la mort. Où il se permettra le moins de penser à la mort d'autrui, c'est lorsqu'à cet événement est attaché un bénéfice en matière de liberté, de biens, de situation. Naturellement la mort ne se laisse pas arrêter par cette délicatesse de sentiment qui est la nôtre ; quand elle se produit, nous sommes chaque fois profondément touchés et comme frappés dans nos attentes. Nous mettons régulièrement l'accent sur la cause occasionnelle de la mort, accident, maladie, infection, grand âge, et ainsi nous trahissons notre aspiration à rabaisser la nécessité de la mort au rang d'un accident fortuit. Une accumulation de cas de mort nous apparaît comme une chose par-dessus tout effrayante. À l'égard du mort lui-même nous avons un comportement particulier qui ressemble presque à l'admiration témoignée à celui qui a réussi quelque chose de très difficile. Nous suspendons toute critique envers lui, nous fermons les yeux sur ce qu'il a pu faire d'injuste, nous ordonnons : *de mortuis nil nisi bene*, et nous trouvons légitime que l'oraison funèbre et la pierre tombale ne célèbrent que ses mérites. Les égards que nous avons pour le mort et dont il n'a pourtant plus besoin, passent pour nous avant la vérité et pour la plupart d'entre nous, certainement aussi, avant les égards dus à l'homme vivant.

Conventionnelle et liée à la civilisation, cette attitude à l'égard de la mort est complétée par notre total effondrement quand la mort a frappé un de nos proches, parent ou époux, frère ou sœur, enfant ou ami cher. Nous enterrons avec lui nos espoirs, nos exigences, nos jouissances, nous ne nous laissons pas consoler, et nous nous refusons à remplacer celui que nous avons perdu. Nous nous comportons alors comme une sorte d'Asra*, ces êtres qui *suivent dans la mort ceux qu'ils aiment.*

Mais cette relation à la mort, qui est la nôtre, exerce une forte influence sur notre vie. La vie s'appauvrit, elle perd de son intérêt, dès l'instant où dans les jeux de la vie il n'est plus possible de risquer la mise suprême, c'est-à-dire la vie elle-même. Elle est aussi insipide, aussi vide qu'un flirt américain dans lequel il est établi d'emblée qu'il ne se passera rien, à la différence d'une relation amoureuse continentale dont les graves conséquences doivent toujours être présentes à l'esprit des deux partenaires. Nos liens affectifs, l'insupportable intensité de notre deuil, font que nous sommes peu enclins à rechercher le danger pour nous et pour les nôtres. Nous n'osons pas nous sentir concernés par un grand nombre d'entreprises dangereuses, mais en fait indispensables, telles que des tentatives de performances aériennes, des expéditions dans des pays lointains, des expériences avec des substances explosives. La pensée qui alors nous paralyse c'est de savoir qui, en

---

* Allusion au poème d'H. Heine : « Der Asra » (in *Romanzero*). Les Benou-Azra étaient une tribu arabe célèbre en amour.

cas de malheur, remplacera pour la mère le fils, pour l'épouse l'époux, pour les enfants le père. La tendance à exclure la mort des comptes de la vie a pour conséquence bien d'autres renoncements et exclusions. Et pourtant la Hanse avait pour devise : *Navigare necesse est, vivere non necesse !* « Il est nécessaire de naviguer, il n'est pas nécessaire de vivre. »

Nous ne pouvons donc pas ne pas chercher dans le monde de la fiction, dans la littérature, dans le théâtre, un substitut à ce que la vie nous fait perdre. C'est là que nous trouvons encore des hommes qui savent mourir et qui même réussissent à en tuer un autre. Là seulement se trouve réalisée la condition qui pourrait nous permettre de nous réconcilier avec la mort, à savoir : conserver encore, en dépit des vicissitudes de la vie, une vie à l'abri de toute atteinte. Il est en effet trop triste qu'il en puisse aller de la vie comme du jeu d'échecs, où un coup mal joué peut nous contraindre à donner la partie pour perdue, à cette différence près qu'il n'y a pour nous aucune possibilité de seconde partie, de revanche. Dans le domaine de la fiction, nous trouvons cette pluralité de vies dont nous avons besoin. Nous mourons en nous identifiant avec tel héros, mais pourtant nous lui survivons et sommes prêts à mourir une seconde fois, toujours sans dommage, avec un autre héros.

Il est évident que la guerre balaie nécessairement cette manière conventionnelle de traiter la mort. La mort ne se laisse plus dénier ; on est forcé de croire en elle. Les hommes meurent réellement et non plus isolément mais en nombre, souvent par dizaines de mille en un seul jour. Et il ne s'agit plus de hasard. Il apparaît certes encore que c'est par hasard que cette balle atteint l'un et pas l'autre, mais cet autre, une seconde balle peut aisément l'atteindre ; l'accumulation met fin à l'impression de hasard. La vie, certes, est redevenue intéressante, elle a retrouvé tout son contenu.

Il faudrait introduire ici une distinction en deux groupes, séparer ceux qui, dans le combat, font le sacrifice de leur propre vie, des autres, ceux qui sont restés à la maison et n'ont qu'à attendre de perdre un être cher par blessure, maladie ou infection. Il serait certainement très intéressant d'étudier les changements de la psychologie des combattants, mais je sais là-dessus trop peu de chose. Il faut nous en tenir au second groupe auquel nous-mêmes appartenons. J'ai déjà dit que, selon moi, la perturbation et la paralysie de notre capacité de réalisation, dont nous souffrons, tiennent essentiellement au fait que nous n'avons pas pu maintenir la relation à la mort, qui fut la nôtre jusqu'à présent, et que nous n'en avons pas encore trouvé de nouvelle. Nous y serons peut-être aidé, si nous orientons notre recherche psychologique sur deux autres rapports avec la mort, celui qu'il nous est permis d'attribuer à l'homme des origines, l'homme des premiers âges, et par ailleurs celui qui est encore maintenu en chacun de nous, mais se cache, invisible à notre conscience, dans les couches les plus profondes de notre vie psychique.

Comment l'homme des premiers âges s'est comporté en face de la mort ? nous ne le savons naturellement que par des déductions et des constructions, mais j'estime que ces moyens nous ont fourni des résultats suffisamment dignes de confiance.

L'homme des origines a eu à l'égard de la mort une attitude très singulière. Absolument pas univoque, mais bien plutôt pleine de contradictions. D'une part, il a pris la mort au sérieux, l'a reconnue comme abolition de la vie et s'est servi d'elle en ce sens, mais d'autre part il a également nié la mort, l'a réduite à rien. Cette contradiction a été rendue possible par le fait qu'il avait sur la mort de l'autre, de l'étranger, de l'ennemi, une position radicalement différente de celle qu'il avait sur sa propre mort. Il s'accommodait fort bien de la mort de l'autre, elle signifiait pour lui l'anéantissement de ce qu'il haïssait et l'homme des origines n'avait aucun scrupule à la provoquer. Il était certainement un être très passionné, plus cruel et plus mauvais que d'autres animaux. Il pratiquait le meurtre volontiers et comme allant de soi. L'instinct qui retient d'autres bêtes de tuer et de dévorer des êtres de la même espèce, rien ne nous permet de le lui attribuer.

Aussi l'histoire des origines de l'humanité est-elle pleine de meurtres. Aujourd'hui encore, ce que nos enfants apprennent à l'école sous le nom d'Histoire est pour l'essentiel une suite de meurtres de peuples à peuples. L'obscur sentiment de culpabilité qui écrase l'humanité depuis les origines et qui dans maintes religions s'est condensé en l'hypothèse d'une *faute originelle*, d'un péché héréditaire, est vraisemblablement l'expression d'un crime de sang, dont s'est chargée l'humanité originaire. J'ai, dans mon livre *Totem et Tabou* (1913), suivant les données de W. Robertson Smith, Atkinson et Ch. Darwin, voulu deviner la nature de cette faute ancienne, et je pense que la doctrine chrétienne actuelle nous permet encore de la trouver par déduction. Si le fils de Dieu a été forcé de sacrifier sa vie pour délivrer l'humanité du péché originel, il faut selon la loi du talion — rendre la pareille — que ce péché ait consisté en une mort, en un meurtre. Cela seul pouvait exiger pour son expiation le sacrifice d'une vie. Et si le péché originel fut une faute commise envers le Père-Dieu, il faut que le plus ancien crime de l'humanité ait été un parricide, le meurtre du père originaire de la horde humaine primitive, père dont l'image mnésique a été plus tard transfigurée en divinité[1].

---

1. *Cf.* « Le retour infantile du totémisme » (la dernière partie de *Totem et Tabou*).

Certes, l'homme des origines ne pouvait davantage se représenter et tenir pour réelle sa propre mort que ne le peut aujourd'hui chacun de nous. Mais il y avait pour lui un cas où les deux attitudes opposées envers la mort se rencontraient et entraient en conflit l'une avec l'autre, et ce cas prit une grande signification et fut riche de conséquences à long terme. Il se produisait, lorsque l'homme des origines voyait mourir un de ses proches, sa femme, son enfant, son ami, qu'il aimait certainement autant que nous aimons les nôtres, car l'amour ne peut guère être moins ancien que le plaisir de tuer. Alors, il lui fallait dans sa douleur faire l'expérience que soi-même on peut aussi mourir, et tout son être se révoltait contre la reconnaissance de ce fait ; chacune de ces personnes chères n'était-elle pas une part de son propre moi bien-aimé ? D'un autre côté il se trouvait bien, pourtant, d'une telle mort, car chacune des personnes bien-aimées recélait aussi une part étrangère. La loi de l'ambivalence des sentiments, qui, aujourd'hui encore, commande aux relations affectives nous unissant aux personnes que nous aimons le plus, régnait dans les temps originaires avec encore moins d'entraves. Ainsi, ces morts bien-aimés avaient donc été également des étrangers et des ennemis, qui avaient suscité en lui, parmi d'autres, des sentiments hostiles[2].

Les philosophes ont affirmé que l'énigme intellectuelle posée à l'homme des origines par l'image de la mort l'avait contraint à la réflexion et était devenue le point de départ de toute spéculation. Je crois que les philosophes pensent là trop... en philosophes et tiennent trop peu compte des motifs agissant de façon primaire. C'est pourquoi je voudrais limiter et

---

2. Voir « Tabou et ambivalence » (la deuxième partie de *Totem et Tabou*).

corriger l'affirmation ci-dessus : près du cadavre de l'ennemi abattu, l'homme des origines aura triomphé, sans trouver occasion de se casser la tête sur les énigmes de la vie et de la mort. Ce n'est ni l'énigme intellectuelle ni chaque cas particulier de mort, mais le conflit de sentiments ressenti lors de la mort de personnes aimées et, en même temps, étrangères et haïes, qui a fait naître chez les hommes l'esprit de recherche. De ce conflit de sentiments est née en premier lieu la psychologie. L'homme ne pouvait plus tenir la mort à l'écart, parce qu'il y avait goûté dans la douleur que lui avait causée en mourant le disparu, mais il ne voulait pourtant pas le reconnaître parce qu'il ne pouvait se représenter mort lui-même. Aussi s'engagea-t-il dans des compromis, accepta que la mort fût aussi pour lui, mais contesta sa signification en tant qu'anéantissement de la vie, toutes choses dont la mort de l'ennemi ne lui avait pas fourni le moindre motif. Près du cadavre de la personne aimée il imagina les esprits, et sa conscience de culpabilité, née de la satisfaction qui s'était mêlée au deuil, fit que ces esprits créés tout d'abord devinrent de mauvais démons devant lesquels on ne pouvait qu'être en proie à l'angoisse. Les altérations dues à la mort l'amenèrent à concevoir la division de l'individu en un corps et une âme — à l'origine plusieurs âmes —; ainsi donc ses pensées suivaient un cours parallèle au processus de décomposition déclenché par la mort. Le souvenir persistant devint le fondement de la croyance en d'autres formes d'existence et lui donna l'idée d'une survie après la mort apparente.

Ces existences ultérieures ne furent à l'origine que des appendices de celle à laquelle la mort avait mis un terme, semblables à des ombres, vides de contenu et jusqu'à une époque tardive peu estimées ; elles avaient encore le caractère de piètres expédients. Rappelons-nous ce que l'âme d'Achille répond à Ulysse :

« Jadis, quand tu vivais, nous les Argiens, nous t'honorions à l'égal des dieux, et maintenant que tu es ici, tu règnes sans conteste chez les morts ; aussi ne t'afflige pas d'être défunt, Achille. »

Ainsi disais-je ; il me répartit avec vivacité : « Ne me console donc pas de la mort, illustre Ulysse ; j'aimerais mieux, serf attaché à la glèbe, être aux gages d'autrui, d'un homme sans patrimoine, n'ayant guère de moyens, que de régner sur des morts, qui ne sont plus rien*! » (*Odyssée* XI, v. 484-491).

Ou bien, dans la version puissante, amèrement parodique, de H. Heine :

> « Le moindre Philistin vivant
> À Stuckert au bord du Neckar...
> Jouit d'un bonheur beaucoup plus grand
> Que moi, le Pélide, le héros mort,
> Prince des ombres au souterrain séjour. »

C'est plus tard seulement que les religions en vinrent à donner cette existence postérieure pour la plus précieuse, pour pleinement valable, et à rabaisser la vie, que la mort termine, à une simple préparation. Il était dès lors de simple logique de prolonger également la vie dans le passé, d'imaginer les existences antérieures, la migration des âmes et la nouvelle naissance, tout cela dans l'intention de ravir à la mort sa signification d'abolition de la vie. C'est dans un temps aussi reculé qu'a commencé le déni de la mort, désigné par nous comme une convention liée à la civilisation.

Auprès du cadavre de la personne aimée prirent naissance non seulement la doctrine de l'âme, la croyance en l'immortalité, et l'une des puissantes

---

* Cette traduction d'Homère est due à Mérédic Dufour et Jeanne Raison (Classiques Garnier). *(N.d.T.)*

racines de la conscience de culpabilité chez l'homme, mais aussi les premiers commandements moraux. Le premier et le plus significatif des interdits venus de la conscience morale naissante fut : *Tu ne tueras point*. Il s'était imposé comme réaction contre la satisfaction de la haine en présence du mort bien-aimé, satisfaction cachée derrière le deuil, et il s'étendit progressivement à l'étranger non aimé et finalement aussi à l'ennemi.

En dernier lieu, cet interdit n'est plus ressenti par l'homme civilisé. Lorsqu'une décision aura mis fin au sauvage affrontement de cette guerre, chacun des combattants victorieux retournera joyeux dans son foyer, retrouvera sa femme et ses enfants, sans être occupé ni troublé par la pensée des ennemis qu'il aura tués dans le corps à corps ou par une arme à longue portée. Il est remarquable que les peuples primitifs, qui vivent encore sur terre et sont certainement plus proches que nous de l'homme des origines, ont sur ce point un comportement différent, ou l'ont eu tant qu'ils n'avaient pas subi l'influence de notre civilisation. Le sauvage — Australien, Boschiman, Fuégien — n'est nullement un meurtrier impénitent ; lorsqu'il revient vainqueur du sentier de la guerre, il n'a pas le droit de pénétrer dans son village ni de toucher sa femme avant d'avoir expié ses meurtres guerriers par des pénitences souvent longues et pénibles. On est actuellement amené à expliquer cela par sa superstition ; le sauvage craint encore la vengeance des esprits de ses victimes. Mais les esprits des ennemis abattus ne sont rien d'autre que l'expression de sa mauvaise conscience relative à son crime de sang ; derrière cette superstition se cache une part de délicatesse morale qui s'est perdue chez nous hommes civilisés[3].

---

3. Voir *Totem et Tabou*.

Des âmes pieuses qui voudraient bien savoir notre être éloigné de tout contact avec ce qui est mauvais et vulgaire ne manqueront certainement pas, s'appuyant sur la précocité et la prégnance de l'interdiction du meurtre, d'en conclure de façon rassurante à la force de motions morales nécessairement implantées en nous. Malheureusement cet argument apporte davantage de preuves en faveur du contraire. Un interdit si puissant ne peut se dresser que contre une impulsion d'égale puissance. Ce qu'aucune âme humaine ne désire, on n'a pas besoin de l'interdire[4], cela s'exclut de soi-même. Précisément, le caractère insistant du commandement : « Tu ne tueras point », nous donne la certitude que nous descendons d'une lignée infiniment longue de meurtriers qui avaient dans le sang le désir de tuer, comme peut-être nous-mêmes encore. Les aspirations morales de l'humanité, dont nous n'avons pas à dénigrer la force et l'importance, sont une acquisition de l'histoire humaine ; dans une mesure malheureusement très variable, elles sont devenues pour l'humanité d'aujourd'hui des biens acquis par héritage.

Laissons maintenant l'homme des origines et tournons-nous vers l'inconscient inhérent à notre propre vie psychique. Nous nous fondons ici entièrement sur la méthode d'investigation de la psychanalyse, la seule qui atteigne de telles profondeurs. Nous demandons : comment notre inconscient se comporte-t-il à l'égard du problème de la mort ? La réponse s'impose : presque exactement comme l'homme des origines. De ce point de vue, comme de tant d'autres, l'homme des premiers âges survit inchangé dans notre inconscient. Ainsi notre inconscient ne croit pas à la mort personnelle, il se conduit

---

4. Voir la brillante argumentation de Frazer (Freud, *Totem et Tabou*).

comme s'il était immortel. Ce que nous appelons notre «inconscient», les couches les plus profondes de notre âme, constituées de motions pulsionnelles, ne connaît absolument rien de négatif, aucune (dé)négation — en lui les contraires se recouvrent —, et de ce fait ne connaît pas non plus notre propre mort, à laquelle nous ne pouvons donner qu'un contenu négatif. Ainsi rien de pulsionnel en nous ne favorise la croyance en la mort. Peut-être même est-ce là le secret de l'héroïsme. L'explication rationnelle de l'héroïsme s'appuie sur un jugement qui refuse à la vie personnelle la même valeur qu'à certains biens abstraits et universels. Mais il se pourrait bien, selon moi, que soit plus fréquent l'héroïsme instinctif et impulsif, qui ignore une telle motivation et tout simplement brave les dangers avec l'assurance de Hans le casseur de pierres d'Anzengruber : *Y peut rien t'arriver*. Ou bien cette motivation ne sert qu'à balayer les hésitations qui feraient obstacle à la réaction héroïque correspondant à l'inconscient. L'angoisse de la mort, dont nous subissons la domination plus souvent que nous ne le savons nous-mêmes, est par contre quelque chose de secondaire, issu le plus souvent d'une conscience de culpabilité.

D'autre part nous trouvons légitime la mort des étrangers et des ennemis et nous les y condamnons avec autant d'empressement et aussi peu d'hésitation que l'homme des origines. Ici pourtant apparaît une différence que l'on tiendra pour décisive dans la réalité. Notre inconscient n'exécute pas la mise à mort, il se contente de la penser et de la délivrer. Mais on aurait tort de trop sous-estimer cette réalité *psychique* par comparaison avec la réalité de *fait*. Elle est suffisamment significative et lourde de conséquences. Chaque jour, à chaque heure, dans nos motions inconscientes, nous écartons de notre chemin ceux qui nous gênent, ceux qui nous ont offensés et lésés. Le « Que le diable l'emporte », qui nous vient si souvent aux lèvres quand notre mauvaise humeur se dissimule derrière une plaisanterie et qui signifie en réalité « Que la mort l'emporte », c'est dans notre inconscient un désir de mort sérieux et plein de force. Bien plus, notre inconscient tue même pour des choses insignifiantes ; comme l'ancienne législation athénienne de Dracon, il ne connaît pour les délits aucun autre châtiment que la mort, ce en quoi il ne manque pas de conséquence, car tout préjudice porté à notre moi tout-puissant et souverain est au fond un *crimen laesae majestatis*.

Si l'on nous juge selon nos motions de désir inconscientes, nous sommes donc nous-mêmes comme les hommes des origines une bande d'assassins. C'est une chance que tous ces désirs ne possèdent pas la force que leur attribuaient encore les hommes des premiers âges[5] ; l'humanité aurait depuis longtemps péri dans le feu croisé des malédictions réciproques, les meilleurs et les plus sages des hommes comme les plus belles et les plus douces des femmes.

La psychanalyse, avec des constatations comme celles-ci, ne trouve la plupart du temps aucun crédit auprès des profanes. On les rejette comme des calomnies qui, face aux assurances de la conscience, ne comptent pas, et l'on ferme habilement les yeux sur les petits indices par lesquels l'inconscient, lui aussi, a coutume de se révéler au conscient. C'est pourquoi il est opportun de rappeler que de nombreux penseurs qui n'ont pas pu être influencés par la psychanalyse ont, avec suffisamment de netteté, accusé nos pensées secrètes d'être prêtes à nous débarrasser de ce qui nous gêne, en passant outre à l'interdiction de tuer. À cette fin, je choisis, entre tant d'autres, un seul exemple devenu célèbre.

---

5. *Cf.* « Toute-puissance des pensées », in *Totem et Tabou*.

Dans *Le Père Goriot*, Balzac fait allusion à un passage des œuvres de J.-J. Rousseau dans lequel cet auteur demande au lecteur ce qu'il ferait si — sans quitter Paris et naturellement sans être découvert — il pouvait, par un simple acte de volonté, tuer à Pékin un vieux mandarin dont le décès ne manquerait pas de lui apporter un grand avantage. Il laisse deviner qu'il ne tient pas la vie de ce dignitaire pour très assurée. « *Tuer son mandarin** » est devenu une expression proverbiale pour cette disposition secrète, propre aussi aux hommes d'aujourd'hui.

Il y a également toute une série de mots d'esprit et d'anecdotes cyniques qui témoignent dans le même sens, comme par exemple cette expression attribuée à un mari : « Si l'un de nous deux meurt, j'irai m'établir à Paris. » Ces mots d'esprit cyniques ne seraient pas possibles s'ils n'avaient pas à communiquer une vérité déniée, qu'on ne peut pas s'avouer si elle est exprimée sérieusement et sans déguisement. Il est connu qu'en plaisantant on peut dire même la vérité.

Comme pour l'homme des origines, il existe aussi pour notre inconscient un cas où les deux attitudes opposées à l'égard de la mort — l'une qui la reconnaît comme anéantissement de la vie et l'autre qui la dénie comme non réelle — se heurtent et entrent en conflit. Et ce cas est, comme aux premiers âges, la mort ou le danger de mort d'un de nos êtres chers, d'un parent ou d'un conjoint, d'un frère ou d'une sœur, d'un enfant ou d'un ami aimé. D'un côté ces êtres chers sont pour nous un bien intérieur, une partie constituante de notre moi propre, mais de l'autre ils sont aussi pour une part des étrangers, voire des ennemis. À nos relations d'amour les plus tendres et les plus intimes est attachée, sauf dans un tout petit

---

* En français dans le texte ; mais dans Balzac : « Tuer le mandarin. » *(N.d.T.)*

nombre de situations, une parcelle d'hostilité, capable de stimuler notre désir de mort inconscient. Toutefois, de ce conflit ambivalentiel résulte non pas comme autrefois la doctrine de l'âme et l'éthique, mais la névrose qui nous permet sur la vie psychique normale, elle aussi, de pénétrants aperçus. Combien de fois les médecins soignant par la psychanalyse n'ont-ils pas eu affaire, ou au symptôme que représente l'excès de tendresse, dans le souci du bien-être des proches, ou aux auto-reproches absolument injustifiés, venant après la mort d'une personne aimée. L'étude de ces cas ne leur a laissé aucun doute quant à l'extension et à la signification des désirs de mort inconscients.

Le profane éprouve une horreur extrême devant cette possibilité affective et s'autorise de cette aversion pour légitimer son manque de foi dans les affirmations de la psychanalyse. À tort, me semble-t-il. Il n'a jamais été question de jeter le discrédit sur notre vie amoureuse et il n'y a d'ailleurs jamais eu de tel discrédit. Notre raison et notre sensibilité sont certes bien loin d'accoupler de cette manière amour et haine, mais la nature en travaillant avec ce couple d'opposés réussit à maintenir l'amour toujours en éveil et dans sa fraîcheur pour l'assurer contre la haine aux aguets derrière lui. On peut bien dire que nous devons les plus beaux épanouissements de notre vie amoureuse à la *réaction* contre l'impulsion hostile que nous ressentons dans notre poitrine.

Résumons-nous donc : tout autant que l'homme des temps originaires, notre inconscient est inaccessible à la représentation de notre propre mort, est plein de désirs meurtriers sanguinaires à l'égard de l'étranger, est divisé (ambivalent) à l'égard de la personne aimée. Mais comme l'attitude, conventionnelle et liée à la civilisation, que nous avons à l'égard de la mort nous a éloignés de cet état originaire !

Il est facile de dire de quelle façon la guerre intervient dans ce désaccord. Elle nous dépouille des couches récentes déposées par la civilisation et fait réapparaître en nous l'homme des origines. Elle nous contraint de nouveau à être des héros qui ne peuvent croire à leur propre mort ; elle nous désigne les étrangers comme des ennemis dont on doit provoquer ou souhaiter la mort ; elle nous conseille de ne pas nous arrêter à la mort des personnes aimées. La guerre, elle, ne se laisse pas éliminer ; aussi longtemps que les peuples auront des conditions d'existence si différentes et que leur répulsion mutuelle sera si violente, il y aura nécessairement des guerres. Dès lors la question se pose : ne devons-nous pas être ceux qui cèdent et s'adaptent à la guerre ? Ne devons-nous pas convenir qu'avec notre attitude de civilisé à l'égard de la mort nous avons, une fois encore, vécu psychologiquement au-dessus de nos moyens et ne devons-nous pas faire demi-tour et confesser la vérité ? Ne vaudrait-il pas mieux faire à la mort, dans la réalité et dans nos pensées, la place qui lui revient et laisser un peu plus se manifester notre attitude inconsciente à l'égard de la mort, que nous avons jusqu'à présent si soigneusement réprimée. Cela ne semble pas être un progrès, plutôt sous maints rapports un recul, une régression, mais cela présente l'avantage de mieux tenir compte de la vraisemblance et de nous rendre la vie de nouveau plus supportable. Supporter la vie reste bien le premier devoir de tous les vivants. L'illusion perd toute valeur quand elle nous en empêche.

Rappelons-nous le vieil adage : *Si vis pacem, para bellum*. Si tu veux maintenir la paix, arme-toi pour la guerre.

Il serait d'actualité de le modifier : *Si vis vitam, para mortem*. Si tu veux supporter la vie, organise-toi pour la mort.

Au-delà du principe de plaisir
(1920)

Jenseits des Lutsprinzips, *Gesammelte Werke*,
tome XIII, p. 3-69

*Traduit de l'allemand par Jean Laplanche
et J.-B. Pontalis*

1

Dans la théorie psychanalytique, nous admettons sans hésiter que le principe de plaisir règle automatiquement l'écoulement des processus psychiques ; autrement dit, nous croyons que celui-ci est chaque fois provoqué par une tension déplaisante et qu'il prend une direction telle que son résultat final coïncide avec un abaissement de cette tension, c'est-à-dire avec un évitement de déplaisir ou une production de plaisir. Lorsque nous tenons compte de ce cours en étudiant les processus psychiques, nous introduisons le point de vue économique dans notre travail. Nous pensons qu'un mode d'exposition où l'on tente d'apprécier le facteur économique en plus des facteurs topique et dynamique est le plus complet que nous puissions nous représenter actuellement et qu'il mérite d'être mis en évidence par le terme de *métapsychologique*.

Il ne nous importe pas ici de rechercher dans quelle mesure, en posant le principe de plaisir, nous nous rapprochons de tel ou tel système philosophique historiquement datable ou même nous rattachons à lui. C'est en nous efforçant de décrire et d'expliquer les faits de l'observation quotidienne dans notre domaine que nous sommes parvenus à de telles hypothèses spéculatives. Le travail psychanalytique ne recherche pas la priorité et l'originalité, et les données qui nous fondent à poser le principe de plaisir sont si évidentes qu'il n'est guère possible de ne pas les voir. En revanche, nous serions très reconnaissants envers une théorie philosophique ou psychologique capable de nous dire quelle est la signification des sensations, pour nous si impératives, de plaisir et de déplaisir. Malheureusement, à ce sujet, on ne nous offre rien d'utilisable. Il s'agit là de la région de la vie psychique la plus obscure et la moins accessible et, s'il nous est impossible d'éviter d'y toucher, c'est l'hypothèse la plus lâche qui, selon moi, sera la meilleure. Nous nous sommes décidés à mettre en rapport le plaisir et le déplaisir avec cette quantité d'excitation présente dans la vie psychique qui n'est liée en aucune façon : relation telle que le déplaisir correspond à une élévation et le plaisir à une diminution de cette quantité. Nous ne visons pas par là un rapport simple entre la force des sensations et les modifications auxquelles nous les rattachons et encore moins — d'après tout ce que nous avons appris de la psychophysiologie — concevons-nous un tel rapport comme directement proportionnel ; il est vraisemblable que le facteur déterminant de la sensation est le taux de diminution ou d'augmentation dans un temps donné. L'expérimentation pourrait ici entrer en jeu ; mais, pour nous, analystes, il n'est pas avisé de nous engager plus avant dans ce problème tant que des observations bien définies ne nous guident pas.

Nous ne saurions cependant rester indifférents devant le fait qu'un chercheur aussi pénétrant que G. Th. Fechner a présenté une conception du plaisir et du déplaisir qui coïncide pour l'essentiel avec celle que nous impose le travail psychanalytique. On trouvera exprimée cette conception de Fechner dans son petit ouvrage, *Quelques idées sur l'histoire de la création et du développement des organismes* (*Einige Ideen zur Schöpfungs- und Entwicklungsgeschichte der Organismen*, 1873) (section XI, appendice, p. 94), dans les termes suivants : « Pour autant que les stimulations conscientes sont toujours en rapport avec du plaisir ou du déplaisir, on peut aussi considérer le plaisir et le déplaisir comme étant en relation psychophysique avec des conditions de stabilité et d'instabilité. Ceci permet de fonder cette hypothèse que je me propose de développer ailleurs : tout mouvement psychophysique qui passe le seuil de la conscience est affecté de plaisir dans la mesure où, au-delà d'une certaine limite, il se rapproche de la stabilité complète, et affecté de déplaisir dans la mesure où il s'en éloigne au-delà d'une certaine limite ; entre ces deux limites que l'on peut caractériser comme seuils qualitatifs du plaisir et du déplaisir, il subsiste une certaine zone d'indifférence esthétique [...]. »

Les faits qui nous ont conduits à croire en la domination du principe de plaisir dans la vie psychique trouvent aussi leur expression dans l'hypothèse selon laquelle l'appareil psychique a une tendance à maintenir aussi bas que possible la quantité d'excitation présente en lui ou du moins à la maintenir constante. Ce n'est là qu'une autre formulation du principe de plaisir ; en effet, s'il est vrai que le travail de l'appareil psychique a pour but de maintenir basse la quantité d'excitation, tout ce qui est propre à accroître celle-ci est nécessairement ressenti comme opposé à la fonction de l'appareil, c'est-à-dire comme déplaisant. Le principe de plaisir se déduit du principe de constance ; en réalité, le principe de constance a été inféré à partir des faits qui nous ont forcé à admettre le principe de plaisir. Une discussion plus approfondie nous montrera aussi que cette tendance que nous venons d'attribuer à l'appareil psychique se subordonne comme un cas particulier au principe de la *tendance à la stabilité* posé par Fechner, qui y rapporte les sensations de plaisir-déplaisir.

Nous devons dire cependant qu'en toute rigueur il est inexact de parler d'une domination du principe de plaisir sur le cours des processus psychiques. Si une telle domination existait, l'immense majorité de nos processus psychiques devrait être accompagnée de plaisir ou conduire au plaisir ; or l'expérience la plus générale est en contradiction flagrante avec cette conclusion. Aussi doit-on admettre ceci : il existe dans le psychisme une forte tendance au principe de plaisir mais certaines autres forces ou conditions s'y opposent de sorte que l'issue finale ne peut pas toujours correspondre à la tendance au plaisir. Qu'on se réfère ici à la remarque faite par Fechner à propos d'une semblable question (*ibid.*, p. 90) : « Mais du fait que la tendance à un but ne signifie pas encore que le but est atteint et du fait que le but n'est généralement accessible que par approximations [...]. » Si maintenant nous abordons la question de savoir quelles sont les circonstances capables d'empêcher le principe de plaisir d'entrer en vigueur, nous nous retrouvons en terrain ferme et connu et nous pouvons puiser largement dans notre expérience analytique pour formuler une réponse.

Le premier cas où l'on rencontre une telle inhibition du principe de plaisir nous est bien connu ; il est dans l'ordre. Nous savons en effet que le principe de plaisir convient à un mode primaire de travail de l'appareil psychique et qu'en ce qui concerne l'auto-affirmation de l'organisme soumis aux difficultés du monde extérieur, il est d'emblée inutilisable et même extrêmement dangereux. Sous l'influence des pulsions d'auto-conservation du moi, le principe de plaisir est relayé par le *principe de réalité* ; celui-ci ne renonce pas à l'intention de gagner finalement du plaisir mais il exige et met en vigueur l'ajournement de la satisfaction, le renoncement à toutes sortes de possibilités d'y parvenir et la tolérance provisoire du déplaisir sur le long chemin détourné qui mène au plaisir. Mais le principe de plaisir reste pour longtemps le mode de travail des pulsions sexuelles plus difficilement « éducables » ; le cas se produit sans cesse où, soit à partir de ces pulsions, soit dans le moi lui-même, ==le principe de plaisir déborde irrésistiblement le principe de réalité au détriment de l'ensemble de l'organisme.==

Il n'est cependant pas douteux que le relais du principe de plaisir par le principe de réalité ne peut être rendu responsable que d'une petite partie des expériences déplaisantes et qui ne comprend pas les plus intenses. Une autre source de libération de déplaisir, qui n'est pas moins dans l'ordre, provient des conflits et clivages qui se produisent dans l'appareil psychique pendant que le moi accomplit son développement vers des organisations plus hautement différenciées. Presque toute l'énergie qui remplit l'appareil provient des motions pulsionnelles innées mais il ne leur est pas loisible à toutes d'atteindre les mêmes phases de développement. Le cas se reproduit sans cesse en chemin où des pulsions isolées ou bien des éléments pulsionnels se révèlent incompatibles dans leur but ou leur revendication avec les autres pulsions qui sont capables de se joindre à l'unité englobante du moi. Le processus du refoulement opère alors un clivage entre elles et cette unité ; elles sont maintenues à des stades inférieurs du développement psychique et coupées, pour commencer, de la possibilité d'une satisfaction. Si elles parviennent plus tard, ce qui se produit si facilement pour les pulsions sexuelles refoulées, à se frayer par des chemins détournés l'accès à une satisfaction directe ou substitutive, ce résultat qui, dans un autre cas, aurait pu procurer du plaisir, est ressenti par le moi comme déplaisir. En conséquence de l'ancien conflit qui a abouti au refoulement, le principe de plaisir a été à nouveau battu en brèche alors que précisément certaines pulsions s'efforçaient, conformément au principe, d'obtenir un nouveau plaisir. Le processus par lequel le refoulement transforme une possibilité de plaisir en une source de déplaisir ne nous est pas encore bien compréhensible dans ses détails ni clairement figurable ; mais il n'est pas douteux que tout déplaisir névrotique est de cette sorte : un plaisir qui ne peut être éprouvé comme tel[1].

Les deux sources de déplaisir que nous venons d'indiquer sont encore loin de recouvrir la majorité de nos expériences déplaisantes ; mais on peut affirmer avec quelque apparence de raison que le reste de ces expériences ne contredit pas la domination du principe de plaisir. La plus grande part du déplaisir que nous éprouvons est en effet du déplaisir provoqué par des perceptions. Il peut s'agir de la perception de la poussée de pulsions insatisfaites ou bien d'une perception extérieure, qu'elle soit pénible en elle-même ou qu'elle éveille dans l'appareil psychique des attentes déplaisantes et soit reconnue par lui comme « danger ». La réaction à ces revendications pulsionnelles et à ces menaces de danger, réaction dans laquelle se manifeste l'activité propre de l'appareil psychique, peut alors être dirigée de façon correcte par le principe de plaisir ou par le principe de réalité qui vient le modifier. Ainsi n'apparaît-il pas nécessaire d'admettre une limitation plus importante du principe de plaisir ; et pourtant c'est justement l'étude de la réaction psychique au danger extérieur qui va nous apporter un nouveau matériel et modifier la position de notre problème.

---

1. [*Note ajoutée en 1925.*] Le point essentiel est que plaisir et déplaisir, en tant que sensations conscientes, sont liés au moi.

2

À la suite de graves commotions mécaniques, de catastrophes de chemin de fer et d'autres accidents mettant la vie en danger, on voit survenir un état qui a été décrit depuis longtemps et a gardé le nom de « névrose traumatique ». La guerre effroyable qui vient de se terminer a provoqué un grand nombre d'affections de ce type ; au moins a-t-elle mis fin à la tentation de les ramener à une lésion organique du système nerveux produite par une violente action mécanique[1]. Le tableau clinique de la névrose traumatique se rapproche de celui de l'hystérie par sa richesse en symptômes moteurs similaires ; mais, en règle générale, il le dépasse par ses signes très prononcés de souffrance subjective, évoquant par là l'hypocondrie ou la mélancolie, et par les marques d'un affaiblissement et d'une perturbation bien plus généralisés des fonctions psychiques. Jusqu'à présent on n'est pas parvenu à comprendre pleinement ni les névroses de guerre ni les névroses traumatiques du temps de paix. Dans les névroses de guerre, qu'il y

---

1. *Cf. Sur la psychanalyse des névroses de guerre* (*Zur Psychoanalyse der Kriegsneurosen*, 1919), par Ferenczi, Abraham, Simmel et Jones. Internationale psychoanalytische Bibliothek, I [cet ouvrage comporte une introduction de Freud].

ait ou non intervention d'une violence mécanique patente, on verra survenir un même tableau pathologique et ce fait, en un sens éclairant, n'est pas sans apporter un nouvel embarras ; dans la névrose traumatique commune, deux traits saillants pourraient servir de point de départ à notre réflexion : premièrement, ce qui semble peser le plus lourd dans son déterminisme, c'est le facteur surprise, l'effroi ; deuxièmement, si le sujet subit en même temps une lésion ou une blessure, ceci s'oppose en général à la survenue de la névrose. *Effroi, peur, angoisse** sont des termes qu'on a tort d'utiliser comme synonymes ; leur rapport au danger permet de bien les différencier. Le terme d'angoisse désigne un état caractérisé par l'attente du danger et la préparation à celui-ci, même s'il est inconnu ; le terme de peur suppose un objet défini dont on a peur ; quant au terme d'effroi, il désigne l'état qui survient quand on tombe dans une situation dangereuse sans y être préparé ; il met l'accent sur le facteur surprise. Je ne crois pas que l'angoisse puisse engendrer une névrose traumatique ; il y a dans l'angoisse quelque chose qui protège contre l'effroi et donc aussi contre la névrose d'effroi. Nous reviendrons ultérieurement sur cette proposition.

L'étude du rêve peut être tenue pour la voie la plus sûre dans l'exploration des processus psychiques des profondeurs. Or la vie onirique des névroses traumatiques se caractérise en ceci qu'elle ramène sans cesse le malade à la situation de son accident, situation dont il se réveille avec un nouvel effroi. C'est là un fait dont on ne s'étonne pas assez. On voit, dans l'insistance de l'expérience traumatique à faire retour même dans le sommeil du malade, une preuve de la

---

* *Schreck, Furcht, Angst.*

force de l'impression qu'elle a produite. Le malade serait, pour ainsi dire, fixé psychiquement au traumatisme. De telles fixations à l'expérience qui a déclenché la maladie nous sont depuis longtemps connues dans l'hystérie. Breuer et Freud déclaraient en 1893 : les hystériques souffrent en grande partie de réminiscences. Dans les névroses de guerre également, des observateurs comme Ferenczi et Simmel ont pu expliquer nombre de symptômes moteurs par la fixation au moment du traumatisme.

Et pourtant, à ma connaissance, les malades qui souffrent de névrose traumatique ne s'occupent guère, pendant la veille, du souvenir de leur accident. Peut-être s'efforcent-ils plutôt de n'y pas penser. Admettre comme allant de soi que le rêve les replace pendant la nuit dans la situation pathogène, c'est méconnaître la nature du rêve. Il serait plus conforme à celle-ci que le rêve présente au malade des images du temps où il était bien portant ou des images de la guérison qu'il espère. Si nous ne voulons pas que les rêves de la névrose d'accident viennent bouleverser notre thèse de la tendance du rêve à accomplir le désir, il nous reste peut-être la ressource de dire que dans cette affection la fonction du rêve, comme bien d'autres choses, est ébranlée et détournée de ses fins, à moins d'invoquer les énigmatiques tendances masochistes du moi*.

Je propose maintenant d'abandonner le thème obscur de la névrose traumatique et d'étudier le mode de travail de l'appareil psychique dans l'une de ses toutes premières activités normales : le jeu des enfants.

Les différentes théories du jeu des enfants n'ont été que récemment reprises et appréciées du point de vue psychanalytique par S. Pfeifer dans un article

---

* Ce dernier membre de phrase, depuis la virgule, fut ajouté en 1921.

d'*Imago* (1919, V, 4*) auquel je renvoie mes lecteurs. Ces théories s'efforcent de découvrir les mobiles du jeu des enfants mais sans mettre au premier plan le point de vue économique, la considération du gain de plaisir. Sans vouloir embrasser l'ensemble de ces phénomènes, j'ai profité d'une occasion qui s'offrait à moi pour expliquer, chez un petit garçon d'un an et demi, le premier jeu qu'il ait inventé. Ce fut là plus qu'une observation hâtive, car je passai plusieurs semaines sous le même toit que l'enfant et ses parents, et il s'écoula un certain temps avant que cette activité énigmatique et sans cesse répétée me livrât son sens.

L'enfant n'était nullement précoce dans son développement intellectuel ; à l'âge d'un an et demi, il ne pouvait dire que quelques mots compréhensibles ; il utilisait en outre un certain nombre de sons offrant un sens intelligible pour l'entourage. Il était pourtant en bons termes avec ses parents et leur unique servante et l'on louait son « gentil » caractère. Il ne dérangeait pas ses parents la nuit, il obéissait consciencieusement à l'interdiction de toucher toute sorte d'objets et d'entrer dans certaines pièces ; et surtout il ne pleurait jamais quand sa mère l'abandonnait pendant des heures, bien qu'il fût tendrement attaché à cette mère qui ne l'avait pas seulement nourri elle-même, mais encore élevé et gardé sans aucune aide extérieure. Cependant ce bon petit garçon avait l'habitude, qui pouvait être gênante, de jeter loin de lui dans un coin de la pièce, sous le lit, etc., tous les petits objets dont il pouvait se saisir, si bien qu'il n'était souvent pas facile de ramasser son attirail de jeu. En même temps, il émettait avec une expression d'intérêt et de satisfaction un *o-o-o-o*,

---

* « Les manifestations des pulsions érotiques de l'enfant dans le jeu » (« Äusserungen infantil-erotischer Triebe im Spiele », 5, 243).

fort et prolongé, qui, de l'avis commun de la mère et de l'observateur, n'était pas une interjection, mais signifiait « parti* ». Je remarquai finalement que c'était là un jeu et que l'enfant n'utilisait tous ses jouets que pour jouer avec eux à « parti ». Un jour, je fis une observation qui confirma ma façon de voir. L'enfant avait une bobine en bois avec une ficelle attachée autour. Il ne lui venait jamais, par exemple, l'idée de la traîner par terre derrière lui pour jouer à la voiture ; mais il jetait avec une grande adresse la bobine, que retenait la ficelle, par-dessus le rebord de son petit lit à rideaux où elle disparaissait, tandis qu'il prononçait son *o-o-o-o* riche de sens ; il retirait ensuite la bobine hors du lit en tirant la ficelle et saluait alors sa réapparition par un joyeux « voilà** ». Tel était donc le jeu complet : disparition et retour ; on n'en voyait en général que le premier acte qui était inlassablement répété pour lui seul comme jeu, bien qu'il ne fût pas douteux que le plus grand plaisir s'attachât au deuxième acte[2].

L'interprétation du jeu ne présentait plus alors de difficulté. Le jeu était en rapport avec les importants résultats d'ordre culturel obtenus par l'enfant, avec le renoncement pulsionnel qu'il avait accompli (renoncement à la satisfaction de la pulsion) pour permettre le départ de sa mère sans manifester d'op-

---

* En allemand : *fort*.
** En allemand : *da*.
2. Cette interprétation fut pleinement confirmée par une observation ultérieure. Un jour où sa mère avait été absente pendant de longues heures, elle fut saluée à son retour par le message *Bébé o-o-o-o*, qui parut d'abord inintelligible. Mais on ne tarda pas à s'apercevoir que l'enfant avait trouvé pendant sa longue solitude un moyen de se faire disparaître lui-même. Il avait découvert son image dans un miroir qui n'atteignait pas tout à fait le sol et s'était ensuite accroupi de sorte que son image dans le miroir était « partie ».

position. Il se dédommageait pour ainsi dire en mettant lui-même en scène, avec les objets qu'il pouvait saisir, le même « disparition-retour* ». Il est bien sûr indifférent, pour juger de la valeur affective de ce jeu, de saisir si l'enfant l'avait lui-même inventé ou s'il se l'était approprié après que quelque chose le lui eut suggéré. Nous porterons notre intérêt vers un autre point. Le départ de la mère n'a pas pu être agréable à l'enfant ou même seulement lui être indifférent. Comment alors concilier avec le principe de plaisir le fait qu'il répète comme jeu cette expérience pénible ? On voudra peut-être répondre que le départ devait être joué, comme une condition préalable à la joie de la réapparition, et que c'est en celle-ci que réside le but véritable du jeu. Mais l'observation contredit cette façon de voir : le premier acte, le départ, était mis en scène pour lui seul comme jeu et même bien plus souvent que l'épisode entier avec sa conclusion et le plaisir qu'elle procurait.

L'analyse d'un exemple unique comme celui-ci ne permet pas de trancher avec assurance ; à considérer les choses sans préjugé, on acquiert le sentiment que l'enfant a transformé son expérience en jeu pour un autre motif. Il était passif, à la merci de l'événement ; mais voici qu'en le répétant, aussi déplaisant qu'il soit, comme jeu, il assume un rôle actif. Une telle tentative pourrait être mise au compte d'une pulsion d'emprise** qui affirmerait son indépendance à l'égard du caractère plaisant ou déplaisant du souvenir. Mais l'on peut encore proposer une autre interprétation. En rejetant l'objet pour qu'il soit parti, l'enfant pourrait satisfaire une impulsion, réprimée dans sa vie quotidienne, à se venger de sa

---

* Guillemets ajoutés par les traducteurs. En allemand : *dasselbe Verschwinden und Wiederkommen*.
** En allemand : *Bemächtigungstrieb*.

mère qui était partie loin de lui ; son action aurait alors une signification de bravade : « Eh bien, pars donc, je n'ai pas besoin de toi, c'est moi qui t'envoie promener ! » Ce même enfant dont j'avais observé le premier jeu à un an et demi avait coutume, un an plus tard, de jeter à terre un jouet contre lequel il était en colère en disant : « Va-t'en à la guerre ! » On lui avait raconté alors que son père absent était à la guerre et, loin de regretter son père, il manifestait de la façon la plus évidente qu'il ne voulait pas être dérangé dans la possession exclusive de la mère[3]. Nous avons d'autres exemples d'enfants qui expriment des mouvements intérieurs hostiles de cet ordre en rejetant au loin des objets à la place des personnes[4]. Nous en venons donc à nous demander si la poussée à élaborer psychiquement une expérience impressionnante et à assurer pleinement son emprise sur elle peut bien se manifester de façon primaire et indépendamment du principe de plaisir. Dans l'exemple que nous discutons, l'enfant ne pourrait répéter dans son jeu une impression désagréable que parce qu'un gain de plaisir d'une autre sorte, mais direct, est lié à cette répétition.

Une étude plus poussée du jeu des enfants ne ferait pas pour autant cesser notre hésitation entre deux conceptions. On voit bien que les enfants répètent dans le jeu tout ce qui leur a fait dans la vie une grande impression, qu'ils abréagissent ainsi la force de l'impression et se rendent pour ainsi dire maîtres

---

3. Quand cet enfant eut cinq ans et neuf mois, sa mère mourut. Maintenant qu'elle était « partie » (*o-o-o*) pour de bon, le petit ne manifesta aucun chagrin [*Trauer*]. Il est vrai que dans l'intervalle un deuxième enfant était né, éveillant en lui la jalousie la plus vive.

4. *Cf.* « Un souvenir d'enfance tiré de "Poésie et Vérité" » (« Eine Kindheitserinnerung aus "Dichtung und Wahrheit") », *Imago*, V, 1917. G.W., XII, 15-26.

de la situation. Mais, d'autre part, il est bien clair que toute leur activité de jeu est influencée par le désir qui domine cette période de leur vie : être grand, pouvoir faire comme les grands. On observe aussi que le caractère déplaisant de l'expérience vécue ne la rend pas toujours inutilisable pour le jeu. Si le docteur examine la gorge de l'enfant ou lui fait subir une petite opération, on peut être certain que cette expérience effrayante sera le contenu du prochain jeu ; mais nous ne devons pas pour autant négliger l'existence d'un gain de plaisir provenant d'une autre source. En même temps qu'il passe de la passivité de l'expérience à l'activité du jeu, l'enfant inflige à un camarade de jeu le désagrément qu'il avait lui-même subi et se venge ainsi sur la personne de ce remplaçant.

Quoi qu'il en soit, il ressort de cette discussion que l'hypothèse d'une pulsion spéciale d'imitation comme motif du jeu est superflue. Enfin il faut encore rappeler que chez l'adulte le jeu et l'imitation artistiques qui visent, à la différence de ce qui se passe chez l'enfant, la personne du spectateur, n'épargnent pas à celui-ci, par exemple dans la tragédie, les impressions les plus douloureuses et pourtant peuvent le mener à un haut degré de jouissance. Nous avons bien là la preuve que, même sous la domination du principe de plaisir, il existe plus d'une voie et d'un moyen pour que ce qui est en soi déplaisant devienne l'objet du souvenir et de l'élaboration psychique. Ces cas et ces situations qui ont un gain de plaisir comme issue finale pourraient faire l'objet d'une esthétique d'orientation économique ; mais, pour notre dessein, ils ne nous servent à rien car ils présupposent l'existence et la domination du principe de plaisir et ils ne prouvent pas que des tendances soient à l'œuvre au-delà du principe de plaisir, c'est-à-dire des tendances plus originaires que celui-ci et indépendantes de lui.

3

Vingt-cinq années de travail intensif ont eu ce résultat que les buts prochains auxquels tend la technique psychanalytique sont aujourd'hui tout autres qu'au début. Tout d'abord le médecin-analyste ne pouvait viser rien d'autre qu'à deviner l'inconscient qui est caché au malade, en rassembler les éléments et le communiquer au moment opportun. La psychanalyse était avant tout un art d'interprétation. Comme la tâche thérapeutique n'était pas pour autant liquidée, on fit aussitôt un pas de plus en se proposant d'obliger le malade à confirmer par ses propres souvenirs la construction de l'analyste. Par cet effort, l'accent se trouva déplacé sur les résistances du malade ; tout l'art fut alors de découvrir ces résistances le plus tôt possible, de les montrer au malade et de l'inciter à les abandonner, en usant de cette influence qu'un homme peut exercer sur un autre (c'est là qu'intervient la suggestion opérant comme « transfert »).

Mais alors il devint toujours plus clair que le but fixé — rendre conscient l'inconscient — ne pouvait être pleinement atteint même par une telle voie. Le malade ne peut pas se souvenir de tout ce qui est en lui refoulé et peut-être précisément pas de l'essentiel, de sorte qu'il n'acquiert pas la conviction du bien-fondé de la construction qui lui a été communiquée. Il est bien plutôt obligé de *répéter* le refoulé comme expérience vécue dans le présent au lieu de se le *remémorer* comme un fragment du passé, ce que préférerait le médecin[1]. Cette reproduction qui survient avec une fidélité qu'on n'aurait pas désirée a toujours pour contenu un fragment de la vie sexuelle infantile, donc du complexe d'Œdipe et de ses ramifications ; elle se joue régulièrement dans le domaine du transfert, c'est-à-dire de la relation au médecin. Quand on a mené le traitement jusqu'à ce point, on peut dire que la névrose antérieure est maintenant remplacée par une nouvelle névrose, la névrose de transfert. Le médecin s'efforce de limiter le plus possible le domaine de cette névrose de transfert, de pousser le plus de contenu possible dans la voie de la remémoration et d'en abandonner le moins possible à la répétition. Le rapport qui s'établit entre remémoration et reproduction est différent en chaque cas. En règle générale, le médecin ne peut épargner à l'analyse cette phase de la cure ; il est forcé de lui laisser revivre un certain fragment de sa vie oubliée mais il doit veiller à ce que le malade garde une certaine capacité de surplomber la situation qui lui permette malgré tout de reconnaître dans ce qui apparaît comme réalité le reflet renouvelé d'un passé oublié. Y parvient-on, on a obtenu la conviction du malade et atteint le résultat thérapeutique qui en dépend.

Pour mieux arriver à concevoir cette «*compulsion de répétition*» qui se manifeste dans le traitement psychanalytique des névrosés, il faut avant tout se libérer de l'idée erronée selon laquelle on aurait affaire, lorsqu'on combat les résistances, à la résis-

---

[1]. *Remémoration, répétition et perlaboration* (*Erinnern, Wiederholen und Durcharbeiten*, 1914).

tance de l'« inconscient ». L'inconscient, c'est-à-dire le « refoulé », n'oppose aux efforts de la cure aucune espèce de résistance ; en fait il ne tend même à rien d'autre qu'à vaincre la pression qui pèse sur lui pour se frayer un chemin vers la conscience ou vers la décharge par l'action réelle. La résistance dans la cure provient des mêmes couches et systèmes supérieurs de la vie psychique qui avaient produit le refoulement en son temps. Mais comme l'expérience nous a appris que les motifs des résistances, et les résistances mêmes, sont d'abord inconscients dans la cure, nous sommes invités à rectifier une impropriété de notre terminologie. Nous échapperons à l'obscurité en opposant non pas le conscient et l'inconscient mais le *moi*, avec sa cohésion, et le *refoulé*. Il est certain qu'une grande part du moi est elle-même inconsciente, précisément ce que l'on peut nommer le noyau du moi ; le terme de *préconscient* ne recouvre qu'une petite partie du moi*. Maintenant que nous avons remplacé une terminologie purement descriptive par une terminologie systématique ou dynamique, nous pouvons dire que la résistance de l'analysé provient de son moi et nous saisissons du coup que la compulsion de répétition doit être attribuée au refoulé inconscient. Il est vraisemblable qu'elle ne peut se manifester avant que le travail de la cure ne soit venu à sa rencontre en relâchant le refoulement[2].

---

* Cette phrase, depuis le point, date de 1921. Dans la version de 1920, le texte est le suivant : « Il se peut qu'une grande part du moi soit elle-même inconsciente ; le terme de préconscient ne recouvre probablement qu'une partie du moi. »
2. [Note ajoutée en 1923.] J'ai montré ailleurs [dans *Remarques sur la théorie et la pratique de l'interprétation du rêve (Bemerkungen zur Theorie und Praxis der Traumdeutung)*, 1923] que ce qui vient ici aider la compulsion de répétition c'est « l'action suggestive » de la cure, c'est-à-dire la docilité à l'égard du médecin, qui est profondément enracinée dans le complexe parental inconscient.

Il n'est pas douteux que la résistance du moi conscient et préconscient est au service du principe de plaisir ; elle veut éviter le déplaisir que provoquerait la libération du refoulé tandis que nos efforts tendent à obtenir que ce déplaisir soit admis, en faisant appel au principe de réalité. Mais la compulsion de répétition, cette manifestation de force du refoulé, quel est donc son rapport au principe de plaisir ? Il est clair que la majeure partie des expériences que la compulsion de répétition fait revivre ne peut qu'apporter du déplaisir au moi puisque cette compulsion fait se manifester et s'actualiser des motions pulsionnelles refoulées ; mais il s'agit d'un déplaisir qui, nous l'avons déjà montré, ne contredit pas le principe de plaisir, déplaisir pour un système et en même temps satisfaction pour l'autre. Mais le fait nouveau et remarquable qu'il nous faut maintenant décrire tient en ceci : la compulsion de répétition ramène aussi des expériences du passé qui ne comportent aucune possibilité de plaisir et qui même en leur temps n'ont pu apporter satisfaction, pas même aux motions pulsionnelles ultérieurement refoulées.

La floraison précoce de la vie sexuelle infantile est destinée au déclin parce que les désirs y sont incompatibles avec la réalité et parce que l'enfant n'a pas atteint un stade de développement suffisant. Elle trouve sa fin dans les circonstances les plus pénibles, au milieu de sentiments profondément douloureux. La perte d'amour et l'échec portent au sentiment d'estime de soi* un préjudice durable qui reste comme cicatrice narcissique ; c'est là, selon mon expérience et les vues de Marcinowski[3], ce qui contri-

---

* *Selbstgefühl*.
3. *Les Sources érotiques des sentiments d'infériorité (Die erotischen Quellen der Minderwertigkeitsgefühle)*, Zeitschrift für Sexualwissenschaft, IV, 1918.

bue plus que tout au «sentiment d'infériorité» si commun chez les névrosés. La recherche sexuelle, qui se voit assigner des limites par le développement corporel de l'enfant, n'aboutit pas à une conclusion satisfaisante; d'où, plus tard, cette plainte : je ne puis rien mener à bien, rien ne peut me réussir. Le lien de tendresse qui attachait l'enfant surtout au parent de sexe opposé, a succombé à la déception, à l'attente vaine de la satisfaction, à la jalousie que suscite la naissance d'un nouvel enfant, cette preuve sans équivoque de l'infidélité de l'aimé ou de l'aimée; sa propre tentative, menée avec un sérieux vraiment tragique, pour créer lui-même un enfant, échoue de façon humiliante; la diminution de sa part de tendresse, les exigences croissantes de l'éducation, les paroles sévères et, à l'occasion, une punition lui révèlent finalement toute l'ampleur du *dédain* qui est devenu son lot. On retrouve régulièrement ici un petit nombre de modes typiques selon lesquels se termine l'amour qui caractérise cette période.

Voici que, dans le transfert, les névrosés répètent et font revivre avec beaucoup d'habileté toutes ces circonstances non désirées et toutes ces situations affectives douloureuses. Ils aspirent à interrompre la cure alors qu'elle est inachevée, ils savent se procurer à nouveau l'impression d'être dédaignés, contraindre le médecin à leur parler durement et à les traiter froidement, ils trouvent à leur jalousie les objets appropriés, ils remplacent l'enfant jadis ardemment désiré par le projet ou la promesse d'un important cadeau le plus souvent aussi peu réel que celui-ci. Rien dans tout cela qui ait pu autrefois produire du plaisir; on pourrait supposer que ces choses devraient aujourd'hui provoquer moins de déplaisir en resurgissant comme souvenir ou dans les rêves qu'en prenant forme dans une nouvelle expérience vécue. Il s'agit naturellement de l'action de pulsions qui devaient normalement mener à la satisfaction ; mais aucune leçon n'a été tirée du fait que, même jadis, elles n'ont apporté que du déplaisir au lieu de la satisfaction attendue*. Cette action des pulsions est répétée malgré tout ; une compulsion y pousse.

Ce que la psychanalyse révèle dans les phénomènes de transfert chez les névrosés peut être retrouvé dans la vie de certaines personnes non névrosées. Celles-ci donnent l'impression d'un destin qui les poursuit, d'une orientation démoniaque de leur existence, et la psychanalyse a d'emblée tenu qu'un tel destin était pour la plus grande part préparé par le sujet lui-même et déterminé par des influences de la petite enfance. La compulsion qui se manifeste là n'est pas différente de la compulsion de répétition des névrosés, même si les personnes en question n'ont jamais présenté les signes d'un conflit névrotique aboutissant à la formation de symptômes. C'est ainsi qu'on connaît des personnes dont toutes les relations humaines vont vers la même issue : bienfaiteurs que leurs protégés, si différents soient-ils, abandonnent après quelque temps avec rancune, comme s'il leur était dévolu de boire l'ingratitude jusqu'à la lie ; hommes dont toutes les amitiés s'achèvent par la trahison de l'ami ; ceux qui, de façon indéfiniment répétée, placent quelqu'un d'autre dans une position de grande autorité, soit pour eux seuls, soit aussi pour le public, et qui renversent eux-mêmes cette autorité au bout d'un temps donné pour la remplacer par une autre ; amoureux dont chaque affaire de cœur avec les femmes traverse les mêmes phases et conduit à la même fin, etc. Cet « éternel retour du même » ne nous étonne guère lorsqu'il s'agit d'un comportement actif de l'intéressé et que

---

* Phrase ajoutée en 1921.

nous découvrons dans sa nature un trait de caractère immuable qui ne peut que se manifester dans la répétition des mêmes expériences. Nous sommes bien plus fortement impressionnés par les cas où la personne semble vivre passivement quelque chose sur quoi elle n'a aucune part d'influence ; et pourtant elle ne fait que revivre toujours la répétition du même destin. Qu'on pense par exemple à l'histoire de cette femme dont les trois maris successifs tombèrent malades peu de temps après qu'elle les eût épousés et qu'elle dut soigner jusqu'à leur mort[4]. La description poétique la plus saisissante d'une telle destinée nous est donnée par Le Tasse, dans son épopée romantique *La Jérusalem délivrée*. Le héros Tancrède tue, sans savoir que c'est elle, sa bien-aimée Clorinde dans un combat où elle a revêtu l'armure d'un chevalier ennemi. Après les funérailles, il pénètre dans l'inquiétante forêt enchantée qui frappe d'effroi l'armée des Croisés. Là, il fend un grand arbre avec son épée mais, de la blessure de l'arbre, jaillit du sang, et la voix de Clorinde, dont l'âme était exilée dans l'arbre, se plaint à lui qu'il ait de nouveau blessé sa bien-aimée.

De telles observations, tirées du comportement dans le transfert et du destin des hommes, nous encouragent à admettre qu'il existe effectivement dans la vie psychique une compulsion de répétition qui se place au-dessus du principe de plaisir. Du coup nous voici enclins à rapporter à cette compulsion les rêves de la névrose d'accident et l'impulsion à jouer chez l'enfant. Cependant, il faut bien dire que nous ne pouvons saisir que rarement les effets de la com-

---

4. *Cf.* sur ce point les remarques pertinentes de C. G. Jung dans *La Signification du père pour le destin de l'individu (Die Bedeutung des Vaters für das Schicksal des Einzelnen)*, Jahrbuch für Psychoanalyse, I, 1909.

pulsion de répétition à l'état pur, sans la collaboration d'autres motifs. Dans le cas du jeu des enfants, nous avons déjà mis en évidence les autres interprétations possibles de sa manifestation. Compulsion de répétition et satisfaction pulsionnelle aboutissant directement au plaisir semblent ici se recouper en une intime association. Les phénomènes du transfert sont manifestement au service de la résistance du moi qui fait bonne garde pour maintenir le refoulement ; la compulsion de répétition, que la cure cherchait à mettre à son service, est pour ainsi dire tirée de son côté par le moi, solidement attaché au principe de plaisir[5]. Dans ce qu'on pourrait appeler compulsion de destin*, une grande part nous semble compréhensible rationnellement sans qu'on éprouve le besoin de faire intervenir un nouveau et mystérieux motif. Le cas le moins douteux est peut-être celui du rêve d'accident, mais, en y réfléchissant de plus près, on est bien obligé d'admettre que, même dans les autres exemples, l'action des motifs qui nous sont déjà connus ne rend pas compte adéquatement des faits. Il subsiste un résidu suffisant pour justifier l'hypothèse de la compulsion de répétition qui nous apparaît comme plus originaire, plus élémentaire, plus pulsionnelle que le principe de plaisir qu'elle met à l'écart. Mais, s'il existe dans le psychisme une telle compulsion de répétition, nous voudrions bien en connaître quelque chose : à quelle fonction elle correspond, dans quelles conditions elle peut intervenir et quelle est sa relation au principe de plaisir dont, après tout, nous avons jusqu'ici admis la domination sur le cours des processus d'excitation dans la vie psychique ?

---

5. Dans les éditions antérieures à 1923, on trouve le texte suivant : « La compulsion de répétition est pour ainsi dire appelée à son secours par le moi, solidement attaché au principe de plaisir. »

* *Schicksalszwang*.

4

Ce qui suit est spéculation, une spéculation qui remonte souvent bien loin et que chacun, selon ses dispositions personnelles, prendra ou non en considération. C'est aussi une tentative pour exploiter de façon conséquente une idée, avec la curiosité de voir où cela mènera.

La spéculation psychanalytique prend pour point de départ cette impression qu'elle retire de l'investigation des processus inconscients : la conscience ne serait pas le caractère le plus général des processus psychiques, mais seulement une fonction particulière de ceux-ci. En termes métapsychologiques, on pose que la conscience est la fonction d'un système particulier qu'on désigne par les lettres Cs. Ce que la conscience nous livre consiste essentiellement en perceptions d'excitations venant du monde extérieur et en sensations de plaisir et de déplaisir qui ne peuvent provenir que de l'intérieur de l'appareil psychique ; de ce fait on peut attribuer au système Pc-Cs une situation spatiale. Ce système doit se trouver à la frontière de l'extérieur et de l'intérieur, être tourné vers le monde extérieur et envelopper les autres systèmes psychiques. Remarquons ici qu'avec ces hypothèses nous n'avançons rien de nouveau, mais que nous rejoignons la théorie anatomique des localisations cérébrales qui situe le « siège » de la conscience dans l'écorce cérébrale, couche externe et enveloppante de l'organe central. L'anatomie cérébrale n'a pas besoin de se demander pourquoi, anatomiquement parlant, la conscience se trouve précisément placée à la surface du cerveau au lieu de loger, bien protégée, quelque part au plus profond de celui-ci. Quant à nous, nous pourrons peut-être aller plus loin en cherchant à déduire la situation que nous attribuons au système Pc-Cs.

La conscience n'est pas la seule propriété qui spécifie les processus de ce système. En nous appuyant sur les impressions tirées de notre expérience psychanalytique, nous admettons que tous les processus d'excitation qui se produisent dans les autres systèmes y laissent des traces durables[*] qui constituent le fondement de la mémoire, donc des restes mnésiques qui n'ont rien à faire avec le fait de devenir conscient. Souvent leur force et leur ténacité sont plus grandes si le processus qui les a laissés derrière lui n'est jamais venu à la conscience. Mais il ne nous est vraiment pas facile de croire que de telles traces durables de l'excitation apparaissent aussi dans le système Pc-Cs. Si elles restaient toujours conscientes, elles limiteraient très vite la capacité du système à recevoir de nouvelles excitations[1]; mais si, à l'inverse, elles devenaient inconscientes, elles nous mettraient dans l'obligation d'expliquer l'existence de processus inconscients dans un système dont le fonctionnement s'accompagne, d'autre part, du phénomène de la conscience. Nous n'aurions, pour ainsi dire, rien changé et rien gagné avec notre hypothèse qui can-

---

[*] *Dauerspuren.*
[1]. Ces vues ne font que reprendre celles que Breuer a exposées dans la partie théorique des *Études sur l'hystérie* (*Studien über Hysterie*, 1895).

tonne le fait de devenir conscient dans un système particulier. Même si nos considérations ne sont pas absolument décisives, elles peuvent cependant nous pousser à supposer qu'il y a incompatibilité au sein d'un même système entre le fait de devenir conscient et le fait de laisser derrière soi une trace mnésique. Ainsi pourrions-nous dire que dans le système Cs le processus d'excitation devient conscient mais ne laisse derrière lui aucune trace durable; toutes les traces de ce processus, sur lesquelles se fonde la mémoire, se déposeraient dans les systèmes internes voisins lorsque l'excitation s'y propage. Le schéma que j'ai introduit dans la partie spéculative de *L'Interprétation du rêve* (1900) va dans le même sens. Si l'on songe au peu que nous savons par d'autres sources sur l'apparition de la conscience, on accordera du moins à notre proposition: *la conscience apparaît à la place de la trace mnésique* le mérite d'être une affirmation relativement précise.

Le système Cs se spécifierait donc en ceci qu'en lui, à la différence de ce qui se passe dans tous les autres systèmes psychiques, le processus d'excitation ne laisse pas derrière lui une modification durable des éléments du système mais se dissipe pour ainsi dire dans le phénomène de devenir conscient. Une telle exception à la règle générale exige d'être expliquée par un facteur qui se trouve exclusivement dans ce système; ce facteur qu'il faut dénier aux autres systèmes pourrait bien être la situation exposée du système Cs, en contact immédiat avec le monde extérieur.

Représentons-nous l'organisme vivant sous la forme la plus simplifiée qui soit, comme une vésicule indifférenciée de substance excitable. Sa surface tournée vers le monde extérieur sera différenciée de par sa situation même et servira d'organe récepteur d'excitations. De fait, l'embryologie, en tant qu'elle répète l'histoire de l'évolution, montre que le système nerveux central provient de l'ectoderme ; la matière grise du cortex reste bien le rejeton de la surface primitive et elle pourrait en avoir hérité des propriétés essentielles. On concevrait alors facilement que l'impact incessant des excitations externes sur la surface de la vésicule en modifie durablement la substance jusqu'à une certaine profondeur, de sorte que le processus d'excitation ne s'y écoule pas de la même façon que dans des couches plus profondes. Ainsi s'est formée une écorce qui, à force d'avoir été perforée par l'action, par la brûlure pour ainsi dire, des excitations, présente les conditions les plus favorables à la réception des excitations et est incapable d'être ultérieurement modifiée. Si l'on transférait une telle hypothèse au système Cs, elle signifierait que les éléments de ce système ne peuvent plus admettre de modification durable lors de la traversée de l'excitation parce qu'ils sont déjà modifiés à cet égard de la façon la plus radicale. Mais du coup les voici capables de faire apparaître la conscience. En quoi consiste cette modification de la substance et des processus d'excitation en elle ? On peut se la représenter de différentes façons qui ne sauraient actuellement être vérifiées. On peut admettre que l'excitation, dans son passage d'un élément à un autre, doit surmonter une résistance et que cette diminution de la résistance constitue précisément la trace durable de l'excitation (frayage) ; dans le système Cs, il n'existerait donc plus, d'un élément à un autre, cette résistance au passage. On peut rapprocher cette façon de se représenter les choses de la différence établie par Breuer entre l'énergie d'investissement quiescente (liée) et l'énergie d'investissement librement mobile dans les éléments des systèmes psychiques[2] ; les éléments du

---

2. Breuer (J.) et Freud (S.), *Études sur l'hystérie (Studien über Hysterie)*, 1895.

système Cs ne transmettraient pas d'énergie liée mais seulement de l'énergie librement capable de décharge. Mais je crois qu'il vaut mieux pour l'instant s'exprimer sur ces points de la façon la moins stricte possible. Néanmoins nos spéculations nous auront permis d'entrelacer dans un certain rapport l'apparition de la conscience, la situation du système Cs et les particularités qu'il faut lui attribuer quant au processus d'excitation qui s'y déroule.

Mais nous avons plus à dire de la vésicule vivante et de sa couche corticale réceptrice d'excitations. Ce petit fragment de substance vivante est plongé dans un monde extérieur chargé des énergies les plus fortes et il succomberait sous les coups des excitations qui en proviennent s'il n'était pourvu d'un *pare-excitations* qu'il acquiert ainsi : sa couche la plus superficielle abandonne la structure propre au vivant, devient dans une certaine mesure anorganique et fonctionne désormais comme une enveloppe ou membrane spéciale qui tient l'excitation à l'écart : les énergies du monde extérieur ne peuvent ainsi transmettre qu'un fragment de leur intensité aux couches voisines qui sont restées vivantes. Celles-ci peuvent alors, derrière le pare-excitations, se consacrer à la réception des sommes d'excitation qu'il a laissées passer. Par son dépérissement, la couche extérieure préserve du même destin toutes les couches plus profondes, du moins tant que des excitations ne surviennent pas avec une telle force qu'elles font effraction dans le pare-excitations. Pour l'organisme vivant, la fonction de pare-excitations est presque plus importante que la réception d'excitations. Il est pourvu de sa propre réserve d'énergie et doit avant tout tendre par ses efforts à ce que les transformations d'énergie qui opèrent en lui selon des modalités particulières soient préservées de l'influence égalisatrice et donc destructrice des énergies excessives qui sont à l'œuvre au-dehors. La réception d'excitations sert avant tout à renseigner sur la direction et la nature des excitations externes et, pour ce faire, il suffit de prélever de petits échantillons du monde extérieur, d'en déguster des quantités minimes. Dans les organismes très évolués, la couche corticale réceptrice d'excitations, qui enveloppait autrefois la vésicule, s'est depuis longtemps retirée profondément à l'intérieur du corps, mais des parties de cette couche sont restées à la surface immédiatement sous le pare-excitations de l'ensemble du corps. Ce sont les organes des sens : ils comportent pour l'essentiel des appareils pour la réception des actions excitatrices spécifiques, mais aussi des dispositifs spéciaux qui redoublent la protection contre les sommes excessives d'excitation et qui tiennent à l'écart les types inadéquats d'excitation. Ils ont pour caractéristique de n'élaborer que de minimes quantités de l'excitation externe, ils ne prennent qu'un échantillonnage du monde extérieur ; on pourrait les comparer à des antennes qui font des tentatives d'approche vers le monde extérieur pour à nouveau s'en retirer.

Je me permets, parvenu à ce point, de toucher en passant à un thème qui mériterait le développement le plus approfondi. Certaines données recueillies par la psychanalyse nous permettent d'engager la discussion sur la proposition kantienne selon laquelle le temps et l'espace sont des formes nécessaires de notre pensée. L'expérience nous a appris que les processus psychiques inconscients sont en soi « intemporels ». Cela signifie d'abord qu'ils ne sont pas ordonnés temporellement, que le temps ne les modifie en rien et que la représentation du temps ne peut leur être appliquée. Ce sont là des caractères négatifs dont on ne peut se faire une idée claire que par comparaison avec les processus psychiques conscients. C'est bien plutôt du mode de travail du système Pc-Cs que notre représentation abstraite du temps semble entièrement dériver : elle correspondrait à une autoperception de ce mode de travail. Dans ce mode de fonctionnement du système on pourrait trouver un autre mode de pare-excitations. Je sais que ces assertions peuvent paraître très obscures mais je dois me limiter à des allusions de ce genre.

Nous avons jusqu'ici développé l'idée que la vésicule vivante est pourvue d'un pare-excitations contre le monde extérieur. Et nous avions auparavant établi que la couche corticale immédiatement voisine doit être différenciée en organe de réception des excitations externes. Mais cette couche corticale sensitive — ce qui deviendra le système Cs — reçoit aussi des excitations de l'intérieur ; la situation du système entre l'extérieur et l'intérieur et la différence des conditions dans lesquelles s'exerce l'excitation selon qu'elle provient d'un côté ou de l'autre ont une influence déterminante sur le fonctionnement du système et de tout l'appareil psychique. Face à l'extérieur il y a un pare-excitations et les sommes d'excitation qui arrivent n'agiront que dans une mesure réduite ; du côté de l'intérieur, il ne saurait y avoir de pare-excitations, les excitations provenant des couches plus profondes se transmettent directement au système sans subir de diminution, en même temps que certains caractères de leur cours engendrent la gamme des sensations de plaisir-déplaisir. Il est vrai que les excitations internes seront par leur intensité et par d'autres caractères qualitatifs (peut-être par leur amplitude) plus adéquates au mode de travail du système que celles qui affluent du monde extérieur. Mais les deux conséquences décisives de cet état de choses sont : premièrement, la prévalence sur toutes les excitations externes des sensations de plaisir-déplaisir qui servent d'index aux processus intérieurs à l'appareil; deuxièmement, un comportement dirigé contre les excitations internes susceptibles de produire une trop grande augmentation de déplaisir. De là une tendance à les traiter comme si elles n'agissaient pas de l'intérieur mais bien de l'extérieur pour pouvoir utiliser contre elles le moyen de défense du pare-excitations. Telle est l'origine de la *projection* qui joue un si grand rôle dans le déterminisme des processus pathologiques.

J'ai l'impression que ces dernières considérations nous ont permis de mieux comprendre la domination du principe de plaisir; mais nous n'avons recueilli aucune lumière sur les cas qui s'opposent à lui. Faisons donc un pas de plus. Nous appelons *traumatiques* les excitations externes assez fortes pour faire effraction dans le pare-excitations. Je crois qu'on ne saurait comprendre le concept de traumatisme sans le mettre ainsi en rapport avec la notion d'une mise à l'écart, d'ordinaire efficace, des excitations. Un événement comme le traumatisme externe provoquera à coup sûr une perturbation de grande envergure dans le fonctionnement énergétique de l'organisme et mettra en mouvement tous les moyens de défense. Mais ici le principe de plaisir est tout d'abord mis hors d'action. Il n'est plus question d'empêcher l'appareil psychique d'être submergé par de grandes sommes d'excitation; c'est bien plutôt une autre tâche qui apparaît : maîtriser l'excitation, lier psychiquement les sommes d'excitation qui ont pénétré par effraction pour les amener ensuite à la liquidation.

Il est vraisemblable que le déplaisir spécifique de la douleur physique résulte d'une effraction du pare-excitations sur une étendue limitée. De ce point de la périphérie, des excitations affluent alors vers l'appareil psychique central de façon continue, ce qui ne se produit d'ordinaire qu'avec les excitations provenant de l'intérieur de l'appareil[3]. À quelle réaction de la vie psychique pouvons-nous nous attendre, face à cette effraction ? L'énergie d'investissement est rappelée, venant de toute part, pour créer dans le voisinage du point d'effraction des investissements énergétiques d'une intensité correspondante. Il s'établit un « contre-investissement » considérable au profit duquel tous les autres systèmes psychiques s'appauvrissent, ce qui entraîne une paralysie ou une diminution étendues du reste de l'activité psychique. Nous cherchons par de tels exemples à trouver des modèles imagés qui étayent nos conjectures métapsychologiques. C'est ainsi que nous tirons du comportement face à la douleur physique cette conclusion : un système, s'il est lui-même fortement investi, est capable d'admettre un afflux supplémentaire d'énergie, de la transformer en investissement quiescent, c'est-à-dire de la « lier » psychiquement. Plus son propre investissement quiescent est élevé, plus forte doit être aussi sa capacité de liaison ; et inversement, plus son investissement est bas, moins le système sera capable de recevoir un afflux d'énergie et plus les effets de cette effraction du pare-excitations seront violents. C'est à tort qu'on objecterait à cette conception l'idée que l'élévation de l'investissement autour du point d'effraction pourrait s'expliquer bien plus simplement par la propagation directe des sommes d'excitation qui arrivent de l'extérieur. S'il en était ainsi, l'appareil psychique ne subirait qu'une augmentation de son énergie d'investissement et le caractère paralysant de la douleur, l'appauvrissement de tous les autres systèmes resteraient inexpliqués. Les très violentes actions de décharge qu'entraîne la douleur n'infirment pas non plus notre explication

---

3. *Cf. Pulsions et destins des pulsions* (*Triebe und Triebschicksale*, 1915).

car elles se déroulent de façon réflexe, c'est-à-dire sans médiation de l'appareil psychique. L'indétermination de toutes ces considérations que nous qualifions de métapsychologiques provient naturellement de ce que nous ne savons rien sur la nature du processus d'excitation dans les éléments des systèmes psychiques et que nous ne nous sentons pas autorisés à faire à ce sujet une hypothèse quelconque. Nous opérons donc toujours avec un grand X que nous reportons dans chaque nouvelle formule. On peut facilement accorder le postulat que ce processus s'accomplit avec des énergies qui diffèrent quantitativement et on peut trouver vraisemblable qu'il a plus d'une qualité (par exemple dans le genre d'une amplitude). Nous avons repris là en considération la conception de Breuer pour qui un système peut être rempli d'énergie selon deux modes différents : Breuer distingue deux investissements des systèmes psychiques (ou de leurs éléments), l'un dont le flux est libre et se presse vers la décharge, l'autre quiescent. Peut-être pouvons-nous admettre l'idée que la « liaison » de l'énergie qui afflue dans l'appareil psychique consiste à faire passer celle-ci de l'état de libre flux à l'état quiescent.

On peut, je crois, tenter de concevoir la névrose traumatique commune comme la conséquence d'une effraction étendue du pare-excitations. On remettrait par là en honneur la vieille et naïve théorie du choc, apparemment en contradiction avec une théorie plus récente et aux prétentions psychologiques plus grandes, qui attribue l'importance étiologique, non à l'action de la violence mécanique, mais à l'effroi et au sentiment d'une menace vitale. Ces vues opposées ne sont pas pour autant irréconciliables, pas plus que la conception psychanalytique de la névrose traumatique ne se confond avec la forme la plus grossière de la théorie du choc. Cette théorie voit l'essence du choc dans la lésion directe de la structure moléculaire ou même de la structure histologique des éléments nerveux tandis que nous, nous cherchons à comprendre ses effets sur l'organe psychique à partir de l'effraction du pare-excitations et des tâches qui en résultent. L'effroi conserve pour nous aussi son importance. Il trouve sa condition dans le manque de la préparation par l'angoisse*, préparation qui implique le surinvestissement des systèmes recevant en premier l'excitation. Du fait d'un investissement trop bas, les systèmes ne sont pas bien en état de lier les sommes d'excitation qui arrivent de l'extérieur et les conséquences de l'effraction du pare-excitations se produisent d'autant plus facilement. Nous voyons ainsi que la préparation par l'angoisse avec son surinvestissement des systèmes récepteurs représente la dernière ligne de défense du pare-excitations. Pour l'issue d'un grand nombre de traumatismes, le facteur décisif serait la différence entre systèmes non-préparés et systèmes préparés par surinvestissement ; à partir d'une certaine force du traumatisme, ce facteur cesse, il est vrai, de compter. Si les rêves de la névrose d'accident ramènent si régulièrement les malades à la situation de l'accident, ils ne sont assurément pas par là au service de l'accomplissement de désir, même si la production hallucinatoire de celui-ci est devenue leur fonction sous la domination du principe de plaisir. Nous pouvons admettre que par leur caractère répétitif ils se mettent à la disposition d'une autre tâche qui doit être accomplie avant que la domination du principe de plaisir puisse commencer. Ces rêves ont pour but la maîtrise rétroactive de l'excitation sous développement d'angoisse, cette angoisse dont l'omission a été la cause de la

---

* *Angstbereitschaft.*

névrose traumatique. Ils nous ouvrent ainsi une perspective sur une fonction de l'appareil psychique qui, sans contredire le principe de plaisir, est pourtant indépendante de lui et semble plus originaire que la recherche du gain de plaisir et l'évitement du déplaisir.

Ce serait donc ici le moment de convenir d'une exception à la proposition : le rêve est un accomplissement de désir. Les rêves d'angoisse — je l'ai montré à plusieurs reprises dans le détail — ne constituent pas une telle exception ; les « rêves de punition », pas davantage : ils ne font que mettre, à la place de l'accomplissement de désir rigoureusement interdit, la punition qu'il mérite et sont donc l'accomplissement de désir d'un sentiment de culpabilité lui-même réactionnel à la pulsion rejetée. Mais les rêves de la névrose d'accident mentionnés plus haut ne se laissent plus ramener au point de vue de l'accomplissement de désir, pas plus que les rêves qu'on voit se produire dans les psychanalyses et qui nous ramènent le souvenir des traumatismes psychiques de l'enfance. Ce sont là des rêves qui obéissent bien plutôt à la compulsion de répétition qui d'ailleurs trouve son appui, au cours de l'analyse, dans le désir, stimulé par la suggestion, de faire resurgir l'oublié et le refoulé. Ainsi, ce ne serait pas la fonction originaire du rêve que d'écarter les motifs d'interruption du sommeil, en accomplissant le désir des motions perturbatrices ; il ne peut assumer cette nouvelle fonction avant que l'ensemble de la vie psychique ait accepté la domination du principe de plaisir. S'il y a un « au-delà du principe de plaisir », il est logique d'admettre, même pour la tendance du rêve à accomplir le désir, l'existence d'un temps qui l'aurait précédée. Ceci ne contredit pas la fonction ultérieure du rêve. Mais une fois que la tendance à l'accomplissement de désir s'est fait jour, une nouvelle question se pose : ne peut-on rencontrer, même en dehors de l'analyse, de ces rêves qui, au service de la liaison psychique des impressions traumatiques, obéissent à la compulsion de répétition ? La réponse ne peut être qu'affirmative.

J'ai développé ailleurs l'idée que les « névroses de guerre » — pour autant que ce terme implique davantage qu'une simple référence aux circonstances du déclenchement de la maladie — pourraient très bien être des névroses traumatiques qu'un conflit du moi a favorisées[4]. Le fait que j'ai mentionné page 56 — à savoir que si le traumatisme provoque en même temps une lésion patente, les chances d'apparition d'une névrose sont diminuées — cesse d'être incompréhensible pour peu qu'on ait à l'esprit deux corrélations mises en valeur par la recherche psychanalytique. Premièrement, l'ébranlement mécanique doit être reconnu comme l'une des sources d'excitation sexuelle (*cf.* les remarques sur les effets du balancement et du voyage en chemin de fer dans les *Trois essais sur la théorie de la sexualité*) ; deuxièmement, une maladie douloureuse et fébrile exerce, tant qu'elle dure, une puissante influence sur la répartition de la libido. Ainsi donc, la violence mécanique du traumatisme libérerait le quantum d'excitation sexuelle qui a un effet traumatique en raison du manque de préparation par l'angoisse ; mais s'il survient en même temps une lésion physique, celle-ci, en exigeant un surinvestissement narcissique de l'organe atteint, lierait l'excitation en excès (*cf. Pour introduire le narcissisme*). On sait aussi, bien que la théorie de la libido n'en ait pas tenu suffisamment compte, que des perturbations aussi importantes dans la répartition de la libido que celles qui accompagnent la mélancolie

---

4. *Einleitung zu « Zur Psychoanalyse und Kriegneurosen »*, 1919 (*Introduction à « Psychanalyse et névroses de guerre »*).

sont temporairement supprimées par une affection organique intercurrente ; et même une démence précoce arrivée à sa période d'état peut passagèrement rétrograder dans les mêmes conditions.

5

L'absence d'un pare-excitations qui protège la couche corticale réceptrice contre les excitations en provenance de l'intérieur entraîne la conséquence que les transferts d'excitation interne acquièrent une importance économique prépondérante et occasionnent souvent des perturbations économiques comparables aux névroses traumatiques. Les sources les plus abondantes d'une telle excitation interne sont ce qu'on appelle les pulsions de l'organisme, les représentants de toutes les forces agissantes qui proviennent de l'intérieur du corps et sont transférés à l'appareil psychique ; c'est là l'élément le plus important mais aussi le plus obscur de la recherche psychologique.

Il ne paraîtra peut-être pas trop aventuré de faire l'hypothèse que les motions provenant des pulsions sont conformes au type du processus nerveux librement mobile et poussant vers la décharge, et non à celui du processus nerveux lié. Le meilleur de nos connaissances sur ces processus provient de l'étude du travail du rêve. Cette étude nous a montré que les processus diffèrent fondamentalement dans les systèmes inconscients et dans les systèmes (pré-)conscients ; dans l'inconscient, les investissements peuvent facilement être en entier transférés, déplacés, condensés, ce qui, s'il s'agissait de matériel préconscient, ne pourrait que produire des résultats erronés ; c'est là aussi ce qui rend compte des singularités bien connues du rêve manifeste, quand les restes diurnes préconscients ont été élaborés selon les lois de l'inconscient. J'ai nommé « processus primaire » psychique ce type de processus qui se produit dans l'inconscient par contraste avec le processus secondaire qui a cours dans l'état de veille normal. Comme toutes les motions pulsionnelles ont leur point d'impact dans les systèmes inconscients, il n'y a rien de bien nouveau à dire qu'elles suivent le processus primaire et d'autre part il est aisé d'identifier le processus psychique primaire à l'investissement librement mobile et le processus secondaire aux modifications de l'investissement lié ou tonique de Breuer[1]. Ce serait alors la tâche des couches supérieures de l'appareil psychique que de lier l'excitation pulsionnelle lorsqu'elle arrive sous forme de processus primaire. L'échec de cette liaison provoquerait une perturbation analogue à la névrose traumatique ; c'est seulement une fois cette liaison accomplie que le principe de plaisir (et le principe de réalité qui en est la forme modifiée) pourrait sans entraves établir sa domination. Jusque-là c'est l'autre tâche de l'appareil psychique, maîtriser ou lier l'excitation, qui prévaudrait, non pas sans doute en opposition avec le principe de plaisir, mais indépendamment de lui et partiellement sans en tenir compte.

Les manifestations d'une compulsion de répétition, que nous avons décrites dans les toutes premières activités de la vie psychique de l'enfant ainsi que dans les expériences vécues de la cure psycha-

---

[1]. *Cf.* section VII de *L'Interprétation du rêve*.

nalytique, présentent à un haut degré le caractère pulsionnel et, là où elles s'opposent au principe de plaisir, le caractère démoniaque. Dans le jeu des enfants, nous croyons saisir ceci : l'enfant répète l'expérience vécue même déplaisante pour la raison qu'il acquiert par son activité une maîtrise bien plus radicale de l'impression forte qu'il ne le pouvait en se bornant à l'éprouver passivement. Chaque nouvelle répétition semble améliorer cette maîtrise vers laquelle tend l'enfant ; et même dans le cas d'expériences plaisantes, il ne se lasse jamais de les faire se répéter et il s'en tiendra, inflexiblement, à l'identité de l'impression. Ce trait de caractère est appelé à disparaître plus tard. Un mot d'esprit qu'on entend pour la deuxième fois n'aura presque plus d'effet, une représentation théâtrale n'arrive jamais plus à produire la seconde fois l'impression qu'elle avait laissée la première fois ; en fait, il est difficile de décider un adulte qui a beaucoup aimé un livre à le relire aussitôt en entier. La nouveauté sera toujours la condition de la jouissance. Mais l'enfant, lui, ne se fatigue jamais, jusqu'à ce que l'adulte excédé refuse de réclamer à celui-ci de répéter un jeu qu'il lui a montré ou qu'ils ont organisé ensemble ; et lorsqu'on lui a raconté une belle histoire, c'est la même qu'il veut entendre toujours et encore au lieu d'une nouvelle histoire ; il s'en tient inflexiblement à l'identité de la répétition et il corrige chaque modification dont le narrateur s'est rendu coupable, alors que celui-ci avait peut-être espéré acquérir par là un mérite supplémentaire. Il n'y a pas là contradiction au principe de plaisir ; il est évident que répéter, retrouver l'identité constitue en soi une source de plaisir. En revanche, chez l'analysé, il apparaît clairement que la compulsion à répéter dans le transfert les événements de l'enfance se place de *toute* façon en dehors et au-dessus du principe de plaisir. Le patient se

conduit là d'une façon tout à fait infantile et nous montre que les traces mnésiques refoulées de ses expériences vécues originaires ne sont pas présentes en lui à l'état lié et sont en fait, dans une certaine mesure, inaptes au processus secondaire. C'est aussi à cette absence de liaison qu'elles doivent leur capacité de former, par conjonction avec les restes diurnes, un fantasme de désir qu'il appartient au rêve de présenter de façon figurée. C'est la même compulsion de répétition qui vient si souvent s'opposer à nous comme obstacle thérapeutique quand, à la fin de la cure, nous voulons faire en sorte que le malade soit complètement détaché du médecin. Il faut admettre aussi que, lorsque les personnes non familiarisées avec l'analyse éprouvent une angoisse obscure, redoutant d'éveiller quelque chose qu'on ferait mieux, à leur avis, de laisser dormir, c'est au fond une crainte de voir survenir cette compulsion démoniaque.

Mais quelle est la nature de la relation entre le pulsionnel et la compulsion de répétition ? Nous ne pouvons ici échapper à l'idée que nous sommes sur la piste d'un caractère général des pulsions et peut-être de la vie organique dans son ensemble, caractère qui n'a pas jusqu'à présent été clairement reconnu ou du moins pas expressément souligné* : *une pulsion serait une poussée inhérente à l'organisme vivant vers le rétablissement d'un état antérieur* que cet être vivant a dû abandonner sous l'influence perturbatrice de forces extérieures ; elle serait une sorte d'élasticité organique ou, si l'on veut, l'expression de l'inertie dans la vie organique[2].

Cette conception de la pulsion paraît étrange :

---

* Ces six derniers mots ont été ajoutés en 1921.
2. Je ne doute pas que des suppositions analogues sur la nature des « pulsions » aient déjà été formulées à plusieurs reprises.

nous sommes habitués à voir dans la pulsion le facteur qui pousse vers le changement et le développement et voici que nous devons y reconnaître précisément le contraire, l'expression de la nature *conservatrice* du vivant. D'autre part, nous viennent aussitôt à l'esprit des exemples de la vie des animaux qui semblent confirmer que les pulsions sont historiquement déterminées. Quand certains poissons, à l'époque du frai, entreprennent de difficiles migrations pour déposer le frai précisément dans telles eaux très éloignées de leurs lieux de séjour coutumiers, ils ne font, selon l'interprétation de nombreux biologistes, que rechercher les habitats antérieurs de l'espèce qu'ils avaient échangés, au cours du temps, pour d'autres. On pourrait en dire autant du vol migratoire des oiseaux de passage, mais nous sommes bientôt dispensés de rechercher d'autres exemples en nous rappelant que nous avons dans les phénomènes de l'hérédité et les faits de l'embryologie les preuves les plus éclatantes de la compulsion de répétition organique. Nous voyons que le germe d'un animal vivant est obligé de répéter dans son développement — ne fût-ce qu'en un rapide raccourci — la structure de toutes les formes dont l'animal descend, au lieu de prendre la voie la plus rapide vers sa configuration définitive. Ce mode de développement ne saurait s'expliquer que très partiellement par des facteurs mécaniques et l'explication historique ne saurait être négligée. De même, en remontant dans la série animale, on retrouve un large pouvoir de reproduction qui remplace un organe perdu par la néo-formation d'un organe strictement identique.

On objecterait facilement qu'il pourrait bien y avoir en dehors des pulsions conservatrices qui forcent à la répétition, d'autres pulsions qui poussent à la production de nouvelles formes et au progrès ; cette objection n'est certes pas à laisser de côté et nous l'intégrerons ultérieurement à nos considérations*. Mais au préalable il est tentant de poursuivre jusqu'à ses dernières conséquences l'hypothèse selon laquelle toutes les pulsions veulent rétablir quelque chose d'antérieur. Ce qui résultera de cette tentative risque de faire penser à quelque rêverie profonde ou d'avoir des résonances mystiques mais nous savons bien que nous sommes tout à fait innocents d'une telle intention. Notre recherche et la réflexion qui se fonde sur elle n'entendent pas se payer de mots et nous n'avons d'autre désir que d'obtenir des résultats assurés[3].

S'il est vrai que toutes les pulsions organiques sont conservatrices, acquises historiquement, dirigées vers la régression et le rétablissement de quelque chose d'antérieur, il nous faut alors mettre les résultats effectifs du développement organique au compte d'influences extérieures qui le perturbent et le détournent de son but. L'être vivant élémentaire n'aurait dès son origine pas voulu changer et, si les conditions étaient restées les mêmes, le cours de sa vie n'aurait fait que se répéter, toujours le même. Mais ce qui laisse, en dernière analyse, sa marque sur le développement des organismes, devrait être l'histoire du développement de la terre et de sa relation au soleil. Les pulsions organiques conservatrices se sont assimilé chacune des modifications du cours vital qui leur ont été ainsi imposées, elles les ont conservées pour les répéter de sorte qu'elles nous donnent nécessairement l'impression fallacieuse de forces qui tendent

---

* Ces huit derniers mots ont été ajoutés en 1921.
3. [*Note ajoutée en 1925.*] Qu'on n'oublie pas que dans ce qui suit nous développons une ligne extrême de notre pensée et qu'ultérieurement, lorsque nous prendrons en considération les pulsions sexuelles, nous lui apporterons les limitations et les rectifications nécessaires.

vers le changement et le progrès alors qu'elles ne font que chercher à atteindre un but ancien par des voies à la fois anciennes et nouvelles. On pourrait même indiquer quel est ce but final vers quoi tend tout ce qui est organique. Si le but de la vie était un état qui n'a pas encore été atteint auparavant, il y aurait là une contradiction avec la nature conservatrice des pulsions. Ce but doit bien plutôt être un état ancien, un état initial que le vivant a jadis abandonné et auquel il tend à revenir par tous les détours du développement. S'il nous est permis d'admettre comme un fait d'expérience ne souffrant pas d'exception que tout être vivant meurt, fait retour à l'anorganique, pour des raisons *internes*, alors nous ne pouvons que dire : *le but de toute vie est la mort* et, en remontant en arrière, *le non-vivant était là avant le vivant*.

Il advint un jour que les propriétés de la vie furent suscitées dans la matière inanimée par l'action d'une force qu'on ne peut encore absolument pas se représenter. Il s'agissait peut-être d'un processus préfigurant celui qui plus tard a fait apparaître la conscience dans une certaine couche de la matière vivante. La tension survenue dans la substance jusque-là inanimée cherche alors à se réduire ; ainsi était donnée la première pulsion, celle du retour à l'inanimé. La substance vivante avait encore en ce temps la mort facile ; elle n'avait vraisemblablement à parcourir dans la vie qu'un court chemin dont la direction était déterminée par la structure chimique de la jeune vie. Pendant toute une longue période, il se peut que la substance vivante ait été ainsi recréée sans cesse et soit morte facilement jusqu'au jour où des influences externes déterminantes se transformèrent, obligeant la substance qui survivait encore à dévier toujours davantage de son cours vital originaire et à faire des détours toujours plus compliqués pour atteindre son but : la mort. Ces détours sur le chemin qui mène à la mort, fidèlement maintenus par les pulsions conservatrices, seraient ce qui nous apparaît aujourd'hui comme phénomènes vitaux. En s'en tenant à la nature exclusivement conservatrice des pulsions, on ne peut pas aboutir à d'autres suppositions quant à l'origine et au but de la vie.

Non moins étranges que ces déductions, apparaissent celles qui concernent les grands groupes de pulsions que nous posons derrière les phénomènes vitaux des organismes. La conception de pulsions d'auto-conservation que nous attribuons à tout être vivant s'oppose singulièrement au postulat selon lequel l'ensemble de la vie pulsionnelle sert à amener la mort. Sous cet éclairage l'importance théorique des pulsions d'auto-conservation, de puissance et de valorisation de soi se rétrécit; ce sont des pulsions partielles destinées à assurer à l'organisme sa propre voie vers la mort et à éloigner parmi les possibilités de retour à l'anorganique celles qui ne sont pas immanentes. Quant à cette tendance de l'organisme à s'affirmer en bravant le monde entier, cette tendance mystérieuse et qui ne peut être mise en relation avec rien, nous n'avons plus qu'en faire. Il reste que l'organisme ne veut mourir qu'à sa manière; ces gardiens de la vie ont eux-mêmes été à l'origine des suppôts de la mort. D'où ce paradoxe que l'organisme vivant se raidit de toute son énergie contre des influences (dangers) qui pourraient l'aider à atteindre son but vital par une voie courte (par un court-circuit pour ainsi dire); mais un tel comportement est précisément spécifique d'une tendance purement pulsionnelle par opposition avec une tendance intelligente [4].

---

[4]. [*Note présente dans les éditions antérieures à 1925.*] Dans la suite on corrige cette vue extrême sur les pulsions d'autoconservation.

Mais reprenons-nous : il ne peut en être ainsi. Les pulsions sexuelles auxquelles la théorie des névroses assigne une place à part apparaissent sous une tout autre lumière. Tous les organismes ne sont pas soumis à la contrainte externe qui les pousserait à se développer toujours davantage. Beaucoup ont réussi à se maintenir jusqu'à nos jours à leur niveau inférieur ; on trouve encore aujourd'hui beaucoup d'êtres vivants — à défaut de tous — qui doivent être semblables aux formes archaïques des plantes et des animaux supérieurs. Et de même, tous les organismes élémentaires qui forment le corps compliqué d'un être vivant supérieur ne parcourent pas avec lui toute l'évolution qui conduit à la mort naturelle. Quelques-uns d'entre eux, les cellules germinales, conservent vraisemblablement la structure originaire de la substance vivante et se détachent après un certain temps de l'ensemble de l'organisme, avec tout leur potentiel de dispositions pulsionnelles héréditaires et nouvellement acquises. Peut-être est-ce précisément à ces deux propriétés qu'elles doivent leur existence indépendante. Placées dans des conditions favorables, elles commencent à se développer, c'est-à-dire à répéter le jeu auquel elles doivent leur apparition, avec ce résultat qu'une partie de leur substance accomplit à son tour le développement jusqu'à son terme, tandis qu'une autre partie, nouveau reste germinal, fait à nouveau retour au début du développement. C'est ainsi que ces cellules germinales travaillent en opposition au mouvement vers la mort de la substance vivante et réussissent à obtenir pour elle ce qui doit nous apparaître comme immortalité potentielle même si cela ne signifie peut-être qu'un allongement du chemin qui conduit à la mort. Un fait nous paraît hautement significatif : la cellule germinale doit trouver des forces — ou même la condition nécessaire — pour s'acquitter de cette fonction, dans sa fusion avec une autre cellule qui à la fois lui ressemble et en diffère.

Les pulsions qui veillent sur le destin de ces organismes élémentaires survivent à l'individu, qui assurent leur sécurité tant qu'ils sont sans défense contre les excitations du monde extérieur, qui provoquent leur rencontre avec les autres cellules germinales, etc., ces pulsions forment le groupe des pulsions sexuelles. Elles sont conservatrices au même sens que les autres puisqu'elles ramènent la substance vivante à des états antérieurs mais elles le sont de façon plus prononcée puisqu'elles se montrent particulièrement résistantes à des influences extérieures et aussi, en un sens plus étendu, parce qu'elles préservent la vie elle-même pendant des périodes plus longues[5]. Ce sont les pulsions de vie à proprement parler ; elles s'opposent au but poursuivi par les autres pulsions qui, à travers la fonction, conduisent à la mort ; de ce fait s'annonce entre elles et les autres une opposition dont la théorie des névroses a reconnu très tôt toute l'importance. Il y a une sorte de rythme-hésitation dans la vie de l'organisme ; un groupe de pulsions s'élance vers l'avant afin d'atteindre le plus tôt possible le but final de la vie, l'autre, à un moment donné de ce parcours, se hâte vers l'arrière pour recommencer ce même parcours, en partant d'un certain point, et en allonger ainsi la durée. Mais bien que la sexualité et la différence des sexes n'aient certainement pas existé aux origines de la vie, il n'en reste pas moins possible que les pulsions qui devaient plus tard se caractériser comme sexuelles soient entrées en action dès le tout premier début, possible aussi que leur travail qui s'oppose au jeu des « pul-

---

5. [*Note ajoutée en 1923.*] Pourtant c'est à elles seules que nous pourrions attribuer une tendance interne vers le « progrès » et vers un développement plus élevé ! (Voir plus loin.)

sions du moi» n'ait pas commencé seulement à un moment ultérieur[6].

Eh bien, nous aussi, faisons pour une première fois retour en arrière et demandons-nous si toutes ces spéculations ont un fondement quelconque. Est-il bien vrai qu'*abstraction faite des pulsions sexuelles** il n'y a pas d'autres pulsions que celles qui veulent rétablir un état antérieur, qu'il n'y en a pas d'autres tendant vers un état qui n'a pas encore été atteint? Je ne connais dans le monde organique aucun exemple certain qui contredise la caractéristique que nous avons proposée pour les pulsions. Il est certainement impossible d'établir l'existence, dans le monde animal et végétal, d'une pulsion d'ensemble vers un développement plus élevé, même si dans les faits une telle direction du développement est indiscutable. Mais, d'une part, déclarer qu'un stade de développement est supérieur à un autre ne relève souvent que de notre opinion et, d'autre part, la science du vivant nous montre qu'un développement plus élevé en un point très souvent se paye ou se compense en un autre par l'apparition de formes rétrogrades. Nous pouvons reconnaître aussi sur bon nombre de formes animales dans leurs phases de jeunesse que leur développement a pris bien plutôt un caractère rétrograde. Haut niveau de développement et apparition de formes rétrogrades pourraient bien être l'une et l'autre les conséquences des forces extérieures qui poussent à l'adaptation et le rôle des pulsions pourrait dans les deux cas se borner à maintenir,

---

6. [*Note ajoutée en 1925.*] On devrait comprendre, d'après le contexte, que le terme de «pulsions du moi» est utilisé ici comme une dénomination provisoire, reliée à la première terminologie de la psychanalyse.

* Mots soulignés à partir de 1921.

comme source interne de plaisir, la modification ainsi imposée[7].

Beaucoup d'entre nous trouveront peut-être difficile de renoncer à la croyance qu'il y a, dans l'homme lui-même, une pulsion de perfectionnement qui l'a amené aujourd'hui à ce haut niveau de réalisation intellectuelle et de sublimation éthique, pulsion dont on est en droit d'attendre qu'elle se charge de le faire devenir un surhomme. Pourtant je ne crois pas en l'existence d'une telle pulsion interne et je ne vois aucun moyen de ménager cette bienfaisante illusion. Le développement de l'homme jusqu'à présent ne me paraît pas exiger d'autre explication que celui des animaux et si l'on observe, chez une minorité d'individus humains, une poussée inlassable à se perfectionner toujours plus, on peut la comprendre sans mal comme la conséquence du refoulement pulsionnel sur quoi est bâti ce qui a le plus de valeur dans la culture humaine. La pulsion refoulée ne cesse jamais de tendre vers sa satisfaction complète qui consisterait en la répétition d'une expérience de satisfaction primaire ; toutes les formations substitutives et réactionnelles, toutes les sublimations ne suffisent pas à supprimer la tension pulsionnelle persistante ; la différence entre le plaisir de satisfaction exigé et celui qui est obtenu est à l'origine de ce facteur qui nous pousse, ne nous permet jamais de nous en tenir à une situation établie mais nous « presse, indompté,

---

7. Ferenczi a pu montrer, par une voie différente, la possibilité d'une telle conception (« Stades du développement du sens de la réalité » ; *Entwicklungsstufen des Wirklichkeitssinnes*, Int. Z. Psychoanal. I, 1913, p. 137) : « En poursuivant ces pensées de façon conséquente, on est amené à se familiariser avec l'idée qu'une tendance à la persévération ou plutôt à la régression domine la vie organique tandis que la tendance à un développement progressif, à l'adaptation, etc., ne s'anime que sous l'action d'excitations externes. »

toujours en avant », selon les mots du poète (Méphisto, dans *Faust*, acte I, scène IV). La voie rétrograde qui conduit à la pleine satisfaction est, en règle générale, barrée par les résistances qui maintiennent les refoulements de sorte qu'il ne reste plus d'autre solution que de progresser dans l'autre direction de développement qui est encore libre, sans l'espoir d'ailleurs de pouvoir achever le processus et atteindre le but. Les processus en jeu dans la formation d'une phobie névrotique, qui n'est pas autre chose qu'une tentative de fuite devant une satisfaction pulsionnelle, nous fournissent le modèle de la naissance de ce qui se présente comme « pulsion de perfectionnement », pulsion qu'il nous est d'ailleurs impossible d'attribuer à tous les êtres humains. Les conditions dynamiques de son apparition sont, il est vrai, tout à fait généralement présentes mais les conditions économiques ne semblent favoriser ce phénomène qu'en de rares cas.

Suggérons encore d'un mot qu'il est vraisemblable que les efforts d'Éros pour rassembler la substance organique en des unités toujours plus grandes tiennent lieu de cette « pulsion de perfectionnement » que nous ne pouvons admettre. Ces efforts, conjugués aux effets du refoulement, pourraient expliquer les phénomènes qu'on attribue à la pulsion en question*.

---

* Paragraphe ajouté en 1923.

6

Si nous avons jusqu'ici établi une opposition tranchée entre les « pulsions du moi » et les pulsions sexuelles, les premières poussant vers la mort, les secondes vers la continuation de la vie, ces résultats ne nous satisfont certainement pas nous-même à bien des égards. Bien plus, ce n'est en toute rigueur qu'au premier groupe de pulsions que nous avons pu attribuer le caractère conservateur, ou mieux, régressif, correspondant à une compulsion de répétition. Selon notre hypothèse, en effet, les pulsions du moi trouvent leur origine dans le fait que la matière inanimée a pris vie et elles cherchent à rétablir l'état inanimé ; les pulsions sexuelles, au contraire, s'il est évident qu'elles reproduisent des états primitifs de l'être vivant, tendent par tous les moyens vers ce but : la fusion de deux cellules germinales différenciées d'une façon déterminée. Si cette union ne se produit pas, la cellule germinale meurt comme tous les autres éléments de l'organisme pluricellulaire. C'est seulement à cette condition que la fonction sexuelle peut prolonger la vie et lui donner l'apparence de l'immortalité. Mais quel est donc l'événement important dans le développement de la substance vivante que répète la reproduction sexuelle ou son précurseur, la copulation de deux individus chez les protistes ? Nous n'en savons rien ; aussi serions-nous bien soulagés si toute notre construction s'avérait erronée. L'opposition entre pulsions du moi (de mort) et pulsions sexuelles (de vie) deviendrait caduque en même temps que la compulsion de répétition perdrait l'importance que nous lui avons attribuée.

Revenons donc à une hypothèse que nous avons insérée dans le contexte de notre raisonnement, et faisons-le dans l'espoir que nous saurons la réfuter exactement. Nous avons échafaudé un ensemble de conclusions en nous fondant sur la présupposition que tout être vivant meurt nécessairement par des causes internes. Si nous avons fait l'hypothèse sans nous poser plus de questions, c'est justement qu'elle ne nous apparaît pas comme une hypothèse. Elle ne fait que reprendre une idée qui nous est habituelle et dans laquelle nos poètes nous confirment. Peut-être avons-nous adopté une telle croyance parce que nous y trouvons quelque réconfort. Si de toute façon nous devons mourir et auparavant perdre par la mort ceux qui nous sont les plus chers, nous nous soumettrons plus volontiers à une loi naturelle inexorable, à la grande 'Ανάγκη, qu'à un hasard auquel nous aurions peut-être pu échapper. Mais il se peut que cette croyance à la nécessité interne de la mort ne soit encore qu'une des illusions que nous nous sommes forgées « pour supporter le fardeau de l'existence* ». Cette croyance n'est certainement pas présente dès l'origine : l'idée d'une « mort naturelle » est étrangère aux peuples primitifs ; ils rapportent chaque mort qui advient parmi eux à l'influence d'un ennemi ou d'un esprit mauvais. N'hésitons donc pas à nous tourner vers la science biologique pour mettre cette croyance à l'épreuve.

---

* Schiller, *Die Braut von Messina* (*La Fiancée de Messine*), I, 8.

Ce qui peut alors nous étonner, c'est de trouver chez les biologistes si peu d'accord sur la question de la mort naturelle et même de voir le concept de la mort en général leur glisser entre les doigts. Le fait que la vie, du moins chez les animaux supérieurs, a une durée moyenne déterminée parle naturellement en faveur de la mort par causes internes ; mais cette impression est infirmée par cette autre donnée que certains grands animaux et certaines végétations arboréales géantes atteignent un âge très avancé qu'on n'a pas encore pu évaluer. Selon la conception grandiose de Wilhelm Fliess, tous les phénomènes vitaux des organismes — y compris certainement la mort — sont liés à l'accomplissement de périodes déterminées dans lesquelles s'exprime la dépendance à l'égard de l'année solaire de deux sortes de substances vivantes, l'une mâle et l'autre femelle. Pourtant, quand nous voyons avec quelle facilité et à quel point l'influence de forces externes peut modifier la date d'apparition des manifestations de la vie, en particulier dans le monde végétal, soit pour les avancer, soit pour les retarder, de telles observations militent contre ce que les formules de Fliess ont de rigide et font au moins douter que les lois qu'il a posées soient les seules à régner.

Nous trouvons le plus grand intérêt à la façon dont A. Weismann, dans ses travaux[1], a traité le thème de la durée de la vie et celui de la mort des organismes. C'est ce chercheur qui a introduit la distinction entre une moitié mortelle et une moitié immortelle de la substance vivante. La moitié mortelle est le corps au sens étroit, le soma ; lui seul est soumis à la mort naturelle, tandis que les cellules

---

1. *Über die Dauer des Lebens*, 1882 (*Sur la durée de la vie*) ; *Über Leben und Tod*, 1892 (*Sur la vie et la mort*) ; *Das Keimplasma*, 1892 (*Le Plasma germinal*), etc.

germinales sont potentiellement immortelles dans la mesure où elles sont capables, sous certaines conditions favorables, de se développer en formant un nouvel individu ou, en d'autres termes, de s'entourer d'un nouveau soma[2].

Ce qui nous attire dans cette conception, c'est son analogie inattendue avec celle que nous avons nous-même développée par une voie si différente. Weismann, qui considère la substance vivante du point de vue morphologique, reconnaît en elle une partie constitutive vouée à la mort, le soma — à savoir le corps à l'exception de la substance qui porte les caractères sexuels et héréditaires —, et une partie immortelle, précisément ce plasma germinal qui sert à la conservation de l'espèce, à la reproduction. Nous, de notre côté, nous ne nous sommes pas occupé de la substance vivante, mais des forces opérant en elle, ce qui nous a conduit à distinguer deux sortes de pulsions : celles qui cherchent à conduire la vie à la mort et les autres, les pulsions sexuelles, qui indéfiniment tendent et parviennent à renouveler la vie. Il y a là comme un corollaire dynamique à la théorie morphologique de Weismann.

Mais cette apparence d'une concordance significative se dissipe dès que nous saisissons la façon dont Weismann tranche le problème de la mort. Weismann en effet n'applique qu'aux organismes pluricellulaires la distinction entre soma mortel et plasma germinal immortel ; chez les animaux unicellulaires, individu et cellule reproductrice sont encore une seule et même chose[3]. Il considère donc que les organismes unicellulaires sont potentiellement immortels ; la mort ne survient que chez les métazoaires, les organismes pluricellulaires. Sans doute cette

---

2. *Über Leben und Tod* (*Sur la vie et la mort*).
3. *Über die Dauer des Lebens* (*Sur la durée de la vie*), p. 38.

mort des êtres vivants supérieurs est-elle une mort naturelle, une mort par causes internes, mais elle ne repose pas sur une propriété originaire de la substance vivante[4] et ne peut pas être tenue pour une nécessité absolue fondée dans l'essence de la vie[5]. La mort est bien plutôt un aménagement approprié, une manifestation de l'adaptation aux conditions externes de la vie ; en effet, après que les cellules du corps se fussent séparées en soma et plasma germinal, une durée illimitée de la vie individuelle eût constitué un luxe inapproprié. Une fois cette différenciation apparue chez les pluricellulaires, la mort devint possible et appropriée. Depuis lors, le soma des êtres vivants supérieurs se meurt à un moment déterminé pour des raisons internes, tandis que les protistes sont demeurés immortels. La reproduction, au contraire, n'est pas apparue seulement avec la mort, elle est bien plutôt une propriété originaire de la matière vivante comme la croissance dont elle dérive ; la vie, depuis son apparition sur terre, n'a pas connu de solution de continuité[6].

Concéder que la mort des organismes supérieurs est une mort naturelle nous est, on le voit sans peine, de peu de secours. Si la mort est une acquisition tardive des êtres vivants, il n'y a plus lieu de faire état de pulsions de mort remontant à l'apparition de la vie sur la terre. Les organismes pluricellulaires peuvent bien alors mourir pour des raisons internes, du fait des insuffisances de leur différenciation ou des imperfections de leur métabolisme : cela n'a pas d'intérêt pour la question qui nous occupe. Une telle conception de l'origine de la mort est assurément bien plus proche de la façon dont les hommes pen-

---

4. *Leben und Tod* (*Vie et mort*), 2ᵉ édition, p. 67.
5. *Über die Dauer des Lebens* (*Sur la durée de la vie*), p. 33.
6. *Über Leben und Tod* (*Sur la vie et la mort*), conclusion.

sent habituellement, que l'hypothèse déconcertante des «pulsions de mort».

La discussion à laquelle ont donné lieu les thèmes de Weismann n'a, selon moi, abouti, dans aucune direction, à des résultats décisifs[7]. Beaucoup d'auteurs sont revenus au point de vue de Goette (1883[*]) qui voyait dans la mort la conséquence directe de la reproduction. Hartmann ne caractérise pas la mort par la production d'un «cadavre», d'une partie mortifiée de la substance vivante, mais il la définit comme «la terminaison du développement individuel». En ce sens, même les protozoaires sont mortels; la mort coïncide toujours chez eux avec la reproduction mais elle est dans une certaine mesure voilée par celle-ci, toute la substance du parent pouvant se transmettre directement à sa jeune progéniture (*ibid*, p. 29).

Les chercheurs se sont bientôt proposé de mettre à l'épreuve expérimentalement la thèse de l'immortalité de la substance vivante chez les organismes unicellulaires. Un Américain, Woodruff, a fait la culture d'un infusoire cilié, une paramécie, qui se reproduit par bipartition; il l'a suivi jusqu'à la 3 029e génération — moment où il arrêta son expérience — en isolant chaque fois l'un des produits de la bipartition et en le plaçant dans une eau renouvelée. Ce descendant éloigné de la première paramécie était tout aussi frais que son ancêtre et ne montrait aucun signe de vieillissement ou de dégénérescence. Ainsi, pour autant que de tels nombres aient déjà

---

[7]. Max Hartmann, *Tod und Fortpflanzung*, 1906 (*Mort et reproduction*). Alex Lipschütz, Warum wir sterben (*Pourquoi nous mourons*), Kosmosbücher, 1914. Franz Doflein, *Das Problem des Todes und der Unsterblichkeit bei den Pflanzen und Tieren*, 1909 (*Le Problème de la mort et de l'immortalité chez les plantes et les animaux*).

[*] Goette (A.), *Über den Ursprung des Todes* (*Sur l'origine de la mort*).

valeur de preuve, l'immortalité des protistes paraissait démontrable expérimentalement[8].

D'autres chercheurs sont parvenus à des résultats différents. Maupas, Calkins et d'autres ont trouvé, en désaccord avec Woodruff, que ces infusoires aussi, après un certain nombre de bipartitions, s'affaiblissent, diminuent de taille, perdent en partie leur organisation et meurent finalement s'ils ne connaissent pas certaines influences rénovatrices. S'il en est ainsi, les protozoaires mourraient après une phase de vieillissement tout à fait comme les animaux supérieurs, ce qui est directement en contradiction avec les thèses de Weismann pour qui la mort est une acquisition tardive de l'organisme vivant.

De l'ensemble de ces recherches, nous dégageons deux faits qui semblent nous fournir un solide point d'appui. Premièrement : si deux animalcules, à un moment où ils ne montrent encore aucun signe de vieillissement, peuvent fusionner l'un avec l'autre, « copuler » — et quelque temps après ils se séparent à nouveau —, la vieillesse les épargne, ils ont été « rajeunis ». Or, cette copulation est bien le précurseur de la reproduction sexuelle chez des êtres plus élevés ; elle n'a encore rien à voir avec la multiplication, elle se limite au mélange de la substance de deux individus (amphimixis de Weismann). Mais l'influence rénovatrice de la copulation peut aussi être remplacée par certains agents d'excitation — modifications dans la composition du liquide nutritif, augmentation de température, ébranlements. On se souvient de l'expérience fameuse de J. Loeb qui provoqua chez des œufs d'oursin, au moyen de certaines excitations chimiques, des processus de segmentation qui normalement ne se produisent qu'après la fécondation.

---

8. Sur ce point et ce qui suit, *cf.* Lipschütz, *op. cit.*, p. 26 et p. 52.

Deuxièmement : il est malgré tout vraisemblable que les infusoires sont conduits à une mort naturelle par leur propre processus vital. En effet la contradiction entre les résultats de Woodruff et ceux d'autres expérimentateurs provient du fait que Woodruff plaçait chaque nouvelle génération dans un liquide nutritif frais. Cessait-il de le faire, il observait alors, tout comme les autres chercheurs, les mêmes signes de sénescence au cours des générations successives. Il en conclut que les animalcules étaient lésés par les produits du métabolisme excrétés par eux dans leur milieu liquide. Il put alors montrer de façon convaincante que c'étaient seulement les produits de leur propre métabolisme qui pouvaient entraîner la mort de la descendance. En effet, les mêmes animalcules qui, confinés ensemble dans leur propre liquide nutritif, périssent à coup sûr, prospèrent dans une solution sursaturée des produits de déchet d'une espèce relativement éloignée. Ainsi l'infusoire, laissé à lui-même, meurt d'une mort naturelle du fait d'une élimination imparfaite des produits de son propre métabolisme. Il se peut qu'au fond tous les animaux supérieurs meurent aussi d'une même incapacité à éliminer.

Ici un doute peut venir : y aurait-il pour nous quelque utilité à tenter de résoudre la question de la mort naturelle par l'étude des protozoaires ? L'organisation primitive de ces êtres vivants nous voile peut-être des conditions importantes qui, si elles existent chez eux aussi, ne peuvent être reconnues que chez des animaux supérieurs chez lesquels elles ont pris une expression morphologique. Si nous abandonnons le point de vue morphologique au profit du point de vue dynamique, il nous devient complètement indifférent de savoir si l'on peut prouver ou non que la mort chez les protozoaires est une mort naturelle. La substance qui est plus tard reconnue comme immortelle n'est aucunement séparée chez les protozoaires de la substance mortelle. Les forces de pulsion qui tendent à mener la vie à la mort pourraient bien opérer chez eux aussi dès le début ; mais il serait très difficile de faire la preuve directe de leur présence, leurs effets étant masqués par les forces qui conservent la vie. Nous avons vu d'ailleurs que les observations des biologistes nous autorisent à faire l'hypothèse, même pour les protistes, de ces processus internes qui conduisent à la mort. Mais même si les protistes s'avèrent immortels au sens de Weismann, sa thèse qui fait de la mort une acquisition tardive ne vaut que pour les phénomènes manifestes de la mort et n'interdit aucune hypothèse relative aux processus qui poussent à la mort. Ainsi notre attente de voir la biologie nous refuser purement et simplement le droit de reconnaître les pulsions de mort n'a pas été remplie. Nous pourrons continuer à nous interroger sur leur possibilité, si nous avons d'autres raisons pour cela. L'analogie frappante entre la distinction établie par Weismann entre soma et plasma germinal et celle que nous posons entre pulsions de mort et pulsions de vie demeure et conserve sa valeur.

Attardons-nous un moment sur cette conception éminemment dualiste de la vie pulsionnelle. Selon la théorie de E. Hering, deux sortes de processus se déroulent continuellement dans la substance vivante ; leurs directions sont opposées : l'un construit, assimile, l'autre démolit, désassimile. Oserons-nous reconnaître dans ces deux directions prises par les processus vitaux la mise en œuvre de nos deux motions pulsionnelles, les pulsions de vie et de mort ? Mais il y a autre chose que nous ne pouvons nous dissimuler : nous sommes entré, sans y prêter attention, dans le port de la philosophie de Schopenhauer ; pour lui la mort est bien « le propre résultat » de la vie et, dans cette mesure, son but[9], tandis que la pulsion sexuelle est l'incarnation de la volonté de vivre.

Ayons l'audace de faire un pas de plus. On admet généralement que l'union de nombreuses cellules en une association vitale — le caractère pluricellulaire des organismes — est devenue un moyen d'allonger la durée de leur vie. Une cellule aide à conserver la vie des autres et la communauté cellulaire peut continuer à vivre même si des cellules isolées doivent périr. Nous avons déjà vu que la copulation aussi, cette fusion temporaire de deux êtres unicellulaires, a pour effet de les conserver en vie et de les rajeunir l'un et l'autre. Ainsi pourrait-on tenter de transférer à la relation réciproque des cellules la théorie de la libido dégagée par la psychanalyse et se représenter les choses ainsi : ce sont les pulsions de vie ou pulsions sexuelles actives dans chaque cellule qui prennent pour objet les autres cellules dont elles neutralisent en partie les pulsions de mort — ou plutôt les processus provoqués par celles-ci —, les maintiennent ainsi en vie ; d'autres cellules en font autant pour elles, d'autres encore se sacrifient dans l'exercice de cette fonction libidinale. Quant aux cellules germinales, elles se comporteraient de façon absolument « narcissique », selon le terme que nous employons dans la théorie des névroses pour désigner le fait qu'un individu dans son ensemble maintient sa libido dans le moi sans rien en dépenser dans des investissements d'objet. Les cellules germinales ont besoin pour elles-mêmes de leur libido, de la force active de leurs pulsions de vie : c'est là une réserve pour l'importante activité constructrice qu'elles exercent plus tard. Il se peut que les cellules

---

9. *Über die anscheinende Absichitlichkeit im Schicksale des Einzelnen*, 1851 (*Sur la finalité apparente dans le destin de l'individu*), Grossherzog Wilhelm Ernst-Ausgabe, IV, p. 268.

des néo-formations malignes qui détruisent l'organisme puissent être définies comme narcissiques dans le même sens. On sait que la pathologie est disposée à admettre que leurs germes sont innés et qu'elles ont des propriétés embryonnaires*. C'est ainsi que la libido de nos pulsions sexuelles coïnciderait avec l'Éros des poètes et des philosophes qui maintient la cohésion de tout ce qui vit.

Nous trouvons ici l'occasion de jeter un regard d'ensemble sur le lent développement de notre théorie de la libido. L'analyse des névroses de transfert nous a imposé tout d'abord l'opposition entre les « pulsions sexuelles » dirigées vers l'objet, et d'autres pulsions que nous n'identifiâmes que très imparfaitement et que nous désignâmes provisoirement sous le nom de « pulsions du moi ». Au premier rang de celles-ci, il nous fallut reconnaître les pulsions qui servent à l'auto-conservation de l'individu. On ne pouvait pas savoir quelles autres distinctions il convenait de faire ici. Rien n'aurait pu nous aider autant à fonder une psychologie correcte qu'une vue même approximative sur la nature générale des pulsions et leurs particularités éventuelles. Mais il n'y avait pas de domaine de la psychologie où l'on tâtonnât autant dans l'obscurité. Chacun posait en principe autant de pulsions ou de « pulsions fondamentales » qu'il lui plaisait et en jouait comme faisaient dans la Grèce ancienne les philosophes de la Nature avec leurs quatre éléments : l'eau, la terre, le feu et l'air. La psychanalyse, qui ne pouvait de toute façon se passer d'une hypothèse sur les pulsions, s'en tint tout d'abord à la distinction populaire que préfigure l'expression « faim et amour ». Du moins n'était-ce pas là ajouter à l'arbitraire. Cette distinc-

---

* Les mots depuis « Il se peut que... » jusqu'à « embryonnaires » ont été ajoutés en 1921.

tion permit à l'analyse des psychonévroses de conquérir tout un domaine. Le concept de « sexualité » — et du même coup celui d'une pulsion sexuelle — dut, bien sûr, être étendu au point d'englober bien des choses qui ne pouvaient être rangées sous le chef de la fonction de reproduction; cela n'alla pas sans faire du bruit dans le monde rigoriste, distingué, ou tout simplement hypocrite.

La psychanalyse fit le pas suivant lorsqu'elle put approcher de plus près le moi psychologique qu'elle n'avait d'abord connu que sous l'aspect d'une instance refoulante, censurante et capable de construire des moyens de protection, de produire des formations réactionnelles. Il est vrai que des têtes critiques et autres esprits aux larges vues avaient depuis longtemps reproché au concept de libido d'être limité à l'énergie des pulsions sexuelles orientées vers l'objet. Mais ils ont négligé de nous faire savoir d'où leur venait cette meilleure façon de voir et ils n'ont pas su en tirer des conclusions que l'analyse pût utiliser. En avançant plus prudemment dans l'observation, on a été frappé, en psychanalyse, par la régularité avec laquelle la libido est retirée de l'objet et dirigée sur le moi (introversion); en étudiant les phases précoces du développement de la libido chez l'enfant, la psychanalyse parvint à l'idée que le moi est le réservoir véritable et originaire de la libido, qui doit partir de là pour s'étendre vers l'objet. Le moi prenait alors place parmi les objets sexuels et était aussitôt reconnu comme prévalent parmi eux. On appela narcissique la libido qui séjourne ainsi dans le moi[10]. Cette libido narcissique était naturellement aussi la manifestation de la force des pulsions sexuelles, au sens analytique du mot, et on fut obligé d'identifier celles-ci aux

---

10. *Zur Einführung des Narzissmus*, 1914 (*Pour introduire le narcissisme*).

« pulsions d'auto-conservation » dont l'existence avait été admise d'emblée. Ainsi l'opposition, que nous avions établie à l'origine, entre pulsions du moi et pulsions sexuelles s'avérait inadéquate. Une partie des pulsions du moi se voyait reconnaître une nature libidinale ; des pulsions sexuelles, vraisemblablement à côté d'autres pulsions, opéraient aussi dans le moi. On est cependant en droit de dire qu'il n'y avait rien qui soit aujourd'hui à rejeter, dans l'ancienne formule : la psychonévrose repose sur un conflit entre les pulsions du moi et les pulsions sexuelles. Il s'agit seulement de caractériser maintenant d'une autre façon, à savoir du point de vue *topique*, la distinction des deux sortes de pulsions, qu'on tenait à l'origine pour une différence qualitative, sans préciser davantage. La névrose de transfert en particulier, cet objet d'étude spécifique de la psychanalyse, reste le résultat d'un conflit entre le moi et l'investissement libidinal d'objet.

Mais nous devons maintenant insister d'autant plus sur le caractère libidinal des pulsions d'auto-conservation, que nous risquons ce nouveau pas : reconnaître dans la pulsion sexuelle l'Éros qui conserve toutes choses et voir dans la libido narcissique du moi un résultat de l'addition des quantités de la libido par lesquelles les cellules du soma adhèrent l'une à l'autre. Mais voici que nous nous trouvons en face de la question suivante : si les pulsions d'auto-conservation sont elles aussi de nature libidinale, il n'y a peut-être absolument pas d'autres pulsions que libidinales. Du moins n'en existe-t-il pas d'autres qui soient visibles. Mais alors il faudrait donner raison aux critiques qui ont cru pressentir dès le début que la psychanalyse expliquait *tout* par la sexualité ou aux novateurs comme Jung qui, hâtivement, ont utilisé le terme de libido dans le sens de « force de pulsion » en général. Doit-il en être ainsi ?

Une telle conclusion ne serait pas du tout conforme à notre intention. Nous sommes bien plutôt partis d'une distinction tranchée entre pulsions du moi = pulsions de mort, et pulsions sexuelles = pulsions de vie. Nous étions même prêts à mettre aussi les prétendues pulsions d'auto-conservation du moi au nombre des pulsions de mort, proposition que nous n'avons pas maintenue en rectifiant ensuite nos vues. Notre conception était dès le début *dualiste* et elle l'est encore aujourd'hui de façon plus tranchée, dès l'instant où les termes opposés ne sont plus pour nous pulsions du moi — pulsions sexuelles, mais pulsions de vie — pulsions de mort. La théorie de la libido de Jung est au contraire moniste ; en appelant libido ce qui est pour lui l'unique force de pulsion, il ne pouvait que créer de la confusion, sans que cela doive nous influencer davantage*. Nous supposons qu'il y a à l'œuvre dans le moi d'autres pulsions encore que les pulsions libidinales d'auto-conservation. Mais il faudrait que nous soyons capables de les mettre en évidence. Il est regrettable que l'analyse du moi ait fait si peu de progrès et qu'il nous soit vraiment difficile de démontrer leur existence. Les pulsions libidinales du moi peuvent d'ailleurs avoir un lien particulier** avec les autres pulsions du moi que nous ignorons encore. Même avant que nous ayons clairement reconnu le narcissisme, on supposait bien déjà en psychanalyse que les « pulsions du moi » ont attiré à elles des composantes libidinales. Mais ce sont là des vues bien incertaines dont nos adversaires ne tiendront guère compte. Il reste fâcheux que l'analyse ne nous ait jamais permis de prouver jusqu'à présent

---

* Ces deux phrases furent ajoutées en 1921.
** Dans la première édition on trouve ici ces mots par entrecroisement des pulsions [*Triebverschänkung*], pour employer un terme utilisé par Adler.

que l'existence de pulsions libidinales. Ce n'est cependant pas une raison pour adopter la conclusion qu'il n'en existe effectivement pas d'autres.

Dans l'obscurité présente de la doctrine des pulsions, nous aurions bien tort de rejeter toute idée qui vient nous promettre quelque lumière. Nous sommes partis de la grande opposition pulsions de vie — pulsions de mort. L'amour d'objet lui-même nous montre une seconde polarité de ce genre, celle de l'amour (tendresse) et de la haine (agressivité). Si seulement nous parvenions à mettre en relation ces deux polarités, à ramener l'une à l'autre ! Nous avons de tout temps reconnu l'existence d'une composante sadique de la pulsion sexuelle[11] ; nous savons qu'elle peut se rendre indépendante et dominer comme perversion toute la vie sexuelle de l'individu. Elle se détache aussi comme pulsion partielle dominante dans une des « organisations prégénitales » (selon mon expression). Mais comment déduire de l'Éros, qui conserve la vie, la pulsion sadique qui a pour but de nuire à l'objet ? N'est-on pas invité à supposer que ce sadisme est à proprement parler une pulsion de mort qui a été repoussée du moi par l'influence de la libido narcissique, de sorte qu'elle ne devient manifeste qu'en se rapportant à l'objet ? Il entre alors au service de la fonction sexuelle ; au stade d'organisation orale de la libido, l'emprise amoureuse sur l'objet coïncide encore avec l'anéantissement de celui-ci ; plus tard la pulsion sadique se sépare et finalement, au stade où s'est instauré le primat génital, en vue de la reproduction, elle assume la fonction de maîtriser l'objet sexuel dans la mesure où l'exige l'accomplissement de l'acte sexuel. En fait on pourrait dire que le sadisme expulsé hors du moi a montré la voie aux

---

11. *Drei Abhandlungen zur Sexualtheorie* (*Trois essais sur la théorie de la sexualité*), dès la première édition de 1905.

composantes libidinales de la pulsion sexuelle ; celles-ci vont se presser à sa suite vers l'objet. Si le sadisme originaire ne se voit ni tempéré ni mélangé, alors s'établit l'ambivalence bien connue de l'amour et de la haine dans la vie amoureuse.

Si une telle hypothèse est permise, nous aurions réussi à mettre en évidence — il est vrai, sous forme déplacée — un exemple de pulsion de mort. Seulement cette conception est bien loin de tomber sous le sens et l'impression qu'elle donne est franchement mystique. Nous en venons à nous demander si nous n'avons pas cherché à tout prix un moyen de nous tirer d'un grand embarras. Nous pouvons ici invoquer qu'une telle hypothèse n'est pas nouvelle, que nous l'avions déjà faite une fois, alors qu'il n'était pas encore question d'être embarrassé. Des observations cliniques nous ont en leur temps imposé l'idée que le masochisme, pulsion partielle complémentaire du sadisme, se comprendrait comme un retournement du sadisme sur le moi propre[12]. Mais que la pulsion se tourne de l'objet vers le moi ou qu'elle se tourne du moi vers l'objet — ce qui est le point nouveau ici en question —, cela n'est pas par principe différent. Le masochisme, la pulsion qui se tourne contre le moi propre, serait donc en réalité un retour à une phase antérieure de cette pulsion, une régression. La formulation que j'ai à ce moment-là donnée du masochisme devrait être modifiée dans ce qu'elle a de trop exclusif ; il pourrait être aussi un masochisme primaire, ce que je refusais alors[13].

---

12. *Cf. Trois essais*, 4ᵉ édition, 1920 et *Pulsions et destins des pulsions* (*Triebe und Triebschicksale*).
13. Dans un travail riche de contenu et de pensées mais qui malheureusement ne m'est pas toujours parfaitement clair, Sabina Spielrein a anticipé toute une partie de cette spéculation. Elle caractérise la composante sadique de la pulsion sexuelle comme

Mais revenons aux pulsions sexuelles conservatrices de la vie. La recherche sur les protistes nous a déjà appris que la fusion de deux individus sans division consécutive, à savoir la copulation, a sur les deux individus qui se séparent bientôt l'un de l'autre une action fortifiante et rajeunissante (*cf.* plus haut, Lipschütz). Ils ne montrent pas de signe de dégénérescence dans les générations ultérieures et il semble qu'ils aient été rendus capables de résister plus longtemps aux dommages produits par leur propre métabolisme. Je pense qu'on peut trouver dans cette unique observation le modèle de l'effet qui résulte aussi de l'union sexuelle. Mais comment la fusion de deux cellules peu différentes peut-elle produire un tel renouvellement de la vie ? L'expérience sur les protozoaires où l'on remplace la copulation par l'action d'excitations chimiques ou même mécaniques (*ibid.*) permet de donner avec certitude la réponse : cet effet se produit par l'apport de nouvelles sommes d'excitation. Mais voici qui cadre bien avec l'hypothèse selon laquelle le processus vital de l'individu conduit pour des raisons internes à l'égalisation de tensions chimiques, c'est-à-dire à la mort, tandis que l'union avec la substance vivante d'un individu hétérogène augmente ces tensions, introduisant pour ainsi dire de nouvelles *différences vitales* qui doivent

---

« destructrice ». (*Die Destruktion als Ursache des Werdens*, 1912 [*La Destruction comme cause du devenir*], Jb. psychoanal. psychopath. Forsch., IV.) D'une autre façon encore, A. Stärcke (1914, Introduction à la traduction hollandaise de S. Freud, *Morale sexuelle « culturelle » et nervosité moderne*) a cherché à identifier le concept de la libido lui-même avec le concept théorique d'une *tendance à la mort* qui devrait être postulé en biologie. (Voir aussi Rank, *Der Künstler* [*L'Artiste*], 1907.) Tous ces efforts, comme celui que nous poursuivons dans notre propre texte, témoignent de l'exigence d'une clarification qui fait encore défaut, dans la doctrine des pulsions.

alors être *réduites par la vie*. Cette hétérogénéité doit naturellement comporter un ou plusieurs optima. On sait que nous avons reconnu dans la tendance à la réduction, à la constance, à la suppression de la tension d'excitation interne, la tendance dominante de la vie psychique et peut-être de la vie nerveuse en général (*principe de Nirvana*, selon une expression de Barbara Low) comme l'exprime le principe de plaisir ; nous trouvons là l'un de nos plus puissants motifs de croire en l'existence de pulsions de mort.

Mais ce qui perturbe sensiblement la suite de notre raisonnement, c'est encore une fois de ne pas pouvoir prouver, justement pour la pulsion sexuelle, le caractère de compulsion de répétition qui nous a d'abord mis sur la trace de la pulsion de mort. Sans doute le domaine des processus évolutifs embryonnaires abonde-t-il en phénomènes de répétition et l'expérience des deux cellules germinales de la reproduction sexuelle et toute leur histoire ne sont elles-mêmes que des répétitions des débuts de la vie organique ; mais il n'en reste pas moins que l'essentiel des processus que vise la pulsion sexuelle est la fusion de deux corps cellulaires. C'est elle seule qui assure chez les êtres vivants supérieurs l'immortalité de la substance vivante.

En d'autres termes : il nous faut être mieux informé sur l'apparition de la reproduction sexuelle et sur l'origine des pulsions sexuelles en général, et c'est là une tâche qui ne peut que faire reculer un profane et que les spécialistes eux-mêmes n'ont pas pu mener à bien jusqu'à présent. Dégageons donc de la façon la plus condensée possible ce qui dans toutes ces données et opinions contradictoires peut rejoindre notre propre ligne de pensée.

Une de ces conceptions ôte au problème de la reproduction son attrait de mystère en voyant en elle un cas particulier de la croissance (multiplication par division, germination, bourgeonnement). On pourrait, dans la perspective toute positive de Darwin, se représenter ainsi l'origine de la reproduction par cellules germinales sexuellement différenciées : l'avantage de l'amphimixis, obtenu un jour par la copulation fortuite de deux protistes, a été maintenu et exploité dans l'évolution ultérieure [14]. Le «sexe» ne serait donc pas quelque chose de très ancien et les pulsions extraordinairement violentes qui tendent à l'union sexuelle répéteraient ainsi quelque chose qui a eu lieu fortuitement et depuis s'est consolidé en raison de l'avantage procuré.

La question se pose ici, comme dans le cas de la mort, de savoir si l'on ne doit pas supposer chez les protistes l'existence de quelque chose d'autre que leurs propriétés manifestes et si l'on peut admettre que des forces et des processus qui ne deviennent perceptibles que chez des êtres vivants supérieurs n'ont vraiment pris naissance que chez eux. La conception de la sexualité à laquelle nous faisons allusion est d'un faible secours pour notre propos. On pourra lui objecter qu'elle présuppose l'existence de pulsions de vie qui sont déjà à l'œuvre dans l'être vivant le plus simple, sans quoi la copulation, qui vient s'opposer au cours vital et rendre difficile la tâche de mener la vie à sa fin, n'aurait pas été maintenue et perfectionnée mais bien évitée. Si donc nous ne voulons par renoncer à l'hypothèse des pulsions de mort, il faut leur associer, absolument d'emblée, des pulsions de

---

[14]. Pourtant Weismann (*Le Plasma germinal*) va jusqu'à nier l'existence de cet avantage : « La fécondation ne signifie en aucun cas un rajeunissement ou un renouvellement de la vie ; elle ne serait absolument pas nécessaire à la continuation de la vie ; elle n'est rien d'autre qu'un *dispositif* capable d'assurer la *combinaison de deux tendances héréditaires différentes.* » Il considère cependant qu'une telle combinaison a pour effet une augmentation de la variabilité des êtres vivants.

vie. Mais nous devons admettre que nous travaillons là sur une équation à deux inconnues. La science nous en apprend d'ailleurs si peu sur l'apparition de la sexualité que l'on peut comparer ce problème à une nuit obscure où n'a pas même pénétré le rayon de lumière d'une hypothèse. Dans un tout autre domaine, sans doute trouvons-nous une telle hypothèse mais elle est d'un genre si fantastique — certainement plus proche du mythe que de l'explication scientifique — que je n'oserais pas en faire état ici si elle ne satisfaisait précisément à la condition même que nous cherchons à remplir : elle fait dériver une pulsion *du besoin de rétablir un état antérieur.*

Il s'agit, bien sûr, de la théorie que Platon, dans *Le Banquet*, fait développer par Aristophane et qui ne traite pas seulement de l'origine de la pulsion sexuelle mais aussi de la plus importante de ses variations quant à l'objet.

« En effet, au temps jadis, notre nature n'était point identique à ce qu'elle est maintenant, mais d'autre sorte. Tout d'abord, l'humanité comprenait trois sexes et non pas deux, mâle et femelle, comme maintenant ; non, il en existait en outre un troisième, tenant des deux autres réunis [...], l'androgyne. » Tout dans ces êtres humains était double ; ils avaient donc quatre mains et quatre pieds, deux visages, des parties honteuses doubles, etc. Zeus se décida alors à partager chacun de ces êtres humains en deux « comme on coupe les cormes pour en faire des conserves [...]. Le corps étant coupé en deux, une nostalgie poussait les deux moitiés à se rejoindre. S'empoignant à bras-le-corps, elles s'enlaçaient l'une à l'autre, dans la passion de ne faire qu'un[15] [...] ».

---

15. [Platon, *Le Banquet*, 189 d, e, 190 d, 191 a.]

[Note ajoutée en 1921.] Je dois au professeur Heinrich Gomperz, de Vienne, les indications suivantes sur l'origine du mythe

Devons-nous, comme nous y engage le philosophe-poète, hasarder l'hypothèse que la substance vivante, au moment où elle prit vie, se déchira en petites particules et que celles-ci depuis lors tendent à se réunir à nouveau sous l'effet des pulsions sexuelles ? Ces pulsions dans lesquelles se prolonge l'affinité chimique de la matière inanimée surmonteraient progressivement, à travers le règne des protistes, les difficultés qu'oppose à cette tendance réunificatrice un entourage chargé d'excitations dangereuses pour la vie, entourage qui oblige les pulsions à édifier une

---

platonicien que je donne ici partiellement, en citant ses propres termes : on peut remarquer à ce sujet que la même théorie se retrouve déjà pour l'essentiel dans les *Upanishads*. Nous trouvons en effet dans l'*Upanishad Brihad-Aranyaka*, I, 4, 3, où est décrite la genèse du monde à partir de l'Atman (le soi ou moi) : « ... Mais il (l'Atman, le soi ou le moi) n'éprouvait pas de joie ; il n'éprouvait pas de joie parce qu'il était seul. Il désira qu'il y ait un second. Et il était aussi grand qu'une femme et un homme quand ils se tiennent enlacés. Ce soi qui était sien, il le fit se diviser en deux : de là sortirent époux et épouse. C'est pourquoi le corps du soi est semblable à la moitié d'une coquille, voilà ce qu'a dit *Yâjñavalkya*. Et c'est pourquoi cet espace vide ici est rempli par la femme. »

L'*Upanishad Brihad-Aranyaka* est la plus ancienne de toutes les Upanishads et aucun chercheur compétent ne la situerait plus tard qu'en l'an 800 av. J.-C. environ. Contrairement à l'opinion régnante, je ne nierais absolument pas la possibilité d'une influence, même indirecte, sur Platon, de ces conceptions indiennes ; en effet, une telle possibilité ne peut être exclue dans le cas de la théorie de la métempsycose. L'existence d'une telle influence — qui serait transmise avant tout par les pythagoriciens — ne diminuerait guère la signification de la rencontre de ces deux pensées ; Platon, en effet, n'aurait pas repris à son compte une histoire de ce genre livrée par quelque tradition orientale, et à plus forte raison il ne lui aurait pas donné une place si importante, si elle ne l'avait frappé par ce qu'elle contenait de vérité.

Dans un article, « Menschen- und Weltenwerden » (« Devenir des hommes et des mondes »), 1913, in *Neue Jahrbücher für das Klassische Altertum*, XXXI, p. 529 sq., qui étudie systématiquement cette idée avant Platon, K. Ziegler fait dériver celle-ci de certaines conceptions babyloniennes.

couche corticale protectrice. Ces petits fragments dispersés de substance vivante atteindraient ainsi l'état pluri-cellulaire pour transférer finalement aux cellules germinales la pulsion de réunification sous sa forme la plus concentrée. Je crois que le moment est venu d'interrompre cette spéculation.

Non pourtant sans y ajouter quelques réflexions d'ordre critique. On pourrait me demander si et dans quelle mesure je suis moi-même convaincu des hypothèses que j'ai développées ici. Je répondrais que je ne suis pas moi-même convaincu et que je ne demande pas aux autres d'y croire. Ou plus exactement : je ne sais pas dans quelle mesure j'y crois. Il me semble qu'ici le facteur affectif de la conviction ne doit pas du tout entrer en ligne de compte. On peut bien s'abandonner à une ligne de pensée, la poursuivre aussi loin qu'elle mène et ceci par simple curiosité scientifique ou, si l'on veut, en se faisant l'avocat du diable ; ce qui ne signifie pas pour autant qu'on ait vendu son âme au diable. Je n'ignore point qu'en faisant ici ce troisième pas dans la théorie des pulsions je ne saurais prétendre à la même certitude qu'avec les deux précédents — élargissement du concept de sexualité, puis instauration du narcissisme. C'étaient là des innovations qui traduisaient directement l'observation en théorie et n'offraient pas plus de risques d'erreur qu'il n'est inévitable chaque fois qu'on opère ainsi. Quand nous affirmons le caractère *régressif* des pulsions, sans doute nous appuyons-nous aussi sur du matériel observé, nommément sur les faits se rapportant à la compulsion de répétition. Mais peut-être ai-je surestimé leur importance. En tout cas, il n'était pas possible de poursuivre cette idée sans combiner à plusieurs reprises ce qui est de l'ordre des faits avec ce qui est le pur produit de la pensée, et sans nous éloigner par là beaucoup de l'observation. On sait que, plus on procède ainsi en construisant une théorie, moins on peut se fier au résultat final, sans qu'il soit possible d'indiquer le degré de l'incertitude. On a pu aussi bien tomber juste que tomber honteusement dans l'erreur. Dans des travaux de ce genre, je ne me fie guère à l'« intuition »; d'après ce que j'ai pu en voir, ce qu'on appelle ainsi m'apparaîtrait plutôt comme la conséquence d'une certaine impartialité de l'intellect. Mais, malheureusement, on est rarement impartial lorsqu'il s'agit des choses dernières, des grands problèmes de la science et de la vie. Je crois que chacun de nous est alors sous l'emprise de préférences profondément enracinées que nous ne faisons que servir à notre insu dans nos spéculations. Avec d'aussi bonnes raisons de nous méfier, nous ne pouvons guère, à l'endroit des produits de notre propre réflexion, que faire preuve d'une bienveillance des plus tempérées. Je m'empresse d'ajouter cependant que cette autocritique n'exige pas de nous une tolérance particulière envers les opinions divergentes. On est en droit de rejeter impitoyablement des théories que contredit déjà d'emblée l'analyse des faits observés, tout en sachant par ailleurs que les théories qu'on professe soi-même n'ont qu'une validité provisoire. Nous ne sommes guère troublés, lorsqu'il s'agit de juger nos spéculations sur les pulsions de vie et de mort, d'y trouver tant de processus étranges, difficiles à saisir, tels que : pulsion expulsée par d'autres, se retournant du moi vers l'objet, etc. Cela vient simplement de ce que nous sommes bien forcés de travailler avec les termes scientifiques, c'est-à-dire avec le langage imagé propre à la psychologie (ou mieux : à la psychologie des profondeurs). Faute de quoi nous ne pourrions absolument pas décrire les processus en question et même nous ne nous serions pas du tout aperçu de leur existence. Les insuffisances de notre description s'effaceraient sans doute si nous pouvions déjà mettre en œuvre, à la place des termes psychologiques, les termes physiologiques ou chimiques. Ceux-ci, il est vrai, ne relèvent eux aussi que d'un langage imagé, mais il nous est familier depuis longtemps et peut-être est-il aussi plus simple.

En revanche nous devons bien nous rendre compte que la nécessité de faire des emprunts à la science biologique a considérablement accru le degré d'incertitude de notre spéculation. La biologie est vraiment un domaine aux possibilités illimitées : nous devons nous attendre à recevoir d'elle les lumières les plus surprenantes et nous ne pouvons pas deviner quelles réponses elle donnerait dans quelques décennies aux questions que nous lui posons. Il s'agira peut-être de réponses telles qu'elles feront s'écrouler tout l'édifice artificiel de nos hypothèses. Mais alors, pourrait-on nous demander, pourquoi donc entreprendre des recherches comme celles dont fait état ce chapitre, et pourquoi en plus les communiquer au public ? Eh bien, je ne puis contester que certaines des analogies, des liaisons et des relations qu'on trouve ici m'ont paru dignes de considération[16].

---

16. Ajoutons ici quelques mots pour éclaircir notre terminologie qui, au cours de nos considérations, a connu une certaine évolution. Ce que sont les « pulsions sexuelles », nous le savions par leur relation aux sexes et à la fonction de reproduction. Nous conservâmes ensuite cette dénomination lorsque les résultats acquis par la psychanalyse nous obligèrent à rendre plus lâche la relation des pulsions sexuelles à la fonction de la reproduction. En instaurant la notion de libido narcissique et en étendant le concept de libido aux cellules individuelles, nous vîmes la pulsion sexuelle se transformer en Éros, qui cherche à provoquer et à maintenir la cohésion des parties de la substance vivante ; nous fûmes amené à considérer ce qu'on appelle communément pulsions sexuelles comme cette part d'Éros qui est tournée vers l'objet. La spéculation nous conduit à admettre que cet Éros est à l'œuvre dès le début de la vie et qu'il entre en opposition comme « pulsion de vie » à la « pulsion de mort » qui est apparue du fait

que la substance anorganique a pris vie. Nous tentons ainsi de résoudre l'énigme de la vie en faisant l'hypothèse de ces deux pulsions l'une contre l'autre dès les origines. [*Ajouté en 1921*] Il est peut-être plus difficile de se faire une vue d'ensemble sur les transformations du concept de «pulsions du moi». À l'origine, nous appelions ainsi tous les courants pulsionnels, mal connus de nous, qu'on peut distinguer des pulsions sexuelles dirigées vers l'objet et nous opposions les pulsions du moi aux pulsions sexuelles dont l'expression est la libido. Plus tard, nous nous rapprochâmes de l'analyse du moi; nous reconnûmes alors qu'une partie des «pulsions du moi» est elle aussi de nature libidinale et a pris le moi propre comme objet. Ces pulsions narcissiques d'auto-conservation devaient donc désormais être rangées parmi les pulsions sexuelles libidinales. L'opposition entre pulsions du moi et pulsions sexuelles se changeait en celle des pulsions du moi et des pulsions d'objet — les unes et les autres de nature libidinale. Mais, à la place de la première opposition, il s'en dégagea une nouvelle entre les pulsions libidinales (pulsions du moi et d'objet) et d'autres pulsions qu'il convient de situer dans le moi et qu'il faut peut-être reconnaître dans les pulsions de destruction. La spéculation transforme cette opposition en celle des pulsions de vie (Éros) et des pulsions de mort.

7

Si chercher à rétablir un état antérieur constitue vraiment un caractère si général des pulsions, nous n'avons pas à nous étonner de voir dans la vie psychique tant de processus s'effectuer indépendamment du principe de plaisir. Toutes les pulsions partielles partageraient ce caractère qui pour chacune d'elles serait en rapport avec le retour à une étape déterminée du développement. Mais tout ce sur quoi le principe de plaisir n'a pas encore acquis de pouvoir ne serait pas pour autant nécessairement en opposition avec lui, et la tâche demeure de déterminer la relation des processus pulsionnels de répétition avec la domination du principe de plaisir.

Nous avons reconnu que l'une des fonctions les plus précoces et les plus importantes de l'appareil psychique est de « lier » les motions pulsionnelles qui lui arrivent, de remplacer le processus primaire auquel elles sont soumises par le processus secondaire, de transformer leur énergie d'investissement librement mobile en investissement en majeure partie quiescent (tonique). Pendant que s'opère cette transformation, il ne peut pas être tenu compte du développement de déplaisir, mais cela n'entraîne pas pour autant une suppression du principe de plaisir. La transformation se produit bien plutôt au service du principe de plaisir ; la liaison est un acte préparatoire qui introduit et assure la domination du principe de plaisir.

Distinguons entre fonction et tendance de façon plus tranchée que nous l'avons fait jusqu'à présent. Le principe de plaisir est alors une tendance qui se trouve au service d'une fonction à laquelle il incombe de faire en sorte que l'appareil psychique soit absolument sans excitations ou de maintenir en lui constant ou le plus bas possible le quantum d'excitation. Nous ne pouvons pas encore nous décider avec certitude pour telle ou telle de ces formulations mais nous noterons que la fonction ainsi définie participerait de l'aspiration la plus générale de tout ce qui vit à retourner au repos du monde anorganique. Nous avons tous fait l'expérience que le plus grand plaisir qui nous soit possible, celui de l'acte sexuel, est lié à l'extinction momentanée d'une excitation parvenue à un haut degré. La liaison de la motion pulsionnelle serait quant à elle une fonction préparatoire qui doit mettre l'excitation en état d'être finalement liquidée dans le plaisir de décharge.

Dans le même ordre d'idées, on peut se demander si les sensations de plaisir et de déplaisir peuvent être produites de la même façon par les processus d'excitation, qu'ils soient liés ou non. Il n'est pas douteux en effet que les processus non liés, primaires, produisent dans les deux directions des sensations beaucoup plus intenses que les processus liés, secondaires. Les processus primaires sont aussi les premiers dans le temps ; au début de la vie psychique il n'en existe pas d'autres et nous pouvons conclure que si le principe de plaisir n'était pas déjà à l'œuvre en eux, il ne pourrait absolument pas s'établir pour les processus ultérieurs. Nous arrivons ainsi à ce résultat qui au fond n'est pas simple : l'aspiration au plaisir se manifeste au début de la vie psychique de façon beaucoup plus intense qu'ultérieurement, mais avec plus de restrictions; elle doit admettre d'être souvent tenue en échec. Dans un temps plus avancé, le principe de plaisir voit sa domination beaucoup plus assurée mais lui-même n'a pas pu éviter, pas plus que les autres pulsions, d'être dompté. En tout cas, ce qui dans le processus d'excitation détermine les sensations de plaisir et de déplaisir doit être présent dans le processus secondaire aussi bien que dans le processus primaire.

Il y aurait lieu ici d'entamer de nouvelles recherches. Notre conscience nous fait parvenir du dedans non seulement les sensations de plaisir et de déplaisir mais aussi celles d'une tension particulière qui à son tour peut être plaisante ou déplaisante. Est-ce la différence des processus énergétiques liés et non-liés que ces sensations nous permettent de percevoir? ou bien la sensation de tension ne serait-elle pas à mettre en rapport avec la grandeur absolue de l'investissement, éventuellement avec son niveau, tandis que la série plaisir-déplaisir indiquerait la modification de la quantité d'investissement dans l'unité de temps? Ce qui ne peut aussi manquer de nous frapper, c'est que les pulsions de vie ont d'autant plus affaire à notre perception interne qu'elles se présentent comme des perturbateurs et apportent sans discontinuer des tensions dont la liquidation est ressentie comme plaisir; les pulsions de mort en revanche paraissent accomplir leur travail sans qu'on s'en aperçoive. Le principe de plaisir semble être en fait au service des pulsions de mort. Certes il veille sur les excitations externes qui sont tenues pour dangereuses par les deux sortes de pulsions, mais il veille tout particulièrement sur les accroissements d'excitation provenant de l'intérieur qui viendraient rendre plus difficile la tâche vitale. Voici qui fait naître une foule d'autres questions qui ne peuvent pour l'instant recevoir de réponse. Il faut être patient, attendre que se présentent d'autres moyens et d'autres occasions de recherche. Il faut aussi être prêt à quitter une voie qu'on a suivie pendant un certain temps lorsqu'elle ne semble conduire à rien de bon. Seuls ces croyants qui demandent à la science de leur tenir lieu du catéchisme qu'ils ont abandonné en voudront au chercheur de prolonger ou même de transformer ses vues. C'est à un poète (Rückert, dans *Makamen des Hariri*) que nous demanderons de nous consoler de la lenteur avec laquelle progressent nos connaissances scientifiques :

« Ce qu'on ne peut atteindre en volant, il faut l'atteindre en boitant.
....
Boiter, dit l'Écriture, n'est pas un péché. »

Psychologie des foules et analyse du moi
(1921)

Massenpsychologie und Ich-Analyse,
Gesammelte Werke, tome XIII, p. 71-161

*Traduit de l'allemand par Pierre Cotet,
André Bourguignon, Janine Altounian,
Odile Bourguignon et Alain Rauzy*

Note des traducteurs

Le premier problème qui se pose au traducteur de *Massenpsychologie und Ich-Analyse* est celui du sens de *Masse*, étant donné que dans cette œuvre Freud utilise, outre *Masse*, bien d'autres termes du même champ sémantique, en particulier *Gruppe* et *Menge*, ainsi que l'adjectif *kollektiv*.

Massenpsychologie apparaît 39 fois chez Freud* : 24 fois dans *Massenpsychologie und Ich-Analyse* (1921), 10 fois dans *Der Mann Moses und die monotheistische Religion* (1939), 2 fois dans *Neue Folge der Vorlesungen* (1933) et 1 fois dans *Zur Psychopathologie des Alltagslebens* (1901), *Zur Einführung des Narzissmus* (1914) et *Kurzer Abriss* (1923). Les deux textes fondamentaux sont donc celui dont nous proposons une nouvelle traduction et *Moïse et le monothéisme*.

a) *Masse et Menge*. Dans les écrits où se rencontrent à la fois *Masse et Menge*, les deux mots ont exactement le même emploi et le même sens. Les exemples qui en témoigneront sont empruntés à deux études que sépare près d'un quart de siècle :

---

* D'après la « Concordance » de la *Standard Edition*.

Psychische Behandlung (1905) et *Das Unbehagen in der Kultur* (1929). Dans *Psychische Behandlung*, nous relevons dans la même page* :

« Der fromme Glaube des einzelnen wird durch die Begeisterung der Menschen*menge* gesteigert. Durch solche *Massen*wirkung können alle seelischen Regungen des einzelnen Menschen ins Masslose gehoben werden. Wo ein einzelner die Heilung am Gnadenort sucht, da ist es der Ruf, das Ansehen des Ortes, welche den Einfluss der Menschen*menge* ersetzen; da kommt also, doch wieder nur die Macht der *Menge* zur Wirkung. [...] Das Ansehen und die *Massen*wirkung ersetzen ihnen** vollauf den religiösen Glauben. »

Dans *Das Unbehagen in der Kultur* nous relevons dans le même contexte, et là encore dans la même page*** :

« Ja, hier stellt sich der merkwürdige Fall lier, dass die hierher gehörigen seelischen Vorgänge uns von der Seite der *Masse* vertrauter, dem Bewusstsein zugänglicher sind, als sie es beim Einzelmenschen werden können. [...] An dieser Stelle sind sozusagen beide Vorgänge, der kulturelle Entwicklungsprozess der *Menge* und der eigene des Individuums regelmässig miteinander verklebt. »

Ces citations prouvent à l'évidence que pour Freud, du point de vue sémantique, *Masse* et *Menge* sont des doublets. L'usage du doublet est d'ailleurs une des particularités du style de Freud; qu'on pense, entre

---

* *Gesammelte Werke* (S. Fischer Verlag), V, p. 299.
** Den « religiös Ungläubigen ».
*** *Gesammelte Werke*, XIV, p. 502.

tant d'exemples possibles, à *Duldung* et *Toleranz*, *Ehelosigkeit* et *Zölibat*, *Gesellschaft* et *Sozietät*, *Held* et *Heros*, *künstlich et artifiziell*, *seelisch* et *psychisch*, *Widerstreit* et *Konflikt*.

b) *Masse* et *Gruppe*. En ce qui concerne *Masse* et *Gruppe*, il n'y a guère plus de différence, comme peut en convaincre la lecture de *Totem und Tabu*, *Massenpsychologie und Ich-Analyse* et der *Mann Moses und die monotheistische Religion*. En effet, dans *Massenpsychologie und Ich-Analyse*, où il n'y a pas moins de 13 références à *Totem und Tabu*, Freud considère la psychologie de la horde primitive comme étant une «*Massenpsychologie*». Or on trouve dans *Totem und Tabu*, avec une fréquence toute particulière, le mot *Gruppe*, sans parler de termes plus spécifiques, tels que *Clan*, *Horde*, *Stamm*. D'autre part Freud déclare dans *Der Mann Moses und die monotheistische Religion*, où «*Masse*» désigne le peuple juif : «Ich kann den Inhalt von *Totem und Tabu* hier nicht ausführlicher wiederholen*», ce qui signifie que la majeure partie de ce qu'il écrit dans *Totem und Tabu* à propos de la «*Gruppe*» s'applique à la «*Masse*» du peuple juif.

De cet examen des textes freudiens nous pouvons conclure que *Masse* et *Menge* sont strictement équivalents et que les mêmes lois psychologiques et sans doute le même sens unissent *Gruppe* et *Masse*. À ces trois substantifs correspond un seul adjectif : *kollektiv*, utilisé dans divers textes. Enfin, dans *Massenpsychologie und Ich-Analyse*, Freud recourt à bien d'autres mots pour désigner les hommes groupés en nombre : *Haufen*, *Herde*, *Kollektivität*, *Rudel*, *Schar*,

---

* *Gesammelte Werke*, XVI, p. 240.

Vergesellschaftung. Bref, sous sa plume, chacun de ces termes est un équivalent sémantique de *Masse*, mot le plus commode et le plus élégant pour désigner tout groupement humain de quelque étendue.

c) *Massenpsychologie* et *Psychologie der Massen*. Un dernier point reste à examiner, concernant le titre *Massenpsychologie und Ich-Analyse*. Le livre de Gustave Le Bon, auquel Freud se réfère, *Psychologie des foules* (1895), est traduit en allemand sous le titre *Psychologie der Massen*. Dès lors la question se pose de savoir si Freud introduirait une nuance sémantique quand il emploie *Massenpsychologie*. Nous estimons qu'il n'en est rien. En effet, Freud écrit dans *Der Mann Moses und die monotheistische Religion* (précisément un des deux textes où le composé *Massenpsychologie* revient le plus fréquemment) : « Es wird uns nicht leicht, die Begriffe der Einzelpsychologie auf die Psychologie der Massen zu übertragen* ».

d) Traduction de *Masse* en français. Une fois fixé sur l'emploi et le sens de *Masse* chez Freud, le traducteur doit en proposer un équivalent français ; c'est le second problème — insoluble, car aucun mot français ne peut servir à tous les usages que Freud impose à *Masse*, aucun mot français n'a cette suffisante imprécision qui lui permettrait de correspondre strictement à *Masse*. Comme on ne peut qu'écarter des termes tels que *collectivité* ou *grand groupe*, le choix n'existe qu'entre *foule*, *masse* ou quelque substantif assorti de l'adjectif *collectif*. Freud conférant à *Masse* plusieurs sens, nous aurions pu, en fonction du contexte, utiliser tantôt *foule*, tantôt *masse*. Nous

---

* *Gesammelte Werke*, XVI, p. 241.

avons préféré, par principe, ne faire correspondre qu'un seul et même substantif au mot *Masse* et nous avons choisi *foule*, y compris dans les mots composés. Nous n'avons évidemment traduit par *foule* que *Masse* (les rares fois où apparaît le terme de *Menge*, nous le rendons par *multitude*). Le lecteur français qui désapprouverait ce choix n'aura qu'à lire *masse* chaque fois qu'il aura sous les yeux le mot *foule*. Nous lui soumettons les raisons qui nous ont déterminés :

1. Le titre *Massenpsychologie und Ich-Analyse* a été inspiré par le livre de Le Bon, *Psychologie des foules*, auquel Freud renvoie dès son chapitre II et emprunte de longues citations (voir la note p. 142).

2. Comme Freud se réfère aussi à l'ouvrage de Mac Dougall (*The Group Mind*) et qu'il traduit *group* par *Masse*, la traduction de *Masse* par *groupe* pouvait être envisagée. Nous l'avons écartée, réservant de rendre par *groupe Gruppe*, également employé par Freud, et estimant que l'allemand *Masse* et le français *groupe* désignent des réalités sociales différentes. D'autant que le livre de Mac Dougall a été, lui aussi, inspiré par celui de Le Bon.

3. Nous n'avons pas retenu la traduction de *Masse* par *masse*, adoptée pour la version française de l'ouvrage de Reich (*Massenpsychologie des Faschismus* ou *Psychologie de masse du fascisme*), car il nous a semblé que, dans cet emploi, le mot a des connotations socio-politiques absentes chez Freud. Par ailleurs, le terme freudien de *Masse* est plus concret et descriptif que le français *masse*. On parle, par exemple, des « masses populaires », mais Huysmans évoque dans un roman de 1906, *Les foules de Lourdes*.

4. Enfin, nous n'avons pas suivi les traducteurs qui rendent *Massenpsychologie* par *Psychologie collective*, parce que *kollektiv* revient à plusieurs reprises dans le texte de Freud et apparaît même dans le mot

composé *Kollektivpsychologie** et dans le titre du chapitre III : *Andere Würdigungen des kollektiven Seelenlebens* ; c'est naturellement *kollektiv* que nous traduisons par *collectif*.

N.B. 1. En règle générale, nous nous sommes efforcés d'adopter pour chaque substantif une traduction unique. Par exemple : *der Einzelne* est traduit (pour éviter l'assimilation à *Individuum*) par *individu isolé* ou *pris isolément* et *Individuum* par *individu*.

2. Nous avons toujours rendu *Bildung* (*cf. Massenbildung*) par *formation*, ce terme désignant en français, comme *Bildung* dans l'usage freudien, aussi bien le processus que son résultat (*cf.* Jean Laplanche et J.-B. Pontalis, *Vocabulaire de la psychanalyse*, P.U.F., 1967, p. 168).

---

* *Gesammelte Werke*, XIII, p. 90.

1
Introduction

L'opposition entre la psychologie individuelle et la psychologie sociale, ou psychologie des foules, qui peut bien à première vue nous paraître très importante, perd beaucoup de son acuité si on l'examine à fond. Certes, la psychologie individuelle a pour objet l'homme isolé et elle cherche à savoir par quelles voies celui-ci tente d'obtenir la satisfaction de ses motions pulsionnelles, mais, ce faisant, elle n'est que rarement — dans certaines conditions exceptionnelles — en mesure de faire abstraction des relations de cet individu avec les autres. Dans la vie psychique de l'individu pris isolément, l'Autre intervient très régulièrement en tant que modèle, soutien et adversaire, et de ce fait la psychologie individuelle est aussi, d'emblée et simultanément, une psychologie sociale, en ce sens élargi mais parfaitement justifié.

Les rapports de l'individu à ses parents et à ses frères et sœurs, à son objet d'amour, à son professeur et à son médecin, donc toutes les relations qui ont jusqu'à présent fait l'objet privilégié de l'investigation psychanalytique, peuvent revendiquer d'être considérés comme phénomènes sociaux et s'opposent alors à certains autres processus que nous nommons *narcissiques*, dans lesquels la satisfaction pulsionnelle se soustrait à l'influence d'autres personnes ou y renonce. L'opposition entre les actes psychiques sociaux et narcissiques — Bleuter dirait peut-être : *autistiques* — se situe donc exactement à l'intérieur même du domaine de la psychologie individuelle et n'est pas de nature à séparer celle-ci d'une psychologie sociale ou psychologie des foules.

Dans les rapports dont il a été question, aux parents et aux frères et sœurs, à la bien-aimée, à l'ami, au professeur et au médecin, l'individu ne subit jamais que l'influence d'une seule personne ou d'un très petit nombre de personnes dont chacune a acquis pour lui une importance énorme. Or on s'est habitué, quand on parle de psychologie sociale ou de psychologie des foules, à faire abstraction de ces relations et à isoler, comme objet de la recherche, l'influence exercée simultanément sur l'individu par un grand nombre de personnes avec lesquelles il est lié de quelque manière, alors que, par ailleurs, elles peuvent bien à maints égards lui être étrangères. La psychologie des foules traite donc de l'homme isolé, en tant que membre d'une lignée, d'un peuple, d'une caste, d'une classe, d'une institution, ou en tant que partie d'un agrégat humain qui s'organise en foule pour un temps donné, dans un but déterminé. L'ensemble des relations naturelles ainsi rompu, on ne fut pas loin de considérer les phénomènes qui apparaissent dans ces conditions particulières, comme des expressions d'une pulsion particulière, irréductible à une analyse poussée, la pulsion sociale — *herd instinct, group mind** — qui dans d'autres situations ne se manifeste pas. Mais pourtant — qu'il nous soit permis de soulever cette objection — il nous en coûte d'accorder au facteur nombre une importance telle qu'il lui serait possible d'éveiller à lui seul dans

---

* En anglais dans le texte : instinct grégaire, esprit de groupe.

la vie psychique de l'homme une pulsion nouvelle et ordinairement non activée. Nos suppositions sont, de ce fait, orientées vers deux autres possibilités : que la pulsion sociale puisse être non originaire et non décomposable, et que les débuts de sa formation puissent être trouvés dans un cercle plus étroit, comme par exemple celui de la famille.

La psychologie des foules, bien qu'elle en soit encore à ses débuts, englobe une infinité de problèmes particuliers qui échappent encore à notre vue, et confronte l'investigateur à des tâches innombrables qui ne sont, à l'heure actuelle, même pas différenciées. Le simple regroupement des divers modes de formation en foule et la description des phénomènes psychiques qui s'y expriment, requièrent une grande dépense dans le domaine de l'observation et de l'exposition, et ont déjà donné naissance à une riche littérature. Qui comparera la minceur de cet opuscule à l'ampleur de la psychologie des foules, n'aura pas tort de supposer dès l'abord que ne sont traités ici qu'un petit nombre de points de l'ensemble de la matière. D'ailleurs, il n'y aura en réalité que quelques questions auxquelles la recherche en profondeur, propre à la psychanalyse, portera un intérêt particulier.

2
La peinture de l'âme des foules par Le Bon

Plutôt que de partir d'une définition, il vaut mieux, semble-t-il, commencer par se reporter au monde des phénomènes et en tirer quelques faits particulièrement frappants et caractéristiques, qui pourront être le point de départ de notre investigation. Nous parvenons à l'un et à l'autre en citant un extrait du livre, devenu justement célèbre, de Le Bon, *Psychologie des foules*[1].

Comprenons bien une fois encore quel est l'état de la question : si la psychologie, qui s'attache aux dispositions, motions pulsionnelles, mobiles, desseins d'un homme isolé, jusque dans ses actions et ses relations à ses proches, avait résolu la totalité de ses problèmes et percé à jour cet ensemble de connexions, elle verrait soudain surgir devant elle un nouveau problème non résolu. Il lui faudrait expliquer ce fait surprenant que cet individu, devenu pour elle compréhensible, sent, pense et agit, sous l'effet d'une condition déterminée, d'une manière toute différente de ce qu'on attendait de lui, et cette condition c'est l'entrée dans les rangs d'une multitude d'hommes, qui a acquis la qualité d'une « foule psy-

---
1. Traduit par le Dr Rudolf Eisler, deuxième édition, 1912.

chologique ». Qu'est-ce donc qu'une « foule », d'où tire-t-elle sa capacité d'influencer de façon déterminante la vie psychique de l'individu pris isolément, et en quoi consiste la modification psychique qu'elle impose à cet individu ?

Répondre à ces trois questions est la tâche d'une psychologie des foules théorique. La meilleure manière d'attaquer cette tâche est manifestement de partir de la troisième question. C'est l'observation de la réaction individuelle modifiée, qui fournit à la psychologie des foules sa matière ; tout essai d'explication ne doit-il pas être précédé d'une description de ce qui est à expliquer ?

Je laisse ici la parole à Le Bon. Il dit (p. 11*) : « Le fait le plus frappant présenté par une foule psychologique est le suivant : quels que soient les individus qui la composent, quelque semblables ou dissemblables que puissent être leur genre de vie, leurs occupations, leur caractère ou leur intelligence, le seul fait qu'ils sont transformés en foule les dote d'une sorte d'âme collective. Cette âme les fait sentir, penser et agir d'une façon tout à fait différente de celle dont sentirait, penserait et agirait chacun d'eux isolément. Certaines idées, certains sentiments ne surgissent ou ne se transforment en actes que chez les individus en foule. La foule psychologique est un être provisoire, composé d'éléments hétérogènes pour un instant soudés, absolument comme les cellules d'un corps vivant forment par leur réunion un

---

* La première édition de *Psychologie des foules* est de 1895, mais nous donnons ici la pagination de la nouvelle édition des Presses Universitaires de France (1963, 2ᵉ tirage 1971), ainsi que le texte original de Le Bon. Nous citerons, le cas échéant, les écarts entre ce texte et celui de la traduction citée par Freud.

Pour les emprunts que Freud n'a pas présentés comme des citations, nous avons repris, là aussi, la terminologie, voire le texte original de Le Bon.

être nouveau manifestant des caractères fort différents de ceux que chacune de ces cellules possède. »

Prenant la liberté d'interrompre l'exposé de Le Bon par nos gloses, nous placerons ici cette remarque : si dans la foule les individus liés entre eux constituent une unité, il doit bien y avoir quelque chose qui les relie les uns aux autres, et ce lien pourrait être justement ce qui est caractéristique de la foule. Mais Le Bon ne répond pas à cette question, il admet la modification de l'individu dans la foule et la décrit en des termes qui s'harmonisent bien avec les hypothèses fondamentales de notre psychologique des profondeurs.

(p. 11-12) « On constate aisément combien l'individu en foule diffère de l'individu isolé ; mais d'une pareille différence les causes sont moins faciles à découvrir.

Pour arriver à les entrevoir, il faut se rappeler d'abord cette observation de la psychologie moderne : que ce n'est pas seulement dans la vie organique, mais encore dans le fonctionnement de l'intelligence que les phénomènes inconscients jouent un rôle prépondérant. La vie consciente de l'esprit ne représente qu'une très faible part auprès de sa vie inconsciente. L'analyste le plus subtil, l'observateur le plus pénétrant, n'arrive à découvrir qu'un bien petit nombre des mobiles inconscients qui le mènent*. Nos actes conscients dérivent d'un substratum inconscient formé surtout d'influences héréditaires. Ce substratum renferme les innombrables résidus ancestraux qui constituent l'âme de la race. Derrière les causes avouées de nos actes, il y a sans doute les causes

---

* La traduction allemande de cette phrase de Le Bon comporte quelques écarts : *analyste* est traduit par *Analyse*, *observateur* par *Beobachtung* (observation), et *mobiles inconscients* est devenu *bewusster* (conscients) *Motive*, ce qui est sûrement une coquille.

secrètes que nous n'avouons pas, mais derrière ces causes secrètes il y en a de beaucoup plus secrètes encore, puisque nous-mêmes les ignorons*. La plupart de nos actions journalières sont l'effet de mobiles cachés qui nous échappent. »

Dans la foule, pense Le Bon, les acquisitions individuelles s'effacent et par là disparaît leur particularité. L'inconscient propre à la race ressort, l'hétérogène se noie dans l'homogène. Nous dirions que la superstructure psychique qui s'est développée si diversement chez les individus a été abattue, privée de ses forces, et le fondement inconscient, identique chez tous, mis à nu (rendu opérant).

De cette façon naîtrait le caractère moyen des individus en foule. Mais Le Bon trouve qu'ils présentent également de nouvelles propriétés qu'ils ne possédaient pas auparavant, et il en cherche la raison dans trois facteurs différents.

(p. 13) « La première est que l'individu en foule acquiert par le seul fait du nombre, un sentiment de puissance invincible lui permettant de céder à des instincts, que, seul, il eût forcément réfrénés. Il y cédera d'autant plus volontiers que, la foule étant anonyme, et par conséquent irresponsable, le sentiment de la responsabilité, qui retient toujours les individus, disparaît entièrement. »

De notre point de vue, nous n'aurions pas besoin d'attacher tant d'importance à l'apparition de nouvelles propriétés. Il nous suffirait de dire que l'individu se trouve, dans la foule, mis dans des conditions

---

* Cette phrase, traduite en allemand par Eisler, et retrouvée dans l'édition de 1906 de *Psychologie des foules*, a été modifiée par Le Bon dans des éditions ultérieures, par exemple celles de 1916 et de 1963, où elle est beaucoup plus courte : « Derrière les causes avouées de nos actes, se trouvent des causes secrètes ignorées de nous. »

qui lui permettent de se débarrasser des refoulements de ses motions pulsionnelles inconscientes. Les propriétés apparemment nouvelles qu'il présente alors sont justement les manifestations de cet inconscient, dans lequel assurément tout le mal de l'âme humaine est contenu de façon constitutive ; la disparition, dans ces conditions, de la conscience morale ou du sentiment de responsabilité n'offre aucune difficulté à notre entendement. Nous avions depuis longtemps affirmé que le noyau de cette soi-disant conscience est fait d'« angoisse sociale [2] ».

(p. 13) « Une seconde cause, la contagion mentale, intervient également pour déterminer chez les foules la manifestation de caractères spéciaux et en même temps leur orientation. La contagion est un phénomène aisé à constater, mais non expliqué encore, et qu'il faut rattacher aux phénomènes d'ordre hypnotique que nous étudierons dans un instant. Chez une foule, tout sentiment, tout acte est contagieux, et contagieux à ce point que l'individu sacrifie très facilement son intérêt personnel à l'intérêt collectif. C'est là une aptitude contraire à sa nature, et dont l'homme ne devient guère capable que lorsqu'il fait partie d'une foule. »

C'est sur cette dernière assertion que nous fonderons ultérieurement une importante hypothèse.

---

[2]. Une certaine différence entre la conception de Le Bon et la nôtre résulte de ce que son concept d'inconscient ne coïncide pas totalement avec celui adopté par la psychanalyse. L'inconscient de Le Bon inclut avant tout les caractères les plus profonds de l'âme de la race, laquelle à vrai dire n'entre pas en ligne de compte pour la psychanalyse individuelle. Nous ne nions certes pas que le noyau du moi (le ça, comme je l'ai nommé plus tard) auquel appartient l'« héritage archaïque » de l'âme humaine, soit inconscient, mais nous distinguons en dehors de lui le « refoulé inconscient » qui est issu d'une partie de cet héritage. Le concept de refoulé manque chez Le Bon.

(p. 13) « Une troisième cause, et de beaucoup la plus importante, détermine dans les individus en foule des caractères spéciaux parfois fort opposés à ceux de l'individu isolé. Je veux parler de la suggestibilité, dont la contagion mentionnée plus haut n'est d'ailleurs qu'un effet.

Pour comprendre ce phénomène, il faut avoir présentes à l'esprit certaines découvertes récentes de la physiologie. Nous savons aujourd'hui qu'un individu peut être placé dans un état tel, qu'ayant perdu sa personnalité consciente, il obéisse à toutes les suggestions de l'opérateur qui la lui a fait perdre, et commette les actes les plus contraires à son caractère et à ses habitudes. Or, des observations attentives paraissent prouver que l'individu plongé depuis quelque temps au sein d'une foule agissante, tombe bientôt — par suite des effluves qui s'en dégagent, ou pour toute autre cause ignorée — dans un état particulier, se rapprochant beaucoup de l'état de fascination de l'hypnotisé entre les mains de son hypnotiseur... (p. 14) La personnalité consciente est évanouie, la volonté et le discernement abolis. Sentiments et pensées sont alors orientés dans le sens déterminé par l'hypnotiseur.

Tel est à peu près l'état de l'individu faisant partie d'une foule. Il n'est plus conscient de ses actes. Chez lui, comme chez l'hypnotisé, tandis que certaines facultés sont détruites, d'autres peuvent être amenées à un état d'exaltation extrême. L'influence d'une suggestion le lancera avec une irrésistible impétuosité vers l'accomplissement de certains actes. Impétuosité plus irrésistible encore dans les foules que chez le sujet hypnotisé, car la suggestion, étant la même pour tous les individus, s'exagère en devenant réciproque. »

(p. 14) « Donc, évanouissement de la personnalité consciente, prédominance de la personnalité inconsciente, orientation par voie de suggestion et de contagion des sentiments et des idées dans un même sens, tendance à transformer immédiatement en actes les idées suggérées, tels sont les principaux caractères de l'individu en foule. Il n'est plus lui-même, mais un automate que sa volonté est devenue impuissante à guider. »

J'ai fait cette citation aussi longue pour confirmer que Le Bon définit l'état de l'individu dans la foule comme étant véritablement hypnotique, et ne se contente pas, par exemple, de le comparer à un tel état. Nous n'avons ici nul dessein de contredire, nous voulons seulement faire ressortir que les deux dernières causes de la modification de l'individu dans la foule, la contagion et la suggestibilité accrue, ne sont manifestement pas de même nature, étant donné que la contagion doit bien aussi être considérée comme expression de la suggestibilité. Les effets de ces deux facteurs ne nous semblent pas non plus nettement distingués dans le texte de Le Bon. Nous donnons peut-être la meilleure interprétation de ses propos si nous rattachons la contagion à l'action que les membres de la foule, pris isolément, exercent les uns sur les autres, tandis que les manifestations de suggestion dans la foule, assimilées aux phénomènes de l'influence hypnotique, renvoient à une autre source. Mais laquelle ? Nous ne pouvons ressentir que comme une notable lacune le fait que l'une des pièces maîtresses de cette assimilation, à savoir la personne qui, pour la foule, remplace l'hypnotiseur, n'est pas mentionnée dans l'exposé de Le Bon. Il distingue toutefois de cette influence fascinante laissée dans l'ombre, l'action contagieuse que les individus exercent les uns sur les autres, par laquelle la suggestion première se trouve renforcée.

Voici encore un point de vue important pour l'examen de l'individu en foule : (p. 14) « Par le fait seul qu'il fait partie d'une foule, l'homme descend donc plusieurs degré sur l'échelle de la civilisation. Isolé, c'était peut-être un individu cultivé, en foule c'est un instinctif, par conséquent un barbare*. Il a la spontanéité, la violence, la férocité, et aussi les enthousiasmes et les héroïsmes des êtres primitifs. » Il s'étend encore tout particulièrement sur la baisse du rendement intellectuel qui affecte l'individu absorbé par la foule[3].

Quittons maintenant l'homme isolé et tournons-nous vers la description de l'âme des foules telle que Le Bon l'esquisse. Il n'y a là pas un seul trait dont la reconnaissance des origines et la classification présenteraient des difficultés pour le psychanalyste. Le Bon nous indique lui-même la voie en montrant la similitude qui existe avec la vie psychique des primitifs** et des enfants (p. 17).

La foule est impulsive, mobile, irritable. Elle est conduite presque exclusivement par l'inconscient[4]. Les impulsions auxquelles la foule obéit peuvent selon les circonstances être généreuses ou cruelles, héroïques ou pusillanimes, mais en tout cas elles sont si impérieuses que l'intérêt personnel et même l'intérêt de la conservation*** s'effacera devant elles (p. 17-18). Rien chez elle n'est prémédité. Même si elle veut les choses avec frénésie, ce n'est toutefois

---

* La traduction allemande retourne la proposition : «... dans la foule c'est un barbare, c'est-à-dire un être instinctif», *Triebwesen*.
3. *Cf.* le distique schillérien :
Jeder, sieht man ihn einzeln, ist leidlich klug und verständig ;
Sind sie in corpore, gleich wird euch ein Dummkopf daraus.
Tout homme, pour peu qu'on le considère isolément, est plus ou moins intelligent et raisonnable ;
Sont-ils *in corpore*, il vous en ressort un seul imbécile.
** Dans le texte de Le Bon : «le sauvage».
4. Inconscient est utilisé par Le Bon exactement dans le sens descriptif où il ne signifie pas uniquement le «refoulé».
*** En allemand : *Selbsterhaltung*, chez Le Bon : *conservation*.

pas pour longtemps, elle est incapable de volonté durable. Elle ne supporte aucun délai entre son désir et la réalisation de ce qu'elle désire. Elle a un sentiment de toute puissance, pour l'individu dans la foule la notion d'impossible disparaît[5].

La foule est extraordinairement suggestible et crédule, elle est dépourvue d'esprit critique, l'invraisemblable n'existe pas pour elle. Elle pense par images qui s'évoquent les unes les autres par association, telles qu'elles surviennent chez l'homme isolé lorsqu'il donne libre cours à son imagination, et dont aucune instance rationnelle ne mesure la conformité à la réalité. Les sentiments de la foule sont toujours très simples et très exagérés. La foule ne connaît donc ni doute ni incertitude[6].

Elle va tout de suite aux extrêmes, le soupçon énoncé se transforme aussitôt chez elle en évidence indiscutable, un commencement d'antipathie devient une haine féroce (p. 25[7]).

---

5. *Cf. Totem und Tabu* (*Totem et Tabou*), III. « Animismus, Magie und Allmacht der Gedanken » (« Animisme, magie et toute-puissance des pensées ») (*Ges. Werke*, vol. IX).

6. Quand nous interprétons les rêves auxquels nous devons justement notre meilleure connaissance de la vie psychique inconsciente, nous suivons la règle technique qui consiste à faire abstraction du doute et de l'incertitude apparaissant dans le récit du rêve et à traiter chaque élément du rêve manifeste comme ayant un égal degré de certitude. Nous faisons dériver doute et incertitude des effets de la censure à laquelle est soumis le travail du rêve et nous admettons que les pensées primaires du rêve ignorent le doute et l'incertitude en tant qu'opération critique. En tant que contenu, ils peuvent naturellement apparaître, comme n'importe quoi d'autre, dans les restes diurnes qui conduisent au rêve (voir *Traumdeutung* [*Interprétation du rêve*], 7ᵉ édition, 1922, p. 386).

7. La même intensification de toutes les motions affectives jusqu'à l'extrême et à la démesure appartient également à l'affectivité de l'enfant et se retrouve dans la vie du rêve où, grâce à l'isolation de chaque motion affective prédominant dans l'inconscient, une légère contrariété de la journée s'exprime en désir de

Déjà portée à tous les extrêmes, la foule n'est également stimulée que par des excitations excessives. Qui veut agir sur elle n'a nul besoin de mesurer la logique de ses arguments, il lui faut brosser les tableaux les plus vigoureux, exagérer et toujours répéter la même chose.

Ne gardant aucun doute sur la vérité et l'erreur et possédant de ce fait la notion claire de sa grande force, la foule est aussi intolérante que pleine de foi en l'autorité. Elle respecte la force et ne se laisse que médiocrement influencer par la bonté qui ne représente pour elle qu'une sorte de faiblesse. Ce qu'elle exige de ses héros, c'est de la force et même de la brutalité. Elle veut être dominée et opprimée, et craindre son maître. En fait foncièrement conservatrice, elle a une profonde horreur de toutes nouveautés et de tous les progrès, et un respect sans borne de la tradition (p. 28-29).

Pour juger équitablement de la moralité des foules, on doit prendre en considération le fait que, dans un rassemblement d'individus en foule, toutes les inhibitions individuelles tombent et que tous les instincts cruels, brutaux, destructeurs, résidus des âges primitifs dormant en chacun d'eux, sont réveillés, rendant possible la libre satisfaction des pulsions. Mais les foules sont également capables, sous l'influence de la suggestion, de grands accès de renoncement, de désintéressement, de dévouement à un

---

mort à l'encontre de la personne responsable, ou bien l'ombre d'une tentation se transforme en incitation à un acte criminel représenté dans le rêve. Ce fait a inspiré au Dr Hanns Sachs cette jolie remarque : « Ce que le rêve nous a révélé de ses relations au présent (réalité), nous voulons ensuite le rechercher aussi dans la conscience et nous ne devons pas nous étonner de retrouver le monstre que nous avons vu sous le verre grossissant de l'analyse, sous forme d'infusoire » (voir *Traumdeutung*, *Interprétation du rêve*), 7ᵉ édition, 1922, p. 457.

idéal. Alors que chez l'individu isolé l'intérêt personnel est le mobile à peu près exclusif, c'est très rarement lui qui prédomine chez les foules. On peut parler d'une moralisation de l'individu par la foule (p. 29-30). Alors que l'activité intellectuelle de la foule se situe toujours très au-dessous de celle de l'homme isolé, son comportement éthique peut tout aussi bien s'élever très au-dessus de ce niveau que descendre très au-dessous.

Quelques autres traits caractéristiques dégagés par Le Bon jettent une vive lumière sur la légitimité d'une identification de l'âme des foules à l'âme des primitifs. Chez les foules, les idées les plus opposées peuvent coexister et s'accorder entre elles sans qu'un conflit résultât de leur contradiction logique. Or il en va de même dans la vie psychique inconsciente des hommes isolés, des enfants et des névrosés, comme la psychanalyse l'a prouvé depuis longtemps[8].

---

8. Chez le petit enfant coexistent pendant longtemps, par exemple, des attitudes affectives ambivalentes à l'égard de personnes qui lui sont le plus proches, sans que l'une d'elles perturbe l'autre dans son expression. Si cela aboutit finalement à un conflit entre les deux, celui-ci se règle par le fait que l'enfant change d'objet, déplace l'une de ses motions ambivalentes sur un objet substitutif. L'histoire du développement d'une névrose chez l'adulte peut, elle aussi, nous apprendre qu'une motion réprimée persiste souvent pendant longtemps dans les fantasmes inconscients ou même conscients, dont naturellement le contenu va directement à l'encontre d'une tendance dominante, sans qu'il résulte de cette opposition une offensive du moi contre ce qu'il a rejeté. Le fantasme est toléré pendant un assez long temps jusqu'à ce qu'un jour, habituellement à la suite d'un accroissement de son investissement affectif, le conflit s'installe soudain, avec toutes ses conséquences, entre lui et le moi.

Dans le cours du développement qui va de l'enfant à l'adulte mature, il se produit de toute façon une *intégration* sans cesse croissante de la personnalité, une synthèse des motions pulsionnelles et des tendances orientées vers un but, isolées, ayant grandi en elle indépendamment les unes des autres. Le processus analogue dans

De plus, la foule est soumise à la puissance véritablement magique de mots qui peuvent provoquer dans l'âme des foules les plus formidables tempêtes et aussi les calmer (p. 59). « La raison et les arguments ne sauraient lutter contre certains mots et certaines formules. On les prononce avec recueillement devant les foules ; et, tout aussitôt, les visages deviennent respectueux et les fronts s'inclinent. Beaucoup les considèrent comme des forces de la nature, des puissances surnaturelles. » (p. 60) Il suffit ici de rappeler le tabou des noms chez les primitifs, les forces magiques qui s'attachent pour eux aux noms et aux mots[9].

Et pour finir : les foules n'ont jamais connu la soif de la vérité. Elles réclament des illusions auxquelles elles ne peuvent renoncer. Chez elles, l'irréalité a toujours le pas sur la réalité, l'irréel les influence presque aussi fortement que le réel. Elles ont une visible tendance à ne faire aucune différence entre les deux. (p. 35)

Cette prédominance de la vie fantasmatique et de l'illusion soutenue par le désir inaccompli, nous avons montré qu'elle est déterminante dans la psychologie des névroses. Nous avons trouvé que ce qui compte pour les névrosés ce n'est pas la réalité

---

le domaine de la vie sexuelle nous est depuis longtemps connu, comme synthèse de toutes les pulsions sexuelles aboutissant à l'organisation génitale définitive. (*Drei Abhandlungen zur Sexualtheorie* [*Trois essais sur la théorie de la sexualité*], 1905 (*Ges. Werke*, vol. 5). Que l'unification du moi puisse d'ailleurs connaître les mêmes perturbations que celles de la libido, divers exemples très connus le montrent, comme, entre autres, dans les sciences de la nature, celui des chercheurs qui ont gardé leur foi en la Bible. [*Addition de 1923 :*] Les différentes possibilités d'une dissociation ultérieure du moi constituent un chapitre particulier de la psychopathologie.

9. Voir *Totem und Tabu* (*Totem et Tabou*).

objective commune, mais la réalité psychique. Un symptôme hystérique se fonde sur un fantasme et non sur la répétition d'une expérience réellement vécue, une conscience obsessionnelle de culpabilité sur l'existence d'un mauvais dessein qui n'est jamais arrivé à exécution. Et même, comme dans le rêve et dans l'hypnose, dans l'activité psychique des foules, l'épreuve de réalité disparaît face à l'intensité des motions de désir investies affectivement.

Ce que Le Bon dit des meneurs* des foules est moins exhaustif et ne laisse pas aussi clairement entrevoir les lois en cause. Selon lui, dès qu'un certain nombre d'êtres vivants sont réunis, qu'il s'agisse d'un troupeau d'animaux ou d'une foule d'hommes, ils se placent d'instinct sous l'autorité d'un chef** (p. 69). La foule est un troupeau docile qui ne saurait jamais vivre sans maître***. Elle a une telle soif d'obéissance qu'elle se soumet à quiconque se désigne comme son maître.

Si les besoins de la foule vont au devant du meneur, il faut cependant qu'il y réponde par ses qualités personnelles. Il faut qu'il soit lui-même fasciné par une foi puissante (en une idée) pour éveiller la foi dans la foule, il faut qu'il possède une volonté puissante et impérieuse qu'accepte de lui la foule sans volonté. Le Bon parle ensuite des différentes sortes de meneurs et des moyens par lesquels ils agissent sur la foule. Au total, il fait dépendre l'importance des meneurs des idées qui les ont eux-mêmes fascinés.

À ces idées, de même qu'aux meneurs, il attribue en outre une puissance mystérieuse et irrésistible qu'il nomme « prestige ». Le prestige est une sorte

---

* Le Bon écrit *meneur*, que Eisler traduit par *Führer*. Nous reprenons le terme utilisé par Le Bon.
** *Oberhaupt*.
*** *Herr*.

de domination qu'exerce sur nous un individu, une œuvre ou une idée. Cette domination paralyse toutes nos facultés critiques et remplit notre âme d'étonnement et de respect. Elle pourrait provoquer un sentiment du même ordre que celui de la fascination de l'hypnose (p. 76).

Il différencie le prestige acquis ou artificiel du prestige personnel. Le premier est conféré aux personnes par le nom, la richesse, la réputation, aux opinions, œuvres d'art et autres par la tradition. Comme dans tous les cas il remonte au passé, il contribuera peu à faire comprendre cette mystérieuse influence. Le prestige personnel ne s'attache qu'à quelques personnes qui, par lui justement, deviennent des meneurs, et il fait que tout leur obéit comme sous l'effet d'un charme magnétique. Et pourtant tout prestige est dépendant du succès et disparaît avec les insuccès (p. 82).

On n'a pas l'impression que chez Le Bon le rôle des meneurs et l'accent mis sur le prestige aient été exactement accordés avec sa peinture de l'âme des foules, si brillamment présentée.

3

Autres évaluations
de la vie psychique collective

Nous nous sommes servi, comme introduction, de l'exposé de Le Bon tant il coïncide avec notre propre psychologie en mettant l'accent sur la vie psychique inconsciente. Il nous faut néanmoins ajouter qu'à vrai dire aucune des assertions de cet auteur n'apporte quelque chose de nouveau. Tout ce qu'il dit de négatif et de péjoratif sur les manifestations de l'âme des foules a déjà été dit avant lui par d'autres, aussi catégoriquement et aussi agressivement, et se trouve répété[1] dans les mêmes termes depuis les premiers temps de la littérature par les penseurs, les hommes d'État et les poètes. Les deux propositions renfermant les points de vue les plus importants de Le Bon, celle de l'inhibition collective de l'activité intellectuelle et celle de l'exaltation de l'affectivité dans la foule, avaient été peu avant formulées par Sighele[2]. Au fond il ne reste de propre à Le Bon que

---

1. Voir le texte et la bibliographie relative à ce sujet dans B. Kraskovic junior, *Die Psychologie der Kollekivitäten* (*La Psychologie des collectivités*). Traduit du croate par Siegmund von Posavec, Vukovar, 1915.
2. Voir Walter Moede, *Die Massen und Sozialpsychologie in kritischen Überblick* (*Psychologie de la foule et psychologie sociale : aperçu critique*), Zeitschrift für pädagogische Psychologie und experimentelle Pädagogik de Neumann et Scheibner, XVI, 1915.

les deux points de vue de l'inconscient et de l'analogie avec la vie psychique des primitifs, encore ceux-ci ont-ils, naturellement, été souvent abordés avant lui.

Mais il y a plus, la description et l'appréciation de l'âme des foules telles que Le Bon et les autres les donnent, n'ont pas non plus échappé à toute contestation. Nul doute que tous les phénomènes de l'âme des foules précédemment décrits n'aient été observés avec exactitude, mais il est également possible de déceler d'autres manifestations de la formation en foule, aux effets exactement contraires, dont on est alors forcé de déduire une appréciation bien plus favorable de l'âme des foules.

Le Bon lui-même était prêt à admettre que dans certaines circonstances la moralité de la foule peut être supérieure à celles des individus isolés qui la composent et que seuls les ensembles sont capables à un haut degré de désintéressement et de dévouement.

(p. 30) « L'intérêt personnel est rarement un mobile puissant chez les foules, alors qu'il constitue le mobile à peu près exclusif de l'individu isolé. »

D'autres font valoir que de toute façon c'est d'abord la société qui prescrit à l'individu isolé les normes de la morale, alors qu'en règle générale cet individu isolé reste comme en retrait par rapport à ces hautes exigences. Ou que, dans des circonstances exceptionnelles, apparaît dans une collectivité le phénomène de l'enthousiasme qui a rendu possibles les plus grandioses réalisations des foules.

En matière de réalisation intellectuelle, il n'en demeure pas moins que les grandes décisions de la pensée au travail, les découvertes et solutions de problèmes, lourdes de conséquences, ne sont possibles qu'à l'individu isolé qui travaille dans la solitude. Mais l'âme de la foule est également capable de géniales créations de l'esprit, telles qu'en apportent la preuve d'abord la langue elle-même, ensuite le chant populaire, le folklore et autres. En outre, on ne saura jamais ce que le penseur ou le poète isolés doivent aux incitations de la foule dans laquelle ils vivent ni s'ils font plus qu'achever un travail psychique auquel d'autres ont simultanément collaboré.

En présence de ces contradictions absolues, il semble bien que le travail de la psychologie des foules ne puisse mener strictement à rien. Pourtant il est facile de trouver une issue plus prometteuse. On a vraisemblablement réuni sous le terme de « foule » des formations très différentes qui ont besoin d'être distinguées. Les données de Sighele, Le Bon et autres se rapportent aux foules du genre éphémère, qui naissent brusquement de l'agglomération d'individus disparates sous l'effet d'un intérêt passager. Il est indéniable que les caractères des foules révolutionnaires, en particulier de la grande Révolution française, ont influencé leurs peintures. Les assertions contraires proviennent d'une appréciation portant sur ces foules ou groupements sociaux stables dans lesquels les hommes passent leur vie et qui prennent corps dans les institutions de la société. Les foules du premier genre sont en quelque sorte superposées à ces dernières comme les vagues courtes mais hautes le sont aux longues houles de la mer.

Mc Dougall qui, dans son livre *The Group Mind*[3], part de la contradiction que nous venons précisément de mentionner, trouve la solution de celle-ci dans le facteur organisation. Dans le cas le plus simple, dit-il, la foule (*group*) ne possède aucune organisation ou bien en possède une méritant à peine ce nom. Il appelle une telle foule agrégat (*crowd*). Il concède cependant qu'un agrégat humain ne se rassemble pas facilement sans que se forment en lui les prémisses d'une organisation et que c'est justement dans ces

---

3. Cambridge, 1920.

foules simples que bien des phénomènes fondamentaux de la psychologie collective sont particulièrement faciles à reconnaître (p. 22). La condition nécessaire pour que, avec les membres d'un agrégat humain portés par hasard à se rassembler, se constitue quelque chose comme une foule au sens psychologique, c'est que ces individus isolés aient quelque chose en commun, un intérêt commun pour un objet, une même orientation de leurs sentiments dans une certaine situation et (j'ajouterais : par conséquent) une certaine dose d'aptitude à s'influencer mutuellement (*Some degree of reciprocal influence between the members of the group**) (p. 23). Plus ces éléments communs (*this mental homogeneity**) sont forts, plus une foule psychologique se constitue aisément à partir des individus isolés et plus les manifestations d'une « âme des foules » s'expriment de façon frappante.

Le phénomène le plus curieux et en même temps le plus important de la formation en foule est bien l'exaltation de l'affectivité suscitée en chaque individu isolé (*exaltation or intensification of emotion**) (p. 24). On peut dire, pense Mc Dougall, qu'il n'est guère d'autres conditions dans lesquelles les affects des hommes croissent jusqu'à atteindre une telle hauteur, comme cela peut se produire dans une foule, et cela est certes une grande jouissance pour les participants que de s'abandonner ainsi sans retenue à leurs passions et alors de se fondre dans la foule, de perdre le sentiment de leurs limites individuelles. Ce fait que les individus soient emportés dans un même élan, Mac Dougall l'explique par ce qu'il appelle «*principle of direct induction of emotion by way of the primitive sympathetic response*** »

---

* En anglais dans le texte.
** En anglais dans le texte : principe de l'induction directe de l'émotion pour la voie de la réponse première de sympathie.

(p. 25), c'est-à-dire par la contagion des sentiments que nous connaissons déjà. Le fait est que les signes perçus d'un état affectif sont de nature à susciter automatiquement le même affect chez celui qui perçoit. Cette compulsion automatique est d'autant plus forte que le nombre de personnes chez lesquelles se remarque simultanément cet affect est plus grand. Alors le sens critique de l'individu isolé est suspendu et celui-ci s'abandonne au même affect. Mais, ce faisant, il accroît l'excitation de ceux-là même qui ont agi sur lui, et ainsi la charge affective des individus isolés s'intensifie par induction réciproque. Il est évident que là se manifeste quelque chose comme une compulsion à égaler les autres, à rester en harmonie avec le grand nombre. Plus les motions affectives sont grossières et simples, plus elles ont de chance de se propager de cette façon dans une foule (p. 39).

Ce mécanisme de l'intensification des affects se trouve encore favorisé par quelques autres influences émanant de la foule. La foule produit sur l'individu isolé une impression de puissance illimitée et de danger invincible. Elle a pris pour un instant la place de l'ensemble de la société humaine, qui est porteuse de l'autorité, dont on a redouté les punitions, et pour l'amour de qui on s'est soumis à tant d'inhibitions. Il est manifestement dangereux de se mettre en contradiction avec elle, et l'on est en sécurité lorsque l'on suit l'exemple qui s'offre partout à la ronde, donc éventuellement même lorsqu'on « hurle avec les loups ». Dans l'obéissance à la nouvelle autorité, on a le droit d'interrompre l'activité de sa « conscience » antérieure en cédant aux appâts du gain de plaisir auquel on parvient à coup sûr en supprimant ses inhibitions. Il n'est donc au total pas si étrange de voir l'individu isolé faire ou approuver dans la foule des choses dont il se détournerait dans ses conditions de vie habituelles, et nous pouvons même nourrir l'espoir de lever de cette manière une partie de l'obscurité que l'on a coutume de couvrir du terme énigmatique de « suggestion ».

La proposition selon laquelle il y aurait, dans la foule, inhibition intellectuelle collective n'est pas non plus contredite par Mc Dougall. (p. 41) Ce sont, dit-il, les intelligences moindres qui rabaissent à leur niveau les plus grandes. Ces dernières sont inhibées dans leur activité parce que l'intensification de l'affectivité crée des conditions totalement défavorables à un travail correct de l'esprit, de plus parce que les individus isolés sont intimidés par la foule et que leur réflexion n'est pas libre, et enfin parce que chez chaque individu isolé la conscience de la responsabilité de ce qu'il fait se trouve diminuée.

Le jugement d'ensemble sur l'activité psychique d'une foule simple, « inorganisée », n'est pas plus bienveillant chez Mc Dougall que chez Le Bon. Une telle foule est (p. 45) à un degré extrême excitable, impulsive, passionnée, versatile, inconséquente, irrésolue et, ainsi, prête aux extrêmes dans ses actes, accessible seulement aux passions plutôt grossières et aux sentiments plutôt simples, extraordinairement suggestible, légère dans ses raisonnements, violente dans ses jugements, réceptive uniquement aux conclusions et aux arguments les plus simples et les plus défectueux, facile à mener et à ébranler, sans conscience de soi, sans respect de soi ni sentiment de responsabilité, mais prête à se laisser entraîner par la conscience de sa force à tous les forfaits que nous ne pouvons attendre que d'une puissance absolue et irresponsable. Elle se comporte plutôt comme un enfant mal élevé ou comme un sauvage livré sans contrôle à ses passions dans une situation qui lui est étrangère ; dans les cas les plus graves sa conduite est celle d'une bande, plutôt de bêtes sauvages que d'êtres humains.

Comme Mc Dougall oppose le comportement des foules hautement organisées à celui que nous venons de décrire, nous sommes particulièrement impatients d'apprendre en quoi cette organisation consiste, et de quels éléments elle se constitue. L'auteur énumère cinq de ces «*principal conditions**», nécessaires pour que s'élève à un niveau supérieur la vie psychique de la foule.

La première condition fondamentale est un certain degré de continuité dans la composition de la foule. Cette continuité peut être matérielle ou formelle; matérielle, quand les mêmes personnes demeurent en foule un temps assez long; formelle, quand à l'intérieur de la foule s'instaurent des positions déterminées assignées à des personnes qui se relaient.

La deuxième est que se soit formée en chaque individu de la foule une représentation déterminée de la nature, de la fonction, des réalisations et des exigences de la foule, de sorte qu'il en résulte pour lui un rapport affectif à l'ensemble de la foule.

La troisième est que la foule soit mise en rapport avec d'autres formations de foules semblables à elle, mais pourtant s'écartant d'elle sur plusieurs points, et que, par exemple, elle rivalise avec celles-ci.

La quatrième est que la foule possède des traditions, des coutumes et des institutions, en particulier de celles qui concernent les relations réciproques de ses membres.

La cinquième est qu'il y ait dans la foule une organisation qui s'exprime dans la spécialisation et la différenciation de l'activité qui échoit à l'individu.

Lorsque ces conditions sont remplies, les inconvénients psychiques de la formation en foule sont,

---

* En anglais dans le texte.

d'après Mc Dougall, supprimées. On se protège contre le rabaissement collectif du rendement intellectuel en retirant à la foule le soin de résoudre les tâches intellectuelles et en le réservant à des individus isolés qui s'y trouvent.

Il nous semble que la modalité désignée par Mc Dougall comme « organisation » de la foule peut se décrire autrement de façon plus justifiée. Il s'agit de doter la foule des propriétés mêmes qui étaient caractéristiques de l'individu et qui s'effacèrent chez lui du fait de la formation de foule. Car l'individu avait — en dehors de la foule primitive — sa continuité, sa conscience de soi, ses traditions et habitudes, une activité laborieuse et une place qui lui étaient propres, et il se tenait isolé des autres avec lesquels il rivalisait. Cette singularité, il l'avait perdue pour un temps en entrant dans la foule non « organisée ». Si donc l'on se donne pour but de parer la foule des attributs de l'individu, on se souviendra de la remarque profonde de M. Trotter[4] qui voit dans la tendance à la formation en foule une continuation biologique de la pluricellularité des organismes supérieurs[5].

---

4. *Instincts of the Herd in Peace and War* (*Instincts grégaires dans la paix et la guerre*), Londres, 1916.
5. Contrairement à une critique, par ailleurs fort intelligente et perspicace, de Hans Kelsen (*Imago* VII/2, 1922), je ne peux admettre que parer ainsi d'une organisation « l'âme de la foule » signifie qu'on hypostasie celle-ci, c'est-à-dire qu'on lui reconnaisse une indépendance par rapport aux processus psychiques de l'individu.

4

Suggestion et libido

Nous sommes partis du fait fondamental qu'un individu isolé, au sein d'une foule, subit, sous l'influence de celle-ci, une modification de son activité psychique, à un niveau souvent profond. Son affectivité est extraordinairement exaltée, son rendement intellectuel est notablement limité, les deux processus étant manifestement orientés vers une assimilation aux autres individus de la foule ; résultat qui ne peut être obtenu que par la levée des inhibitions pulsionnelles propres à chaque individu isolé, et par le renoncement à une réalisation de ses tendances, qui lui est particulière. Nous avons vu que ces effets, souvent non désirés, sont éclipsés, au moins partiellement, par une « organisation » supérieure des foules, mais on n'a pas pour autant contesté le fait fondamental de la psychologie des foules, à savoir les deux axiomes de l'exaltation des affects et de l'inhibition de la pensée dans la foule primitive. Ce qui nous intéresse dès lors, c'est de trouver l'explication psychologique de cette transformation psychique de l'individu dans la foule.

Des facteurs rationnels, telle l'intimidation de l'individu isolé, précédemment mentionnée, c'est-à-dire l'action de sa pulsion d'autoconservation, ne rendent manifestement pas compte des phénomènes à observer. Ce qui nous est habituellement offert comme explication par les auteurs traitant de sociologie et de psychologie des foules, c'est toujours la même chose, quoique sous des noms changeants : le mot magique de *suggestion*.

Chez Tarde, elle s'appelait imitation, mais nous ne pouvons que donner raison à un auteur qui nous objecte que l'imitation rentre dans le concept de suggestion et en est justement une conséquence[1]. Tout ce qui déconcerte dans les manifestations sociales se trouvait chez Le Bon ramené à deux facteurs, la suggestion réciproque des individus isolés et le prestige des meneurs. Mais le prestige à son tour ne s'exprime que dans l'action d'engendrer la suggestion. Chez Mc Dougall nous avons pu avoir un moment l'impression que son principe de l'« induction affective primaire » rendait superflue l'hypothèse de la suggestion. Mais en allant plus avant dans la réflexion, force nous est bien de reconnaître que ce principe ne traduit rien d'autre que les affirmations connues relatives à l'« imitation » ou à la « contagion », si ce n'est qu'il met délibérément l'accent sur le facteur affectif. Qu'il existe en nous, lorsque nous percevons chez un autre le signe d'un état affectif, cette tendance à s'abandonner au même affect, est incontestable ; mais combien de fois nous arrive-t-il de lui résister avec succès, de rejeter l'affect et de réagir d'une manière diamétralement opposée ? Pourquoi donc au sein de la foule cédons-nous régulièrement à cette contagion ? On sera de nouveau contraint de dire que c'est l'influence suggestive de la foule qui nous oblige à obéir à cette tendance à l'imitation et qui induit en nous l'affect. Du reste, chez Mc Dougall non plus nous n'échapperons pas à

---

[1]. Brugeilles, « L'essence du phénomène social : la suggestion. », Revue philosophique, XXV, 1913.

la suggestion ; nous l'entendons dire comme les autres : les foules se distinguent par une suggestibilité particulière.

On est ainsi préparé à déclarer que la suggestion (plus exactement l'aptitude à être suggestionné) est justement un phénomène originaire qu'on ne peut réduire davantage, un fait fondamental de la vie psychique de l'homme. C'est ce que pensait aussi Bernheim, des étonnants tours d'adresse de qui j'ai été témoin en 1889. Mais je n'ai pas perdu le souvenir d'une sourde hostilité qu'alors j'éprouvais déjà contre cette tyrannie de la suggestion. Lorsqu'un malade, qui ne se montrait pas docile, était apostrophé : que faites-vous donc ? *Vous vous contre-suggestionnez*!* je me disais que c'était là injustice patente et acte de violence. L'homme avait à coup sûr droit aux contre-suggestions lorsqu'on tentait de le soumettre par des suggestions. Ma résistance s'est alors orientée ultérieurement vers la révolte contre le fait que la suggestion, qui expliquerait tout, devrait elle-même être dispensée d'explication. Je répétais à son propos la vieille devinette[2] :

Christophe portait le Christ,
Le Christ portait le monde entier,
Dis-moi où Christophe
À ce moment-là a mis le pied ?**

Christophorus Christum, sed Christus sustulit orbem :
Constiterit pedibus dic ubi Christophorus ?***

---

* En français dans le texte.
2. Konrad Richter, « Der deutsche St. Christoph » (« Le Saint Christophe allemand »), Berlin, 1896. *Acta Germanica*, V, I.
** Christoph trug Christum,
Christus trug die ganze Welt,
Sag', wo hat Christoph
Damals hin den Fuss gestellt ?
*** En latin dans le texte.

Si maintenant, après m'être tenu à distance pendant quelque trente ans, j'aborde à nouveau l'énigme de la suggestion, je trouve que rien n'y a changé. Qu'il me soit permis, en affirmant cela, de faire abstraction d'une seule exception qui, justement atteste l'influence de la psychanalyse. Je vois que l'on s'efforce en particulier de formuler correctement la notion de suggestion, de fixer[3] les conventions d'emploi de ce nom, et ce n'est pas superflu, car le mot est exposé à un usage de plus en plus large, allant avec une signification relâchée, et il désignera bientôt la première influence venue, comme en anglais où «*to suggest, suggestion**» correspond à notre «Nahelegen» et à notre «Anregung**». Mais, sur la nature de la suggestion, c'est-à-dire sur les conditions dans lesquelles se produisent des influences sans fondement logique suffisant, la lumière ne s'est pas faite. Je ne me soustrairais pas à la tâche de corroborer cette affirmation en analysant la littérature de ces trente dernières années; je m'en abstiens pourtant, sachant que dans mon entourage on entreprend une recherche détaillée qui s'est justement fixé cette tâche[4].

Au lieu de cela je vais tenter, pour éclairer la psychologie des foules, de recourir au concept de *libido* qui nous a rendu de si bons services dans l'étude des psychonévroses.

Libido est un terme emprunté à la théorie de l'af-

---

3. Ainsi Mc Dougall dans le *Journal of Neurology and Psychopathology*, vol. 1, nº 1, mai 1920 : «A note on suggestion» (Une note sur la suggestion).

* En anglais dans le texte.

** *Nahelegen :* recommander, suggérer ; *Anregung :* incitation, suggestion.

4. [Additif de 1924 :] Ce travail n'a malheureusement pas été réalisé.

fectivité. Nous désignons ainsi l'énergie, considérée comme grandeur quantitative — quoique pour l'instant non mesurable —, de ces pulsions qui ont affaire avec tout ce que nous résumons sous le nom d'amour. Le noyau que nous avons désigné sous ce nom d'amour est formé naturellement par ce qu'on appelle d'ordinaire amour et que chantent les poètes, l'amour entre les sexes, avec pour but l'union sexuelle. Mais nous n'en dissocions pas ce qui, outre cela, relève du mot amour, ni d'une part l'amour de soi, ni d'autre part l'amour filial et parental, l'amitié et l'amour des hommes en général, ni même l'attachement à des objets concrets et à des idées abstraites. Notre justification réside en ceci que la recherche psychanalytique nous a appris : toutes ces tendances sont l'expression des mêmes motions pulsionnelles qui dans les relations entre les sexes poussent à l'union sexuelle, et qui dans d'autres cas sont certes détournées de ce but sexuel ou empêchées de l'atteindre, mais qui n'en conservent pas moins assez de leur nature originelle pour garder une identité bien reconnaissable (sacrifice de soi, tendance à se rapprocher).

Nous pensons donc que la langue a créé avec le mot « amour », dans ses multiples acceptions, une synthèse parfaitement justifiée et que nous ne pouvons rien faire de mieux que de la prendre également pour base de nos discussions et exposés scientifiques. Par cette décision, la psychanalyse a déchaîné une tempête d'indignations, comme si elle s'était rendue coupable d'une innovation sacrilège. Et pourtant, avec cette conception « élargie » de l'amour, la psychanalyse n'a rien créé d'original. L'« Éros » du philosophe Platon coïncide parfaitement, dans son origine, ses réalisations et son rapport à l'amour entre les sexes, avec l'énergie amoureuse, la libido de la psychanalyse, ainsi que Nachmansohn et Pfister l'ont montré dans le détail[5], et lorsque l'apôtre Paul dans la célèbre épître aux Corinthiens glorifie l'amour par-dessus toute chose, il l'a certainement compris dans le même sens « élargi »[6], d'où la seule leçon à tirer est que les hommes ne prennent pas toujours au sérieux leurs grands penseurs, même s'ils sont censés les admirer beaucoup.

Ces pulsions amoureuses sont donc appelées en psychanalyse pulsions sexuelles, *a potiori* et de par leur origine. La majorité des gens « cultivés » ont ressenti cette dénomination comme une offense et s'en sont vengés en lançant à la psychanalyse le reproche de « pansexualisme ». Qui tient la sexualité pour quelque chose de honteux et d'avilissant pour la nature humaine est bien libre de se servir des termes plus distingués d'Éros et d'érotisme. J'aurais pu moi-même procéder ainsi au départ et me serais épargné beaucoup d'opposition. Mais j'y répugnai, car j'évite volontiers de faire des concessions à la pusillanimité. On ne peut savoir où cette voie nous mène ; on cède d'abord en paroles et puis peu à peu aussi en fait. Je ne puis trouver qu'il y ait le moindre mérite à avoir honte de la sexualité ; le mot grec Éros qui est censé atténuer l'affront, n'est tout compte fait rien d'autre que la traduction de notre mot allemand *Liebe* (amour), et, finalement, qui sait attendre n'a besoin de faire aucune concession.

Nous allons donc maintenant risquer l'hypothèse que les relations amoureuses (en termes neutres :

---

5. Nachmansohn, « Freuds Libidotheorie verglichen mit der Eroslehre Platos » (« La théorie freudienne de la libido comparée à la théorie platonicienne de l'Éros »). *Intern. Zeitschr. f. Psychoanalyse*, III, 1915 ; Pfister, *idem*, VII, 1921.

6. « Quand je parlerais les langues des hommes et des anges, si je n'ai pas l'amour, je ne suis qu'airain qui sonne et cymbale qui retentit », et la suite.

liens sentimentaux) constituent également l'essence de l'âme des foules. Rappelons-nous qu'il n'est pas question de ces relations chez nos auteurs. Ce qui y correspondrait est manifestement dissimulé derrière l'écran, le paravent de la suggestion. C'est sur deux brèves réflexions que nous fonderons d'abord nos espoirs. Premièrement, que la foule doit manifestement sa cohésion à un pouvoir quelconque. Mais à quel pouvoir pourrait-on attribuer cet exploit si ce n'est à l'Éros à qui le monde entier doit sa cohésion ? Deuxièmement, qu'on a l'impression que, si l'individu isolé dans la foule abandonne sa singularité et se laisse suggestionner par les autres, il le fait parce que le besoin existe en lui d'être avec eux en accord, plutôt qu'en opposition, et donc peut-être après tout de le faire « pour l'amour d'eux ».

perdre son individualité en voulant s'intégrer dans un groupe.

5

Deux foules artificielles : l'église et l'armée

Rappelons-nous, en partant de la morphologie des foules, que l'on peut distinguer des formes très différentes de foules et des directions opposées quant à leur développement. Il y a des foules très passagères et d'autres éminemment durables ; il en est d'homogènes qui se composent d'individus semblables, et de non homogènes ; il y a des foules naturelles et des foules artificielles dont la cohésion requiert en plus une contrainte extérieure ; des foules primitives et des foules structurées hautement organisées. Mais, pour des raisons non encore percées à jour, nous aimerions mettre un accent particulier sur une distinction qui a été plutôt négligée par nos auteurs ; je veux dire la distinction entre foules sans meneur et celles avec meneur. Et tout à l'opposé de la procédure habituelle, notre investigation ne choisira pas comme point de départ une formation en, foule relativement simple, mais au contraire elle partira de foules hautement organisées, durables et artificielles. Les exemples les plus intéressants de telles formations sont l'Église, la communauté des croyants, et l'Armée, la foule militaire.

Église et Armée sont des foules artificielles, c'est-à-dire qu'une certaine contrainte extérieure est mise en œuvre pour les préserver de la dissolution[1] et éviter des modifications quant à leur structure. En général, on entre dans une telle foule sans être consulté ou sans avoir le loisir de dire si on le veut — la tentative d'en sortir entraîne habituellement des poursuites ou des sanctions sévères ou bien est soumise à des conditions bien déterminées. Savoir pourquoi ces groupements sociaux ont besoin de garanties si particulières ne retient, présentement, pas du tout notre intérêt. Nous sommes attirés uniquement par le fait que, dans ces foules hautement organisées et protégées de la sorte contre la désagrégation, on reconnaisse avec une grande netteté certains caractères qui, dans d'autres, sont beaucoup plus camouflés.

Dans l'Église — nous pouvons avantageusement prendre pour modèle l'Église catholique — prévaut, comme dans l'Armée, aussi différentes qu'elles puissent être par ailleurs, le même mirage (illusion) qu'un chef suprême est là — dans l'Église catholique le Christ, dans l'armée le commandant en chef — qui aime tous les individus de la foule d'un égal amour. De cette illusion, tout dépend ; si on la laissait s'effondrer, l'Église comme l'Armée se désagrégeraient aussitôt, dans la mesure où la contrainte extérieure le permettrait. Cet amour égal est expressément affirmé par le Christ lui-même : ce que vous avez fait à l'un de ces plus petits d'entre mes frères, c'est à moi que vous l'avez fait*. Il se trouve, par rapport aux individus de la foule des fidèles, dans la position d'un frère aîné plein de bonté, il est pour eux un substitut paternel. Toutes les exigences imposées aux

---

1. Dans les foules, les attributs « stable » et « artificiel » semblent coïncider ou au moins dépendre intimement l'un de l'autre. [Note de bas de page ajoutée en 1923.]

* Évangile selon saint Matthieu, chapitre 25, verset 40.

individus isolés découlent de cet amour du Christ. Un courant démocratique parcourt l'Église, justement parce que devant le Christ tous sont égaux, tous ont part égale à son amour. Ce n'est pas sans raison profonde que l'on évoque l'analogie de la communauté chrétienne avec une famille et que les fidèles s'appellent frères dans le Christ, c'est-à-dire frères par l'amour que le Christ a pour eux. Il est indubitable que le lien unissant chaque individu isolé au Christ est également la cause de leurs liens mutuels. Il en va pareillement pour l'Armée ; le commandant en chef est le père, qui aime tous ses soldats également, et c'est pourquoi ils sont camarades entre eux. L'Armée se distingue structuralement de l'Église en ce qu'elle se compose d'une pyramide de foules de ce type. Chaque capitaine est en quelque sorte le commandant en chef et le père de sa compagnie, et chaque sous-officier celui de son unité. Certes, une semblable hiérarchie s'est également trouvée constituée dans l'Église, mais elle n'y joue pas le même rôle économique*, puisque l'on est en droit d'attribuer au Christ plus de savoir et de sollicitude à l'endroit des individus isolés qu'à un commandant en chef qui est homme.

À cette conception de la structure libidinale d'une armée, on objectera à bon droit que les idées de patrie, de gloire nationale et autres, qui sont d'une telle importance pour la cohésion de l'armée, n'ont ici trouvé aucune place. La réponse est qu'il s'agit là d'un lien unifiant la foule d'un type autre, beaucoup moins simple, et comme le montrent les exemples des grands conducteurs d'armée, César, Wallenstein, Napoléon, de telles idées ne sont pas indispensables au maintien d'une armée. Du remplacement pos-

---

* C'est-à-dire dans la distribution quantitative des forces psychiques impliquées.

sible du meneur par une Idée qui mène et des rapports entre les deux, il sera brièvement question plus tard. Négliger ce facteur libidinal dans l'Armée, même sachant qu'il n'est pas le seul à agir, semble représenter non seulement un manque dans la théorie mais aussi un danger dans la pratique. Le militarisme prussien, qui était tout autant dénué de psychologie que la science allemande, a dû peut-être en faire l'expérience pendant la Grande Guerre. Les névroses de guerre, qui désagrégèrent l'armée allemande, n'ont-elles pas été reconnues comme étant en grande partie une protestation de l'individu isolé contre le rôle qu'on prétendait lui faire jouer dans l'armée?, et d'après les communications de E. Simmel[2], on est en droit d'affirmer que l'absence de chaleur dans la façon dont les supérieurs traitaient l'homme du peuple venait en tête des motifs de la maladie. S'il avait été mieux tenu compte de cette revendication libidinale, les fantastiques promesses des 14 points du Président américain n'auraient pas si aisément trouvé créance, et le magnifique instrument ne se serait pas brisé entre les mains des stratèges allemands*.

Notons que, dans ces deux foules artificielles, chaque individu isolé est lié libidinalement d'une part au meneur (Christ, commandant en chef), d'autre part aux autres individus de la foule. Savoir quels rapports existent entre ces deux types de liens, s'ils ont même nature et même valeur et comment on pourrait les décrire psychologiquement, c'est ce qu'il

---

2. *Kriegsneurosen und « Psychisches Trauma »* (*Névroses de guerre et « traumatisme psychique »*), Munich, 1918.

* À la demande de Freud, ce paragraphe fut placé en note de bas de page de la traduction anglaise de 1922. Cependant il apparaît dans le texte dans toutes les éditions allemandes avant et après cette date (voir note de l'éditeur de la *Standard Edition*).

nous faut réserver pour une recherche ultérieure. Mais nous pouvons nous permettre dès maintenant un léger reproche envers nos auteurs pour n'avoir pas tenu suffisamment compte de l'importance du meneur pour la psychologie des foules, alors que le choix de notre premier objet de recherche nous a mis en meilleure position. Nous serions tenté de croire que nous sommes sur la bonne voie, celle qui peut éclairer le phénomène capital de la psychologie des foules, l'absence de liberté de l'individu dans la foule. S'il existe pour chaque individu pris isolément un lien affectif aussi riche allant dans deux directions, il ne nous sera pas difficile de faire découler de cette relation la modification et la limitation observées dans sa personnalité.

Que l'essence d'une foule réside dans les liens libidinaux présents en elle, nous en trouvons également un indice dans le phénomène de la panique, qui s'étudie au mieux sur les foules militaires. Une panique apparaît quand une telle foule se désagrège. Ce qui la caractérise, c'est que plus aucun ordre du chef n'est écouté et que chacun se préoccupe de lui-même sans se soucier des autres. Les liens mutuels ont cessé d'être et une angoisse se libère, gigantesque, insensée. Il sera naturellement facile de nous objecter ici encore une fois que c'est bien plutôt l'inverse, en ce sens que l'angoisse s'est tellement accrue qu'elle a pu passer par-dessus tout souci des autres et tout lien. Mc Dougall a même pris (p. 24) le cas de la panique (à vrai dire pas la panique militaire) comme exemple typique d'intensification des affects par contagion (*primary induction*)*, intensification sur laquelle il met l'accent. Mais ce mode d'explication rationnel manque ici bel et bien son but. Ce qui est

---

* En anglais dans le texte.

justement à expliquer, c'est pourquoi l'angoisse est devenue si gigantesque. L'ampleur du danger ne peut être incriminée, car la même armée qui succombe maintenant à la panique peut avoir surmonté irréprochablement des dangers d'une ampleur égale ou supérieure, et c'est justement l'essence de la panique de ne pas être en rapport avec le danger menaçant, d'éclater souvent dans les circonstances les plus anodines. Si l'individu, dans une peur panique, entreprend de se préoccuper de lui-même, il atteste ainsi par là qu'il a saisi que les liens affectifs, qui jusque-là réduisaient pour lui le danger, ont cessé d'être. Maintenant qu'il affronte seul le danger, il lui est assurément loisible de l'estimer plus grand. Ce qui se produit, c'est donc que l'angoisse panique suppose le relâchement de la structure libidinale de la foule et que, à juste titre, elle réagit à celui-ci, et non l'inverse, à savoir que les liens libidinaux de la foule se seraient évanouis sous l'effet de l'angoisse du danger.

Par ces remarques, on ne contredit nullement l'affirmation selon laquelle l'angoisse dans la foule atteint, sous l'effet de l'induction (contagion), des proportions monstrueuses. La conception de Mc Dougall est tout à fait pertinente dans le cas où le danger est réellement grand et où il n'existe dans la foule aucun lien affectif puissant, conditions qui sont réalisées lorsque, par exemple, le feu se déclare dans un théâtre ou un lieu de plaisir. Le cas instructif et utile à nos fins, c'est celui ci-dessus mentionné d'un corps militaire pris de panique alors que le danger n'a pas dépassé la mesure habituelle, fréquemment bien supportée. On ne devra pas s'attendre à ce que l'usage du mot « panique » soit déterminé de façon précise et univoque. Parfois, on désigne ainsi toute angoisse de la foule, d'autres fois tout aussi bien l'angoisse d'un individu isolé lorsqu'elle dépasse toute mesure, souvent le terme semble réservé au cas où l'irruption de l'angoisse n'est pas justifiée par sa cause. Si nous prenons le mot « panique » au sens d'angoisse de la foule nous pouvons établir une analogie qui va loin. L'angoisse de l'individu est provoquée soit par l'ampleur du danger, soit par la suspension des liens affectifs (investissements libidinaux); le dernier cas est celui de l'angoisse névrotique[3]. De même, la panique apparaît quand s'accroît le danger commun à tous ou quand cessent les liens affectifs qui maintiennent la cohésion de la foule, et ce dernier cas est analogue à l'angoisse névrotique (*cf.* à ce propos le texte plein d'idées et quelque peu d'imaginations de Béla V. Felszeghy, Panik und Pankomplex (Panique et complexe de Pan), *Imago*, VI, 1920).

Si, à l'exemple de Mc Dougall (*op. cit.*), on décrit la panique comme l'une des plus évidentes productions du «*group mind** », on aboutit au paradoxe que cette âme des foules s'abolit elle-même dans l'une de ses manifestations les plus frappantes. Il n'y a aucun doute possible que la panique signifie la désagrégation de la foule; elle a pour conséquence de faire cesser les égards que d'habitude les individus se témoignent les uns aux autres.

La cause typique de l'irruption d'une panique est tout à fait semblable à celle qui est représentée dans la parodie que Nestroy fait du drame de Hebbel, *Judith et Holopherne*. Un guerrier s'y écrie : « Le général a perdu la tête », et là-dessus tous les Assyriens prennent la fuite. La perte du meneur, de quelque manière qu'on l'entende, la perplexité dont il est l'objet, font surgir la panique, alors que le danger reste le même ; avec le lien au meneur disparaissent aussi — en règle générale — les liens mutuels

---

3. Voir leçon XXV des *Leçons introductives à la psychanalyse*.
* En anglais dans le texte.

des individus de la foule. La foule se pulvérise comme un flacon de Bologne* dont on a coupé la pointe.

La désagrégation d'une foule religieuse n'est pas si aisée à observer. Récemment, il m'est tombé sous la main un roman anglais de source catholique, recommandé par l'évêque de Londres et intitulé : *When it was dark***, qui dépeignait avec habileté et, selon moi, avec pertinence, une semblable éventualité et ses conséquences. Le roman raconte, comme au présent, qu'une conjuration des ennemis de la personne du Christ et de la foi chrétienne réussit à faire découvrir dans Jérusalem une chambre sépulcrale avec une inscription où Joseph d'Arimathie confesse que pour de pieux motifs, il a secrètement retiré de sa tombe le corps du Christ au troisième jour après son inhumation, et l'a enterré en ce lieu. C'en est fini de la résurrection du Christ et de sa nature divine et cette découverte archéologique a pour conséquence un ébranlement de la civilisation européenne et une extraordinaire recrudescence des violences et des crimes, qui ne disparaît pas avant qu'ait pu être dévoilé le complot des faussaires.

Ce qui se manifeste dans la désagrégation, ici supposée, de la foule religieuse, ce n'est pas l'angoisse, dont la cause fait défaut, mais des impulsions dénuées de tout égard et hostiles envers les autres personnes, et qui jusque-là n'avaient pu s'extérioriser grâce à l'égal amour du Christ pour tous[4]. Mais sont exclus

---

* Il doit s'agir de « *larme batavique :* goutte de verre trempé, terminée par une pointe très déliée, que l'on produit en laissant tomber du verre liquide dans de l'eau froide. *Les larmes bataviques se pulvérisent quand on en rompt la pointe* » (Larousse du XXe siècle).

** Livre de Guy Thorne (pseudonyme de C. Ranger Gull) qui obtint un très grand succès lors de sa parution en 1903.

4. Voir, à ce propos, l'explication d'un phénomène semblable après la ruine de l'autorité paternelle du souverain, dans P. Federn, *Die Vaterlose Gesellschaft* (*La Société sans père*), Vienne, 1919.

de ce lien, même pendant le règne du Christ, ces individus qui n'appartiennent pas à la communauté de foi, qui ne l'aiment pas lui et que lui n'aime pas ; c'est pourquoi il faut qu'une religion, même si elle s'appelle la religion d'amour, soit dure et sans amour envers ceux qui ne lui appartiennent pas. Au fond, chaque religion est bien une telle religion d'amour pour tous ceux qu'elle englobe et chacune tend vers la cruauté et l'intolérance à l'encontre de ceux qui ne lui appartiennent pas. On n'a pas le droit, aussi difficile que cela soit d'un point de vue personnel, d'en faire vraiment reproche aux croyants ; incroyants et indifférents sont, sur ce point, psychologiquement privilégiés. Que cette intolérance ne se manifeste plus aujourd'hui avec autant de violence et de cruauté qu'aux siècles antérieurs, autorise à peine à conclure à un adoucissement des mœurs des hommes. La cause en est à rechercher bien plutôt dans l'indéniable affaiblissement des sentiments religieux et des liens libidinaux qui en dépendent. Si un autre lien à la foule prend la place du lien religieux, ce à quoi le lien socialiste semble actuellement parvenir, il en résultera la même intolérance envers ceux de l'extérieur qu'au temps des guerres de religion, et si les différences de points de vue dans les sciences pouvaient jamais avoir pour les foules une importance analogue, c'est également pour ce motif que le même résultat se reproduirait.

6

Autres problèmes
et orientations de travail

Nous avons jusqu'ici examiné deux foules artificielles et trouvé qu'elles sont régies par deux sortes de liens affectifs, dont l'un, celui au meneur, semble — pour elles du moins — être plus déterminant que l'autre, celui qui unit les individus de la foule les uns aux autres.

Il y aurait maintenant encore beaucoup à examiner et à décrire dans la morphologie des foules. On devrait partir de la constatation qu'une simple multitude d'hommes n'est pas une foule, aussi longtemps que ces liens ne se sont pas instaurés en elle, mais on devrait concéder que, dans la première multitude humaine venue, la tendance à former une foule psychologique apparaît très facilement. On devrait prêter attention aux foules diverses, plus ou moins stables, qui prennent corps spontanément, étudier les conditions de leur naissance et de leur déclin. Ce qui devrait nous occuper avant tout, c'est la différence entre les foules qui ont un meneur et les foules sans meneur. Les foules avec meneur ne seraient-elles pas les plus primitives et les plus accomplies ; le meneur ne pourrait-il pas, dans les autres, avoir pour substitut une idée, une abstraction, ce vers quoi les foules religieuses, avec leur chef suprême impossible à montrer, font bel et bien la transition ; une tendance commune, un désir partagé par le grand nombre, ne fourniraient-ils pas ce même substitut ? Cette abstraction pourrait à son tour s'incarner plus ou moins parfaitement dans la personne d'un meneur, en quelque sorte secondaire, et il résulterait de la relation entre idée et meneur d'intéressantes combinaisons. Le meneur ou l'idée menante pourraient aussi, pour ainsi dire, devenir négatifs ; la haine envers une personne ou une institution déterminées pourrait tout aussi bien avoir une action unificatrice et susciter les mêmes liens affectifs que l'attachement positif. La question est alors de savoir si le meneur est réellement indispensable à l'essence de la foule et autres choses encore.

Mais toutes ces questions, même si elles ont été, pour une part, traitées dans la littérature relative à la psychologie des foules, ne sauraient détourner notre intérêt des problèmes psychologiques fondamentaux qui se présentent à nous dans la structure d'une foule. Nous sommes tout d'abord tenu par une considération qui promet de nous apporter, par le plus court chemin, la preuve que ce sont les liens libidinaux qui caractérisent une foule.

Nous observons comment les hommes, en général, se comportent affectivement les uns envers les autres. D'après la célèbre parabole, de Schopenhauer, des porcs-épics transis, aucun ne supporte de l'autre un rapprochement trop intime[1].

---

1. « Par un froid jour d'hiver, des porcs-épics, en compagnie, se serraient très près les uns des autres pour éviter, grâce à leur chaleur réciproque, de mourir de froid. Bientôt, cependant, ils sentirent leurs piquants réciproques, ce qui de nouveau les éloigna les uns des autres. Mais lorsque le besoin de se réchauffer les amena de nouveau à se rapprocher, ce second mal se renouvela, si bien qu'ils furent ballottés entre les deux souffrances jusqu'à ce qu'ils aient finalement trouvé une distance moyenne leur permettant de tenir au mieux » (*Parerga et Paralipomena*, II, Partie XXXI, Apologues et Paraboles).

Selon le témoignage de la psychanalyse, presque tout rapport affectif intime de quelque durée entre deux personnes — relation conjugale, amicale, parentale et filiale [2] — contient un fond de sentiments négatifs et hostiles, qui n'échappe à la perception que par suite du refoulement. Cela est plus apparent chaque fois qu'un associé se querelle avec son collègue, qu'un subordonné grogne contre son supérieur. La même chose se produit lorsque les gens se réunissent en unités plus importantes. Chaque fois que deux familles s'allient du fait d'un mariage, chacune d'elles se considère, aux dépens de l'autre, comme la meilleure et la plus distinguée. De deux villes voisines, chacune devient la concurrente envieuse de l'autre ; le moindre petit canton jette sur l'autre un regard condescendant. Des groupes ethniques étroitement apparentés se repoussent réciproquement, l'Allemand du Sud ne peut pas sentir l'Allemand du Nord, l'Anglais dit tout le mal possible de l'Écossais, l'Espagnol méprise le Portugais*. Que de plus grandes différences aboutissent à une aversion difficile à surmonter, celle du Gaulois contre le Germain, de l'Aryen contre le Sémite, du blanc contre l'homme de couleur, cela a cessé de nous étonner.

Lorsque l'hostilité se dirige contre des personnes par ailleurs aimées, nous qualifions cela d'ambivalence affective et nous nous expliquons ce cas, d'une manière assurément trop rationnelle, par les multiples occasions de conflits d'intérêts qui se rencontrent justement dans des relations si intimes. Dans les aversions et répulsions qui se manifestent de

---

2. À une exception près peut-être, la relation de la mère au fils, qui, fondée sur le narcissisme, n'est pas perturbée par une rivalité ultérieure et est renforcée par un début de choix d'objet sexuel.

* Sur «le narcissisme des petites différences», voir le chapitre V de *Malaise dans la civilisation*.

façon apparente à l'égard des étrangers qui nous touchent de près, nous pouvons reconnaître l'expression d'un amour de soi, d'un narcissisme, qui aspire à s'affirmer soi-même et se comporte comme si l'existence d'un écart par rapport aux formations individuelles qu'il a développées entraînait une critique de ces dernières et une mise en demeure de les remanier. Pourquoi fallait-il qu'une si grande sensibilité se soit portée sur ces détails de différenciation?, nous ne le savons pas; mais il est indéniable que dans ce comportement des hommes se manifeste une aptitude à la haine, une agressivité, dont l'origine est inconnue, et à laquelle on serait tenté d'attribuer un caractère élémentaire[3].

Mais toute cette intolérance se dissipe, temporairement ou durablement, du fait de la formation en foule et à l'intérieur de la foule. Aussi longtemps que se maintient la formation en foule ou aussi loin qu'elle s'étend, les individus se conduisent comme s'ils étaient uniformes, supportent la singularité de l'autre, se mettent à égalité avec lui et n'éprouvent aucun sentiment de répulsion à son endroit. Une telle limitation du narcissisme ne peut, selon nos vues théoriques, être produite que par un seul facteur, par le lien libidinal à d'autres personnes. L'amour de soi ne trouve de limite que dans l'amour de l'étranger, l'amour envers des objets[4]. On soulèvera aussitôt la question de savoir si la communauté d'intérêts en soi et sans la moindre contribution libidinale ne conduit pas nécessairement à supporter l'autre et à

---

3. Dans une publication récente (1920), «Jenseits des Lustprinzips» («Au-delà du principe de plaisir»), j'ai tenté de relier la polarité aimer-haïr à une opposition postulée entre pulsions de vie et de mort et de poser les pulsions sexuelles comme représentants les plus purs des premières, les pulsions de vie.

4. Voir «Zur Einführung des Narzissmus» («Pour introduire le narcissisme»), 1914, *Ges. Werke*, vol. X.

tenir compte de lui. On préviendra cette objection en répondant que de cette façon-là une limitation durable du narcissisme ne peut vraiment pas se produire, étant donné que cette tolérance ne se maintient pas plus longtemps que le profit immédiat que l'on tire de la collaboration de l'autre. Mais la valeur pratique de ce point de litige est moindre qu'on ne pourrait le penser, car l'expérience a montré que, dans un cas de collaboration, s'établissent régulièrement entre les camarades des liens libidinaux qui prolongent et fixent les relations entre eux bien au-delà du profit. Il se produit dans les relations sociales des hommes exactement ce que la recherche psychanalytique a découvert dans le processus de développement de la libido individuelle. La libido s'étaie sur la satisfaction des grands besoins vitaux et choisit pour ses premiers objets les personnes qui y participent. Et, de même que chez l'individu, de même dans le développement de l'humanité entière, c'est l'amour seul qui a agi comme facteur de civilisation, dans le sens d'un passage de l'égoïsme à l'altruisme. Et d'ailleurs, aussi bien l'amour sexuel pour la femme, avec toutes les contraintes qui en découlaient dans le but de ménager ce qui était agréable à la femme, que l'amour désexualisé pour l'autre homme, amour homosexuel sublimé, qui était lié au travail en commun.

Si donc apparaissent dans la foule des limitations de l'amour de soi narcissique, qui en dehors d'elle n'interviennent pas, cela conduit obligatoirement à penser que l'essence de la formation en foule réside en des liens libidinaux d'une nouvelle sorte entre les membres de la foule.

Mais alors notre intérêt demandera avec insistance de quelle sorte sont ces liens dans la foule. Dans la théorie psychanalytique des névroses, nous nous sommes jusqu'ici presque exclusivement occupé du lien de ces pulsions d'amour à leurs objets, pulsions qui poursuivent encore des buts sexuels directs. De tels buts sexuels, il ne peut manifestement pas être question dans la foule. Nous avons affaire ici à des pulsions d'amour qui, sans pour autant agir avec moins d'énergie, n'en sont pas moins détournées de leurs buts originels. Or nous avons déjà remarqué, dans le cadre de l'investissement d'objet sexuel habituel, des manifestations qui correspondent au détournement de la pulsion de son but sexuel. Nous les avons décrites comme des degrés de l'état amoureux et avons reconnu qu'elles entraînent un certain préjudice pour le moi. C'est à ces manifestations de l'état amoureux que nous allons porter maintenant une attention plus poussée, dans l'attente justifiée de trouver en elles des rapports qui se laissent transférer aux liens dans les foules. Mais par ailleurs nous aimerions savoir si cette sorte d'investissement d'objet, telle que nous la connaissons par la vie sexuelle, représente l'unique type de lien affectif à une autre personne ou s'il nous faut faire encore entrer en ligne de compte d'autres mécanismes semblables. De fait, nous apprenons de la psychanalyse qu'il existe encore d'autres mécanismes de liaison affective, appelés *identifications*, processus insuffisamment connus et difficiles à décrire, dont l'examen va maintenant nous tenir un bon moment éloignés du sujet de la psychologie des foules.

7

L'identification

L'identification est connue de la psychanalyse comme expression première d'un lien affectif à une autre personne. Elle joue un rôle dans la préhistoire du complexe d'Œdipe. Le petit garçon fait montre d'un intérêt particulier pour son père, il voudrait devenir et être comme lui, prendre sa place en tous points. Disons-le tranquillement : il prend son père comme idéal. Ce comportement n'a rien à voir avec une position passive ou féminine envers le père (et en général envers l'homme), il est bien plutôt typiquement masculin. Il est très compatible avec le complexe d'Œdipe qu'il aide à préparer.

Simultanément à cette identification au père, peut-être même antérieurement, le garçon a commencé à effectuer un véritable investissement objectal de la mère selon le type par étayage*. Il présente donc alors deux liens psychologiquement différents, avec la mère un investissement objectal nettement sexuel, avec le père une identification exemplaire. Les deux coexistent un temps sans s'influencer ni se perturber réciproquement. Par suite de l'unification, irrésistible dans sa progression, de la vie psychique, ils finissent par se rencontrer et de cette confluence naît le complexe

---

* Voir le chapitre II de « Pour introduire le narcissisme » (1914).

d'Œdipe normal. Le petit remarque que le père lui fait obstacle auprès de la mère ; son identification au père prend maintenant une tonalité hostile et devient identique au désir de remplacer le père également auprès de la mère. L'identification est d'ailleurs ambivalente dès le début, elle peut tout aussi bien s'orienter vers l'expression de la tendresse que vers le désir d'éviction. Elle se comporte comme un rejeton de la première phase *orale* de l'organisation libidinale dans laquelle on s'incorporait, en mangeant, l'objet convoité et apprécié et ce faisant l'anéantissait en tant que tel. Le cannibale, comme on sait, en reste là. Il aime ses ennemis jusqu'à les dévorer, et il ne dévore pas ceux qu'il ne peut aimer d'une manière ou d'une autre [1].

Le destin de cette identification au père est facilement perdu de vue par la suite. Il peut alors arriver que le complexe d'Œdipe subisse une inversion, que, dans une position féminine, le père soit pris comme l'objet dont les pulsions sexuelles directes attendent leur satisfaction, et l'identification au père est alors devenue le précurseur du lien objectal au père. Cela vaut également, avec les substitutions correspondantes, pour la petite fille*.

Il est facile d'exprimer en une formule la différence entre une telle identification au père et le choix du père comme objet. Dans le premier cas le père est ce qu'on voudrait être, dans le second ce qu'on voudrait *avoir*. Ce qui fait donc la différence, c'est que le

---

[1]. Voir « Drei Abhandlungen zur Sexualtheorie » (« Trois essais sur la théorie de la sexualité ») et Abraham, « Untersuchungen über die früheste prägenitale Entwicklungsstufe der Libido » (« Recherches sur le premier stade de développement prégénital de la libido »), *Internationale Zeitschrift für Psychoanalyse*, IV, 1916, et ses *Klinische Beiträge zur Psychoanalyse* (*Contributions cliniques à la psychanalyse*), Internationale Psychoanalytische Bibliothek, vol. 10, 1921.

* Le complexe d'Œdipe complet, avec ses formes positives et négatives, est discuté dans le chapitre III de « Le Moi et le Ça » (1923).

lien porte sur le sujet ou sur l'objet du moi. C'est pourquoi le premier de ces liens est déjà possible, préalablement à tout choix d'objet. Il est bien plus difficile de donner de cette différence une représentation métapsychologique concrète. On se borne à reconnaître que l'identification aspire à rendre le moi propre semblable à l'autre pris comme « modèle ».

Dans une formation de symptôme névrotique, nous dégageons l'identification d'un contexte plus embrouillé. Que la petite fille, à laquelle nous allons maintenant nous en tenir, contracte le même symptôme douloureux que sa mère, par exemple la même toux déchirante, cela peut se produire par des voies différentes. Ou bien l'identification est celle-là même du complexe d'Œdipe, qui signifie une volonté hostile de se substituer à la mère, et le symptôme exprime l'amour objectal pour le père ; il réalise la substitution à la mère sous l'influence de la conscience de culpabilité : tu as voulu être la mère, maintenant tu l'es, au moins dans la douleur. C'est alors le mécanisme complet de la formation de symptôme hystérique. Ou bien au contraire le symptôme est le même que celui de la personne aimée (ainsi, par exemple, Dora dans le « Fragment d'une analyse d'hystérie » imite la toux du père) ; nous ne pouvons alors décrire la situation qu'ainsi : *l'identification a pris la place du choix d'objet, le choix d'objet a régressé jusqu'à l'identification*. Il a été dit que l'identification est la forme la plus précoce et la plus originaire du lien affectif ; dans les conditions propres à la formation de symptôme, donc du refoulement, et à la suprématie des mécanismes de l'inconscient, il arrive souvent que le choix d'objet redevienne identification, donc que le moi s'approprie les qualités de l'objet. Il est à remarquer que, dans ces identifications, le moi copie une fois la personne non aimée, l'autre fois au contraire la personne aimée. Il ne doit pas non plus nous échapper que l'identification est, les deux fois, partielle, extrêmement limitée, et n'emprunte qu'un seul trait à la personne-objet.

Il y a un troisième cas de formation de symptôme, particulièrement fréquent et significatif, où l'identification fait totalement abstraction du rapport objectal à la personne copiée. Quand, par exemple, l'une des jeunes filles d'un pensionnat vient de recevoir, de celui qu'elle aime en secret, une lettre qui suscite sa jalousie et à laquelle elle réagit par une crise d'hystérie, quelques-unes de ses amies, au courant du fait, vont alors attraper cette crise, comme nous le disons, par la voie de la contagion psychique. Le mécanisme est celui d'une identification fondée sur la capacité ou la volonté de se mettre dans une situation identique. Les autres aimeraient aussi avoir un rapport amoureux secret et, sous l'influence de la conscience de culpabilité, elles acceptent aussi la souffrance qui s'y rattache. Il ne serait pas juste d'affirmer qu'elles s'approprient le symptôme par compassion. Au contraire, la compassion naît seulement de l'identification, et la preuve en est qu'une telle contagion ou imitation s'instaure également dans des circonstances où l'on admet, entre les deux personnes, une sympathie préexistante bien moindre que celle qui s'établit habituellement entre des amies de pension. L'un des moi a perçu chez l'autre une analogie significative en un point, dans notre exemple la même disponibilité affective ; il se forme là-dessus une identification en ce point et, sous l'influence de la situation pathogène, cette identification se déplace sur le symptôme que l'un des moi a produit. L'identification par le symptôme devient ainsi l'indice d'un lieu de coïncidence des deux moi, lieu qui doit être maintenu refoulé.

Ce que nous enseignent ces trois sources, nous pouvons le résumer comme suit : premièrement, l'identification est la forme la plus originaire du lien affectif à un objet ; deuxièmement, par voie régressive, elle devient le substitut d'un lien objectal libidinal, en quelque sorte par introjection de l'objet dans le moi ; et troisièmement, elle peut naître chaque fois qu'est perçue à nouveau une certaine communauté avec une personne qui n'est pas objet des pulsions sexuelles. Plus cette communauté est significative, plus cette identification partielle doit pouvoir réussir et correspondre ainsi au début d'un nouveau lien.

Nous avons déjà pressenti que le lien réciproque entre les individus de la foule est de même nature que cette identification née d'une communauté affective importante, et nous pouvons supposer que cette communauté réside dans le type de lien qui rattache au meneur. Un autre pressentiment nous porte à dire que nous sommes bien loin d'avoir épuisé le problème de l'identification et que nous nous trouvons devant le processus, appelé empathie par la psychologie, qui prend la plus grande part à notre compréhension de ce qu'il y a d'étranger à notre moi chez d'autres personnes. Mais nous voulons nous limiter ici aux effets affectifs les plus immédiats de l'identification et également laisser de côté sa signification pour notre vie intellectuelle.

La recherche psychanalytique qui, à l'occasion, s'est déjà aussi attaquée au problème plus difficile des psychoses, a pu nous faire voir également l'identification dans quelques autres cas qui sont loin d'être aisément accessibles à notre compréhension. Je vais traiter en détail deux de ces cas qui seront la matière de nos réflexions ultérieures.

La genèse de l'homosexualité masculine est dans un grand nombre de cas la suivante* : le jeune homme a

---

* Voir le chapitre III de l'étude de Freud sur Léonard de Vinci (1910), ainsi que « Sur la psychogenèse d'un cas d'homosexualité féminine » (1920) et « Sur quelques mécanismes névrotiques dans la jalousie, la paranoïa et l'homosexualité » (1922).

été fixé à sa mère, au sens du complexe d'Œdipe, d'une manière inhabituellement longue et intense. Mais vient enfin, la puberté une fois achevée, le temps d'échanger la mère contre un autre objet sexuel. Il se produit alors un retournement soudain ; l'adolescent n'abandonne pas sa mère mais s'identifie à elle, se transforme en elle et recherche maintenant des objets qui puissent remplacer pour lui son propre moi et qu'il puisse aimer et choyer, comme il en avait fait l'expérience grâce à sa mère. C'est un processus fréquent, qui peut se confirmer à tout moment et ne dépend naturellement en rien de toute hypothèse relative à la force pulsionnelle organique et au motif de cette transformation soudaine. Ce qui est frappant dans cette identification c'est son ampleur, elle transforme le moi dans une partie éminemment importante, dans son caractère sexuel, sur le modèle de l'objet existant jusqu'alors. En même temps, l'objet lui-même est abandonné ; qu'il le soit totalement ou seulement au sens d'un maintien dans l'inconscient, n'entre pas dans notre discussion. L'identification à l'objet abandonné ou perdu, servant de substitut à celui-ci, l'introjection de cet objet dans le moi, n'est certes plus une nouveauté pour nous. Un tel processus peut à l'occasion s'observer directement chez le petit enfant. Récemment a paru dans l'*Internationale Zeitschrift für Psychoanalyse* une observation de ce genre : un enfant, qui était malheureux d'avoir perdu son petit chat, déclara sans hésiter qu'il était maintenant lui-même le petit chat, en vertu de quoi il marchait à quatre pattes, ne voulait pas manger à table, etc[2].

Un autre exemple d'une telle introjection de l'objet nous a été donné par l'analyse de la mélancolie*,

2. « Markuszewicz, Beitrag zum autistischen Denken bei Kindern » (« Contribution à la pensée autistique chez les enfants »), *Internationale Zeitschrift für Psychoanalyse*, VI, 1920.

* Freud utilise habituellement le terme de « mélancolies pour des états » qui, aujourd'hui, seraient appelés « dépression ».

laquelle affection compte bien la perte réelle ou affective de l'objet aimé au nombre de ses causes les plus frappantes. Un caractère essentiel de ces cas est la cruelle autodépréciation du moi, en liaison avec une impitoyable autocritique et d'amers autoreproches. Des analyses ont mis en évidence que cette appréciation et ces reproches concernent au fond l'objet et figurent la vengeance exercée par le moi sur cet objet. L'ombre de l'objet est tombée sur le moi, ai-je dit autre part[3]. L'introjection de l'objet est ici d'une netteté indéniable.

Mais ces mélancolies nous montrent encore quelque chose d'autre qui peut prendre de l'importance pour nos considérations ultérieures. Elles nous montrent le moi partagé, coupé en deux, une des parties se déchaînant contre l'autre. Cette autre est la partie modifiée par introjection, celle qui inclut l'objet perdu. Mais la partie qui exerce une activité si cruelle ne nous est pas non plus inconnue. Elle inclut la conscience, instance critique dans le moi, qui même dans les périodes normales s'est opposée au moi par sa critique, jamais toutefois si inexorablement ni si injustement. Nous avons déjà dû, en d'autres occasions (*Narcissisme, Deuil et mélancolie*), faire l'hypothèse que se développe dans notre moi une telle instance qui peut se dissocier de l'autre moi et s'engager dans des conflits avec lui. Nous l'avons appelée « idéal du moi » et lui avons attribué comme fonctions l'auto-observation, la conscience morale, la censure onirique et l'exercice de l'influence essentielle lors du refoulement. Nous avons dit qu'elle était l'héritière du narcissisme originaire, au sein duquel le moi de l'enfant se suffisait à lui-même. Progressivement, elle adoptait,

---

3. *Trauer und Melancholie (Deuil et mélancolie)*. Sammlung Kleiner Schriften zur Neurosenlehre, IV, Folge, 1918 (*Ges. Werke*, vol. X).

du fait des influences de l'environnement, les exigences que celui-ci posait au moi et auxquelles le moi ne pouvait pas toujours répondre, si bien que l'homme, là où il ne peut être satisfait de son propre moi, pouvait tout de même trouver sa satisfaction dans un idéal du moi différencié du moi. Dans le délire où l'on se croit observé, nous avons constaté par ailleurs que la désagrégation de cette instance devient manifeste et qu'en même temps se dévoile sa naissance à partir des influences des autorités, avant tout des parents[4]. Mais nous n'avons pas oublié d'indiquer que le degré d'éloignement de cet idéal du moi par rapport au moi est très variable d'un individu à l'autre, et que chez beaucoup cette différenciation à l'intérieur du moi ne va pas plus loin que chez l'enfant.

Mais avant de pouvoir faire servir cette matière à la compréhension de l'organisation libidinale d'une foule, il nous faut encore prendre en considération quelques autres relations réciproques entre objet et moi[5].

---

4. «Zur Einführung des Narzissmus» («Pour introduire le narcissisme»), *op. cit.*
5. Nous savons très bien que, avec ces exemples empruntés à la pathologie, nous n'avons pas épuisé l'essence de l'identification et qu'ainsi nous avons laissé intacte une part de l'énigme de la formation en foule. Il faudrait qu'intervienne ici une analyse psychologique plus profonde et ayant plus d'ampleur. Partant de l'identification, une voie mène, par l'imitation, à l'empathie, c'est-à-dire à la compréhension du mécanisme qui seul nous rend possible une prise de position à l'égard d'une autre vie psychique. Même dans les manifestations d'une identification existante il y a encore beaucoup à élucider. Elle a, entre autres, comme conséquence qu'on limite l'agression contre la personne à laquelle on s'est identifié, qu'on la ménage et qu'on lui apporte de l'aide. L'étude de telles identifications, comme celles par exemple qui sont à la base de la communauté de clan, a conduit Robertson Smith à ce résultat surprenant qu'elles reposent sur la reconnaissance d'une substance commune (*Kinship and Marriage*, 1885) et que par là elles peuvent également être créées par un repas pris en commun. Ce trait permet de relier une telle identification à l'histoire primitive de la famille humaine, construite par moi dans *Totem et Tabou*.

8
État amoureux et hypnose

L'usage de la langue reste, même dans ses caprices, fidèle à une certaine réalité. C'est ainsi qu'il a beau nommer « amour » des relations sentimentales très diverses, que nous aussi regroupons, du point de vue théorique, comme étant de l'amour, il ne s'en remet pas moins à douter que cet amour soit l'amour véritable, authentique, réel, et montre ainsi qu'il y a, au sein des phénomènes amoureux, toute une échelle de possibilités. Il ne nous sera pas non plus difficile de retrouver cette même échelle au cours de notre observation.

Dans un grand nombre de cas, l'état amoureux n'est rien d'autre que de l'investissement d'objet provenant des pulsions sexuelles en vue de la satisfaction sexuelle directe, investissement qui d'ailleurs disparaît lorsque le but est atteint ; c'est ce qu'on nomme l'amour commun, sensuel. Mais, comme on sait, la situation libidinale demeure rarement aussi simple. La certitude de pouvoir compter sur le réveil du besoin qui vient de disparaître, doit bien avoir été le motif premier pour réaliser sur l'objet sexuel un investissement durable, et pour l'« aimer » aussi dans les intervalles libres de désir.

Il vient s'ajouter un deuxième facteur tiré de la très remarquable histoire du développement de la vie amoureuse de l'homme. Dans la première phase, le plus souvent déjà achevée à cinq ans, l'enfant avait trouvé dans l'un des deux parents un premier objet d'amour sur lequel s'étaient réunies toutes ses pulsions sexuelles exigeant satisfaction. Le refoulement survenant alors imposa le renoncement à la plupart de ces buts sexuels infantiles et laissa derrière lui une modification profonde du rapport aux parents. L'enfant resta désormais attaché aux parents, mais avec des pulsions qu'il faut appeler « inhibées quant au but ». Les sentiments qu'il éprouve dorénavant pour ces personnes aimées sont qualifiés de « tendres ». Il est connu que dans l'inconscient les tendances « sensuelles » précoces subsistent plus ou moins fortement, si bien que, dans un certain sens, se maintient[1] la plénitude du courant originaire.

Avec la puberté, s'installent, comme on sait, des tendances nouvelles et très intenses, orientées vers les buts sexuels directs. Dans des cas défavorables, elles demeurent, en tant que courant sensuel, séparées des orientations sentimentales « tendres » qui perdurent. On a alors sous les yeux l'image dont les deux aspects sont idéalisés avec tant de complaisance par certaines orientations de la littérature. L'homme témoigne de penchants romanesques envers des femmes tenues en haute estime, qui pourtant ne l'incitent pas au commerce amoureux, et il n'est puissant qu'avec d'autres femmes qu'il n'« aime » pas, qu'il estime peu ou même qu'il méprise[2]. Plus fréquemment, cependant, l'adolescent réussit, à un certain degré, la synthèse de l'amour non sensuel, céleste, et de l'amour sensuel, terrestre, et son rap-

---

1. Voir « Théorie de la sexualité », *op. cit.*
2. « Über die allgemeinste Erniedrigung des Liebenslebens » (« Sur le rabaissement le plus habituel de la vie amoureuse »), Sammlung, 4, Folge, 1918 (*Ges. Werke*, vol. VIII).

port à l'objet sexuel se caractérise par l'action conjuguée des pulsions non inhibées et de celles inhibées quant au but. Selon la part que reprennent les pulsions de tendresse, inhibées quant au but, on peut mesurer l'intensité de l'état amoureux opposé au désir purement sexuel.

Dans le cadre de cet état amoureux, nous avons été frappé dès le début par le phénomène de la surestimation sexuelle, par le fait que l'objet aimé jouit d'une certaine liberté au regard de la critique, que toutes ses qualités sont estimées davantage que celles de personnes non aimées ou que du temps où il n'était pas aimé. Lors d'un refoulement tant soit peu efficace ou d'une mise à l'écart des tendances sensuelles, s'installe l'illusion que l'objet est aimé, même sensuellement, à cause de ses avantages psychiques, alors qu'au contraire c'est le contentement sensuel qui doit lui avoir conféré d'abord ces avantages.

Le mouvement qui fausse ici le jugement est celui de *l'idéalisation*. Mais de ce fait il nous est plus facile de nous orienter ; nous reconnaissons que l'objet est traité comme le moi propre, donc que dans l'état amoureux une certaine quantité de libido narcissique déborde sur l'objet*. Dans maintes formes de choix amoureux, il devient même évident que l'objet sert à remplacer un idéal du moi propre, non atteint. On l'aime à cause des perfections auxquelles on a aspiré pour le moi propre et qu'on voudrait maintenant se procurer par ce détour pour satisfaire son narcissisme.

Que la surestimation sexuelle et l'état amoureux continuent de croître et l'interprétation du tableau est de moins en moins contestable. Les tendances poussant à la satisfaction sexuelle directe peuvent

---

* *Cf.* un passage au début du chapitre III de « Pour introduire le narcissisme » (1914).

alors être totalement repoussées, comme il arrive régulièrement par exemple dans l'amour romanesque du jeune homme ; le moi devient de moins en moins exigeant et prétentieux, l'objet de plus en plus magnifique et précieux ; il entre finalement en possession de la totalité de l'amour de soi du moi ; si bien que l'autosacrifice de celui-ci en devient une conséquence naturelle. L'objet a pour ainsi dire absorbé le moi. Des traits d'humanité, de limitation du narcissisme, d'autopréjudice, sont présents dans chaque cas d'état amoureux ; à l'extrême, il n'y a rien d'autre qu'une intensification de ceux-ci qui, du fait du retrait des exigences sensuelles, restent seuls à régner.

Ceci se produit avec une particulière facilité dans le cas d'un amour malheureux, irréalisable, puisque justement lors de chaque satisfaction sexuelle la surestimation sexuelle subit toujours de nouveau une réduction. Simultanément à cet «abandon» du moi à l'objet, abandon qui ne se distingue déjà plus de l'abandon sublimé à une idée abstraite, les fonctions imparties à l'idéal du moi sont totalement défaillantes. La critique, exercée par cette instance, se tait ; tout ce que fait et exige l'objet est bon et irréprochable. La conscience morale ne s'applique à rien de ce qui advient en faveur de l'objet ; dans l'aveuglement de l'amour on devient criminel sans remords. Toute la situation se laisse résumer intégralement en une formule : *l'objet s'est mis à la place de l'idéal du moi*.

La différence entre l'identification et l'état amoureux, dans ses développements extrêmes qu'on appelle fascination, sujétion amoureuse*, est maintenant facile à décrire. Dans le premier cas, le moi s'est enrichi des qualités de l'objet, s'est, selon l'ex-

---

* La «sujétion amoureuse» a été discutée par Freud dans la première partie de son article «Le tabou de la virginité» (1918).

pression de Ferenczi, «introjecté» celui-ci; dans le second cas, il est appauvri, il s'est abandonné à l'objet, a mis celui-ci à la place de son élément constitutif le plus important. Cependant, en y regardant de plus près, on remarque bientôt qu'une telle représentation fait croire à des contrastes qui n'existent pas. Il ne s'agit pas, du point de vue économique, d'appauvrissement ou d'enrichissement, on peut aussi décrire l'état amoureux extrême comme étant celui où le moi se serait introjecté l'objet. C'est peut-être une autre discrimination qui touche davantage à l'essentiel. Dans le cas de l'identification, l'objet s'est perdu ou on y a renoncé; il est alors rétabli dans le moi; le moi se modifie partiellement selon le modèle de l'objet perdu. Dans l'autre cas, l'objet a été conservé et est surinvesti en tant que tel par le moi et aux dépens de celui-ci. Mais cela aussi appelle une réserve. Est-il donc certain que l'identification suppose le renoncement à l'investissement d'objet, ne peut-il y avoir identification, l'objet étant conservé ? Avant que nous nous engagions dans la discussion de cette question épineuse, nous pouvons déjà pressentir que c'est une autre alternative qui rend compte de l'essence des faits, savoir *si l'objet est mis à la place du moi ou de l'idéal du moi*.

Il n'y a manifestement pas loin de l'état amoureux à l'hypnose. Les concordances entre les deux sont évidentes. Même soumission humble, même docilité, même absence de critique envers l'hypnotiseur comme envers l'objet aimé*. Même résorption de l'initiative personnelle ; aucun doute, l'hypnotiseur a pris la place de l'idéal du moi. Simplement, dans l'hypnose les rapports sont encore plus nets et plus

---

* Ce point a déjà été traité par Freud dans une note de bas de page au début des *Trois essais* (1905) et dans son article sur le «Traitement psychique» (1905).

intenses, si bien qu'il conviendrait plutôt d'expliquer l'état amoureux par l'hypnose que l'inverse. L'hypnotiseur est l'objet unique, à côté de lui nul autre objet ne compte. Que le moi vive dans un rêve ce que l'hypnotiseur exige et affirme, nous rappelle que nous avons négligé de mentionner que, parmi les fonctions de l'idéal du moi, il y avait aussi l'exercice de l'épreuve de réalité[3]. Rien d'étonnant à ce que le moi tienne pour réelle une perception, lorsque l'instance psychique à qui incombe habituellement la tâche de l'épreuve de réalité cautionne cette réalité. L'absence totale de tendances à buts sexuels non interdits contribue par ailleurs à l'extrême pureté des phénomènes. La relation hypnotique est un abandon amoureux illimité, la satisfaction sexuelle étant exclue, alors que dans l'état amoureux celle-ci est repoussée pour un temps et demeure à l'arrière-plan à titre de but possible ultérieurement.

Mais d'un autre côté on peut dire aussi que la relation hypnotique est — si cette expression est permise — une formation en foule à deux. L'hypnose n'est pas un bon objet de comparaison avec la formation en foule parce qu'elle est bien plutôt identique à elle. De la structure compliquée de la foule, elle isole pour nous un élément, le comportement de l'individu en foule envers le meneur. L'hypnose s'écarte de la formation en foule par cette limitation du nombre, comme de l'état amoureux par le manque de tendances directement sexuelles. En ce sens elle tient le milieu entre les deux.

---

3. *Cf.* « Metapsychologische Ergänzung zur Traumlehre » (« Complément métapsychologique à la théorie du rêve »). Collection des petits écrits sur la théorie des névroses, suite 4, 1918 (*Ges. Werke*, tome X). Il semble toutefois permis de douter du bien-fondé de cette attribution de fonction, doute qui requiert une discussion approfondie.

Il est intéressant de voir que ce sont justement les tendances sexuelles inhibées quant au but qui aboutissent à des liens aussi durables unissant les hommes entre eux. Mais cela se comprend aisément par le fait qu'elles ne sont pas susceptibles d'une pleine satisfaction, alors que les tendances sexuelles non inhibées éprouvent, par la décharge survenant chaque fois que le but sexuel est atteint, une extraordinaire réduction. L'amour sensuel est destiné à s'éteindre dans la satisfaction ; pour pouvoir durer, il faut qu'il soit pourvu dès le début de composantes purement tendres, c'est-à-dire inhibées quant au but, ou bien qu'il subisse une transformation de ce type.

L'hypnose résoudrait pour nous, sans la moindre difficulté, l'énigme de la constitution libidinale d'une foule, si elle ne comportait encore elle-même des traits qui se soustraient à l'explication rationnelle fournie jusqu'à présent — état amoureux avec exclusion des tendances directement sexuelles. Il y a encore beaucoup de choses en elle dont il faut reconnaître qu'elles sont incomprises, mystiques. Elle comporte en supplément la paralysie née du rapport d'un être surpuissant à un être sans puissance, sans défense, ce qui se rattache en quelque sorte à l'hypnose de frayeur des animaux. La manière dont elle est engendrée, sa relation au sommeil, ne sont pas transparentes, et le choix énigmatique de personnes qui y sont aptes, alors que d'autres la repoussent totalement, renvoie à un facteur encore inconnu, qui se réalise en elle et qui seul peut-être rend possible en elle la pureté des positions libidinales. Autre fait digne de remarque, il est fréquent que la conscience morale de la personne hypnotisée puisse se montrer résistante, même si par ailleurs la suggestion entraîne une pleine docilité. Mais cela peut provenir du fait que, dans l'hypnose telle qu'elle est pratiquée la plupart du temps, un savoir a pu s'être conservé, aux termes duquel il ne s'agit que d'un jeu, d'une reproduction sans vérité d'une autre situation d'une importance vitale bien plus grande.

À la suite des observations précédentes, nous sommes toutefois pleinement préparés à donner la formule de la constitution libidinale d'une foule. Tout au moins d'une foule telle que nous l'avons considérée, qui donc a un meneur, et non d'une foule secondaire qui, par excès d'« organisation », n'a pu acquérir les propriétés d'un individu. *Une telle foule primaire est une somme d'individus, qui ont mis un seul et même objet à la place de leur idéal du moi et se sont en conséquence, dans leur moi, identifiés les uns aux autres.* Ce rapport autorise une représentation graphique.

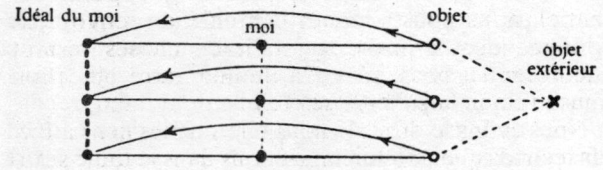

9

La pulsion grégaire

Nous ne nous satisferons que peu de temps de l'illusion d'avoir par cette formule résolu l'énigme de la foule. Nous ne pouvons manquer d'être immédiatement inquiet en nous rappelant que, pour l'essentiel, nous nous sommes contenté de renvoyer à l'énigme de l'hypnose, où tant de choses restent encore en suspens. Et voilà qu'une autre objection nous indique la suite du chemin.

Nous avons le droit de nous dire que les liens affectifs féconds que nous reconnaissons dans la foule suffisent pleinement à expliquer un de ses caractères, le manque d'autonomie et d'initiative chez l'individu pris isolément, l'identité de sa réaction et de celle de tous les autres, pour ainsi dire sa réduction au rang d'individu de foule. Mais la foule, lorsque nous la considérons comme un tout, montre bien davantage ; les signes d'affaiblissement du rendement intellectuel et de désinhibition de l'affectivité, l'incapacité de se modérer et de temporiser, la tendance au dépassement de toutes limites dans l'expression des sentiments et à leur décharge totale dans l'action, ceci et toutes choses analogues, dont nous trouvons chez Le Bon une peinture si impressionnante, donne une image évidente de régression de l'activité psychique à un stade antérieur, comme celle que nous ne sommes pas étonnés de trouver chez les sauvages ou chez les enfants. Une telle régression est inhérente, en particulier, à la nature des foules ordinaires, tandis que, comme nous l'avons vu, elle peut être évitée, pour une large part, chez les foules artificielles, hautement organisées.

Ainsi avons-nous l'impression d'un état dans lequel la motion affective isolée et l'acte intellectuel personnel de l'individu sont trop faibles pour se faire valoir seuls et sont absolument forcés d'attendre que la confirmation leur vienne d'une répétition identique chez les autres. Il nous est rappelé combien de ces phénomènes de dépendance sont inhérents à la constitution normale de la société humaine, combien peu d'originalité et de courage personnel se trouvent en elle, à quel point chaque individu pris isolément est dominé par les attitudes de l'âme des foules, qui se manifestent en tant que singularités raciales, préjugés de classe, opinion publique et autres choses semblables. L'énigme de l'influence de la suggestion s'accroît pour nous si nous avouons qu'une telle influence n'est pas seulement exercée par le meneur mais en outre par chaque individu sur chaque individu, et nous nous faisons le reproche d'avoir mis unilatéralement l'accent sur la relation au meneur, en repoussant injustement l'autre facteur, celui de la suggestion réciproque.

Rappelé de la sorte à la modestie, nous avons tendance à prêter l'oreille à une autre voix qui nous promet une explication sur des bases plus simples. J'en emprunte une au livre intelligent de W. Trotter sur la pulsion grégaire, dont je déplore seulement qu'il ne se soit pas dégagé des antipathies déchaînées par la dernière Grande Guerre[1].

---

[1]. W. Trotter, *Instincts of the Herd in Peace and Wear (Instincts grégaire dans la paix et dans la guerre)*, Londres, 1916, 2e édition.

Trotter fait découler les phénomènes psychiques décrits chez la foule d'un instinct grégaire (*gregariousness**) qui est inné chez l'homme comme chez les autres espèces animales. Cette grégarité est biologiquement une analogie et en quelque sorte une continuation de la pluricellularité et, au sens de la théorie de la libido, une autre manifestation de la tendance d'origine libidinale qu'ont tous les êtres vivants de même espèce à se réunir dans des unités de plus en plus vastes[2]. L'individu se sent incomplet (*incomplete**) quand il est seul. L'angoisse du petit enfant serait déjà une manifestation de cet instinct grégaire. La contradiction avec le troupeau équivaut à une séparation d'avec lui et est de ce fait anxieusement évitée. Mais le troupeau refuse tout ce qui est nouveau, inhabituel. L'instinct grégaire serait quelque chose de primaire, qui ne peut être décomposé davantage (*which cannot be split up**).

Trotter fournit comme liste des pulsions (ou instincts) qu'il donne pour primaires : pulsion d'auto-affirmation, pulsion alimentaire, pulsion sexuelle et pulsion grégaire. La dernière en viendrait souvent à s'opposer aux autres. Conscience de culpabilité et sentiment du devoir seraient les attributs caractéristiques d'un *gregarious animal**. De l'instinct grégaire, Trotter fait découler les forces refoulantes que la psychanalyse a fait voir dans le moi, et par suite, de la même manière, les résistances auxquelles le médecin se heurte lors d'un traitement psychanalytique. Le langage devrait son importance à la propriété qu'il a d'assurer la compréhension réciproque au

---

* En anglais dans le texte.
2. Voir mon essai : «Jenseits des Lustprinzips» («Au-delà du principe de plaisir»), 1920 (*Ges. Werke*, Vol. XIII).

sein du troupeau ; sur lui reposerait en grande partie l'identification des individus les uns aux autres.

De même que Le Bon a essentiellement centré son intérêt sur les formations en foule temporaires caractérisées et Mc Dougall sur les groupements sociaux stables, de même Trotter l'a centré sur les associations les plus générales dans lesquelles vit l'homme, ce ζῶον πολιτικόν*, et dont il a donné le fondement psychologique. Mais pour Trotter point n'est besoin de chercher de quoi dérive la pulsion grégaire, étant donné qu'il la désigne comme primaire et pas davantage dissociable. Sa remarque, selon laquelle Boris Sidis fait dériver la pulsion grégaire de la suggestibilité, est, heureusement pour lui, superflue ; c'est une explication selon un modèle connu et insatisfaisant, et l'inverse de cette proposition, à savoir donc que la suggestibilité est un rejeton de l'instinct grégaire, me semblerait de beaucoup plus éclairante.

Mais à la représentation de Trotter on peut objecter, à plus juste titre encore qu'aux autres, qu'elle tient trop peu compte du rôle du meneur dans la foule, alors que nous tendons plutôt à croire tout au contraire que l'essence de la foule ne saurait être comprise si l'on néglige le meneur. L'instinct grégaire ne laisse absolument aucune place au meneur, celui-ci ne s'ajoute que comme fortuitement au troupeau, le corollaire étant que de cette pulsion aucune voie ne mène au besoin de Dieu ; le pasteur manque au troupeau. Mais en outre on peut saper les fondements de la représentation de Trotter psychologiquement, c'est-à-dire qu'on peut rendre tout au moins vraisemblable que la pulsion grégaire n'est

---

* En grec dans le texte : animal politique (Aristote, *Politique*, 1252, b).

pas indécomposable, n'est pas primaire au sens de la pulsion d'autoconservation et de la pulsion sexuelle.

Il n'est naturellement pas facile de suivre l'ontogenèse de la pulsion grégaire. L'angoisse du petit enfant, quand il est laissé seul, que Trotter revendique déjà comme manifestation de la pulsion, suggère cependant une autre interprétation. Elle concerne la mère, plus tard d'autres intimes, et elle est l'expression d'une nostalgie inassouvie dont l'enfant ne sait encore rien faire d'autre que la transformer en angoisse[3]. L'angoisse du petit enfant délaissé ne s'apaise pas non plus par la vue de n'importe qui d'autre «du troupeau», mais elle est au contraire suscitée par l'apparition d'un de ces «étrangers». De plus, pendant longtemps, on ne remarque chez l'enfant rien d'un instinct grégaire ou d'un sentiment de foule. Un tel sentiment se forme d'abord dans la nurserie aux nombreux enfants, à partir du rapport des enfants à leurs parents, et il se forme en réaction à la jalousie initiale avec laquelle l'aîné accueille le plus jeune. L'aîné des enfants voudrait, c'est certain, refouler jalousement celui qui vient après lui, le tenir à l'écart des parents et le dépouiller de ses droits, mais en présence du fait que cet enfant aussi — comme tous ceux qui suivront — est aimé par les parents d'une égale façon, et par suite de l'impossibilité de persévérer dans son attitude hostile sans dommage personnel, il est contraint à l'identification aux autres enfants et il se forme dans la troupe d'enfants un sentiment de foule ou de communauté qui plus tard connaît à l'école la suite de son développement. La première exigence de cette formation réactionnelle est celle de justice, de traitement égal pour tous. On sait à quel point

---

3. Voir *Vorlesungen zür Einführung in die Psychoanalyse (Introduction à la psychanalyse)*, Leçon XXV sur l'angoisse (*Ges. Werke*, vol. XI).

cette revendication s'exprime à l'école à voix haute et sans concession. Si tant est qu'on ne peut soi-même être le privilégié, qu'au moins aucun de tous les autres ne soit privilégié. On pourrait tenir pour invraisemblable cette transformation, cette substitution, dans la nurserie et la salle de classe, d'un sentiment de foule à la jalousie, si plus tard on n'observait pas de nouveau le même processus en d'autres circonstances. Que l'on pense à la troupe exaltée de femmes et de jeunes filles amoureuses qui se pressent autour du chanteur ou du pianiste qui vient de se produire. Sans doute, en faudrait-il peu à chacune d'entre elles pour être jalouse de l'autre, mais devant leur nombre et l'impossibilité qui y est liée d'atteindre le but de leur sentiment amoureux, elles y renoncent, et au lieu de se prendre aux cheveux les unes les autres, elles agissent comme une foule unie, elles rendent hommage à l'idole dans des actions communes et seraient heureuses, par exemple, de se partager ses boucles de cheveux. Elles ont pu, rivales à l'origine, s'identifier les unes aux autres grâce à cet amour égal pour le même objet. Si une situation pulsionnelle est, comme c'est habituellement le cas, susceptible d'avoir plusieurs issues, nous ne nous étonnerons pas que s'offre précisément l'issue à laquelle est liée la possibilité d'une certaine satisfaction, cependant qu'une autre, même plus proche, fait défaut, parce que les circonstances réelles lui interdisent d'atteindre ce but.

Ce que l'on va trouver plus tard dans la société, agissant comme esprit collectif, *esprit de corps**, etc., ne désavoue pas l'envie originaire dont il découle. Nul ne doit se mettre en avant, chacun doit être et avoir pareil. Justice sociale, cela signifie que l'on se refuse beaucoup de choses à soi-même, afin que les

---

* En français dans le texte.

autres eux aussi soient contraints d'y renoncer ou, ce qui revient au même, qu'ils ne puissent les exiger. Cette exigence d'égalité est la racine de la conscience sociale et du sentiment du devoir. Elle se révèle de façon inattendue dans l'angoisse de contagion chez les syphilitiques, que nous avons appris à comprendre par la psychanalyse. L'angoisse de ces pauvres gens correspond à leur opposition violente au désir inconscient de propager leur infection chez les autres, car pourquoi devraient-ils eux seuls être infectés et exclus de tant de choses et les autres pas ? La belle anecdote du jugement de Salomon a elle aussi la même source. Si l'enfant d'une femme est mort, l'autre ne doit pas en avoir un vivant. C'est à ce désir qu'on reconnaît celle qui a subi la perte.

Le sentiment social repose ainsi sur le retournement d'un sentiment d'abord hostile en un lien à caractère positif, de la nature d'une identification. Pour autant que jusqu'à présent nous puissions comprendre le déroulement des choses, ce retournement semble s'accomplir sous l'influence d'un lien collectif de tendresse avec une personne située en dehors de la foule. À nous non plus notre analyse de l'identification ne nous paraît pas exhaustive ; mais pour ce que nous nous proposons actuellement, il suffit que nous revenions à ce seul et unique point, à savoir qu'est exigée la réalisation conséquente de l'égalisation. Nous avons déjà vu lors de la discussion sur les deux foules artificielles, l'Église et l'Armée, que leur condition préalable est que tous soient aimés d'une manière égale par un seul, le meneur. Mais n'oublions pas maintenant que l'exigence d'égalité de la foule vaut seulement pour ses individus pris isolément et non pour le meneur. Tous ces individus pris isolément doivent être égaux les uns par rapport aux autres, mais tous veulent être dominés par un seul. Beaucoup d'égaux qui peuvent s'identifier les uns aux autres et un seul et unique, supérieur à eux tous, telle est la situation que nous trouvons réalisée dans la foule capable de vivre. Risquons-nous donc à corriger l'affirmation de Trotter : l'homme est un *animal de troupeau**, en disant qu'il serait plutôt un *animal de horde***, être individuel d'une horde menée par un chef.

---

* En allemand : *Herdentier*.
** En allemand : *Hordentier*.

10

La foule et la horde originaire

En 1912, j'ai adopté la supposition de Ch. Darwin selon laquelle la forme originaire de la société humaine serait celle d'une horde soumise à la domination sans limite d'un mâle puissant. J'ai essayé d'exposer que les destins de cette horde ont laissé des traces indestructibles dans l'histoire héréditaire de l'humanité et spécialement que le développement du totémisme, qui inclut des commencements de religion, de moralité, d'organisation sociale, se rattache au meurtre violent du chef et à la transformation de la horde du père en une communauté de frères[1]. Ceci n'est certes qu'une hypothèse comme tant d'autres par lesquelles les historiens de la préhistoire cherchent à éclairer l'obscurité des origines — un critique anglais non dépourvu de gentillesse l'appelait avec esprit une « *just so story* »* — mais je

---

1. *Totem und Tabu*, 1912/1913 dans *Imago* (« Einige Übereinstimmungen im Seelenlebe der Wilden und der Neurotiker ». « Quelques correspondances entre la vie psychique des sauvages et des névrosés »), sous forme de livre 1913, 4ᵉ édition 1925 (*Ges. Werke*, vol. IX).

* En anglais dans le texte. Rappelons que les *Histoires comme ça* de R. Kipling s'intitulent en anglais : *Just so stories* (1902). Dans la 1ʳᵉ édition seulement, apparaît ici le nom de « Kroeger ». C'était évidemment une faute d'impression pour « Kroeber »,

pense que c'est à l'honneur d'une telle hypothèse que d'être à même de créer cohérence et compréhension dans des domaines toujours nouveaux.

Les foules humaines nous montrent, une fois de plus, l'image familière d'un individu isolé, surpuissant au sein d'une bande de compagnons égaux, image également contenue dans notre représentation de la horde originaire. La psychologie de cette foule, telle que nous la connaissons d'après les descriptions souvent mentionnées — disparition de la personnalité individuelle consciente, orientation des pensées et des sentiments dans des directions identiques, prédominance de l'affectivité et du psychisme inconscient, tendance à la réalisation immédiate de desseins qui surgissent — tout cela correspond à un état de régression à une activité psychique primitive, telle qu'on pourrait justement l'assigner à la horde originaire[2].

---

l'anthropologiste américain bien connu. Dans sa première analyse de *Totem et Tabou* (*Amer. Anthropol.*, New Series, 22, 1920, 48), il n'y avait aucune allusion à une «just so story». Celle-ci fut relevée par Kroeber lui-même dans une seconde analyse, près de vingt ans plus tard (*Amer. J. Sociol.*, 45, 1939, 446). La comparaison avec une «just so story» a été faite à l'époque, dans une analyse de *Totem et Tabou*, par l'anthropologiste anglais R. R. Marett dans *The Athenaeum*, Feb., 13, 1920, p. 206.

2. Doit être en particulier valable pour la horde originaire, ce que nous avons précédemment décrit dans l'ensemble des caractéristiques de l'homme. La volonté de l'individu isolé était trop faible, il ne se risquait pas à l'action. Nulle autre impulsion que collective n'aboutissait jamais; il n'y avait qu'une volonté commune, aucune volonté singulière. La représentation n'osait pas se transposer en volonté, lorsqu'elle ne se trouvait pas renforcée par la perception de sa propagation générale. Cette faiblesse de la représentation trouve son explication dans la force de tous les liens affectifs communs; mais l'uniformité des conditions de vie et l'absence de propriété privée contribuent à déterminer chez les individus la conformité des actes psychiques. — Les besoins excrémentiels n'excluent pas non plus, comme on peut l'observer chez les enfants et les soldats, la vie communautaire. La seule

La foule nous apparaît donc comme une reviviscence de la horde originaire. De même que l'homme des origines s'est maintenu virtuellement en chaque individu pris isolément, de même la horde originaire peut se reconstituer à partir de n'importe quel agrégat humain ; dans la mesure où la formation en foule régit habituellement les hommes, nous reconnaissons en elle la persistance de la horde originaire. Nous devons en conclure que la psychologie de la foule est la plus ancienne psychologie de l'homme ; ce que nous avons isolé en tant que psychologie individuelle, en négligeant tous les résidus de foule, ne s'est dégagé que plus tard de l'ancienne psychologie des foules, progressivement, et pour ainsi dire d'une manière qui n'a jamais été que partielle. Nous allons encore nous risquer à indiquer le point de départ de cette évolution.

Une première réflexion nous montre sur quel point cette affirmation appelle une correction. La psychologie individuelle, bien plutôt, est nécessairement tout aussi ancienne que la psychologie des foules, car dès le début il y eut deux sortes de psychologie, celle des individus en foule et celle du père, du chef, du meneur. Les individus de la foule étaient réunis par les mêmes liens que ceux que nous trouvons aujourd'hui, mais le père de la horde originaire était libre. Ses actes intellectuels étaient, même dans leur isolement, forts et indépendants, sa volonté n'avait pas besoin d'être renforcée par celle des autres. En conséquence de quoi nous supposons que son moi avait peu de liens libidinaux, il n'aimait personne en dehors de lui et n'aimait les autres que dans la

---

exception importante est l'acte sexuel, au cours duquel le tiers est pour le moins superflu et, dans le cas extrême, condamné à une pénible attente. Au sujet de la réaction du besoin sexuel (satisfaction génitale) contre la grégarité, voir plus bas.

mesure où ils servaient ses besoins. Son moi ne cédait rien de superflu aux objets.

Au seuil de l'histoire de l'humanité était le *surhomme* que Nietzsche n'attendait que de l'avenir. Aujourd'hui encore les individus en foule ont besoin de l'illusion d'être aimés de manière égale et juste par le meneur, mais le meneur, lui, n'a besoin d'aimer personne d'autre, il a le droit d'être de la nature des maîtres, absolument narcissique, mais sûr de lui et ne dépendant que de lui. Nous savons que l'amour endigue le narcissisme et nous pourrions démontrer comment par cette action il est devenu facteur de civilisation.

Le père originaire de la horde n'était pas encore immortel, comme il le devint plus tard par déification. Quand il mourait, il devait être remplacé ; venait vraisemblablement à sa place un fils, le plus jeune, qui jusqu'alors avait été individu en foule comme un autre. Il faut donc qu'il y ait une possibilité de transformer la psychologie de la foule en psychologie individuelle, il faut qu'une condition soit trouvée sous laquelle une telle transformation s'accomplit aisément, de même qu'il est possible aux abeilles, en cas de besoin, de tirer d'une larve une reine au lieu d'une ouvrière. On ne peut alors se représenter la chose qu'ainsi : le père originaire avait fait obstacle à la satisfaction des tendances sexuelles directes de ses fils ; il les contraignait à faire abstinence et en conséquence à s'attacher affectivement à lui et les uns aux autres par des liens qui pouvaient naître des tendances à but sexuel inhibé. Il les contraignait pour ainsi dire à rentrer dans la psychologie des foules. Sa jalousie et son intolérance sexuelles sont devenues en dernier ressort l'origine de la psychologie des foules[3].

---

3. On peut aussi supposer, par exemple, que les fils chassés, séparés du père, ont franchi le pas qui va de l'identification

À celui qui devenait son successeur était donnée aussi la possibilité de la satisfaction sexuelle et était ouverte la voie permettant d'échapper aux conditions de la psychologie des foules. La fixation de la libido à la femme, la possibilité de satisfaction sans ajournement ni accumulation amenaient la fin de l'importance des tendances sexuelles inhibées quant au but et faisaient s'élever le narcissisme toujours à la même hauteur. Nous reviendrons dans une annexe sur le rapport de l'amour à la formation du caractère.

Montrons encore, ce qui est particulièrement instructif, dans quel rapport à la constitution de la horde originaire se trouve la forme d'organisation au moyen de laquelle — moyens de contrainte exceptés — une foule artificielle se maintient. Dans l'Armée et l'Église, il s'agit, nous l'avons vu, de l'illusion que le meneur aime tous les individus pris isolément d'une manière égale et juste. Mais ceci est exactement la transposition idéaliste des rapports dans la horde originaire, où tous les fils se savaient persécutés de manière égale par le père originaire et le redoutaient de manière égale. Déjà, la forme suivante de la société humaine, le clan totémique, a pour préalable cette transformation sur laquelle sont édifiés tous les devoirs sociaux. La force inaltérable de la famille, en tant que formation naturelle en foule, repose sur le fait que ce préalable nécessaire de l'amour égal du père peut être réellement vrai pour elle.

Mais nous attendons encore plus lorsque nous ramenons la foule à la horde originaire. Cela doit aussi nous rendre plus accessible ce qui reste d'incompris et de mystérieux dans la formation en foule, et qui se cache derrière les mots énigmatiques d'hyp-

---

mutuelle à l'amour objectal homosexuel et acquis ainsi la liberté de tuer le père (voir *Totem et Tabou*, chap. IV).

nose et de suggestion. Et je pense que cela peut effectivement parvenir à ce résultat. Souvenons-nous que l'hypnose a en soi quelque chose de franchement inquiétant ; mais le caractère de l'inquiétant renvoie à quelque chose d'ancien et de bien familier, tombé sous le coup du refoulement[4]. Pensons à la manière dont l'hypnose est induite. L'hypnotiseur affirme être en possession d'un pouvoir mystérieux qui dérobe au sujet sa volonté propre, ou, ce qui revient au même, le sujet croit cela de lui. Ce pouvoir mystérieux — désigné encore souvent sous le nom populaire de magnétisme animal — est nécessairement le même que celui qui est considéré par les primitifs comme la source du tabou, le même que celui qui émane des rois et des chefs de tribus et qui fait qu'il est dangereux de les approcher (Mana). C'est en possession de ce pouvoir que l'hypnotiseur prétend donc être ; et comment le manifeste-t-il ? En invitant la personne à le regarder dans les yeux ; il hypnotise de façon typique par son regard. Mais c'est justement la vue du chef de tribu qui est pour le primitif dangereuse et insupportable, comme plus tard celle de la divinité pour le mortel. Moïse encore doit faire l'intermédiaire entre son peuple et Jéhovah, étant donné que le peuple ne supporterait pas la vue de Dieu et quand il revient, après avoir été en présence de Dieu sa face rayonne, une partie du « Mana » s'est transférée sur lui comme chez l'intermédiaire[5] des primitifs.

On peut toutefois provoquer l'hypnose également par d'autres voies — ce qui induit en erreur et a donné lieu à des théories physiologiques insuffisantes — par exemple en fixant un objet brillant ou en écoutant un bruit monotone. En réalité, ces procédés ne

---

4. « Das Unheimliche » (« L'inquiétante étrangeté »), *Imago*, V, 1919, *Ges. Werke*, vol. XII.
5. Voir *Totem et Tabou* et les sources qui y sont citées.

servent qu'à détourner et à captiver l'attention consciente. La situation est la même que si l'hypnotiseur avait dit à la personne : maintenant occupez-vous exclusivement de ma personne, le reste du monde est totalement inintéressant. Certes, il serait techniquement inadéquat que l'hypnotiseur tînt semblable discours ; par celui-ci le sujet serait arraché de sa position inconsciente et serait incité à la contradiction consciente. Mais alors que l'hypnotiseur évite d'orienter vers ses desseins la pensée consciente du sujet, et que la personne en expérience se plonge dans une activité qui ne peut manquer de lui faire paraître le monde inintéressant, il arrive qu'inconsciemment elle concentre véritablement toute son attention sur l'hypnotiseur et se mette vis-à-vis de lui dans la position du rapport hypnotique, du transfert. Les méthodes indirectes de la mise sous hypnose ont donc pour effet, tout comme de nombreuses techniques du mot d'esprit*, d'empêcher certains partages de l'énergie psychique, qui perturberaient le déroulement du processus inconscient, et elles aboutissent finalement au même but que les influences directes par la fixité du regard et les passes[6].

---

* La distraction de l'attention comme partie de la technique du mot d'esprit est discutée assez longuement dans la dernière moitié du chapitre V du livre de Freud sur le mot d'esprit (1905). Le rôle possible de ce mécanisme dans la « transmission de pensée » est mentionné dans « Psychanalyse et télépathie » (S.E., *18*, p. 184). Mais la première allusion de Freud à cette idée est peut-être dans le chapitre final des *Études sur l'Hystérie* (1895). Au début de la seconde section de ce chapitre, Freud avance le même mécanisme comme explication possible de l'efficacité de sa technique de « pression ».

6. La situation, qui fait que la personne est inconsciemment réglée sur l'hypnotiseur, alors que consciemment elle s'occupe de perceptions invariables et inintéressantes, trouve dans les événements du traitement psychanalytique un pendant qui mérite d'être mentionné ici. Dans toute analyse, il arrive au moins une fois que

Ferenczi a découvert avec justesse qu'en donnant l'ordre de dormir, souvent utilisé pour induire l'hypnose, l'hypnotiseur se met à la place des parents. Il estimait devoir distinguer deux sortes d'hypnose, une, cajoleuse, qui apaise, qu'il rapportait au modèle maternel, et une qui menace, qu'il rapportait au père[7]. En fait, l'ordre de dormir ne signifie dans l'hypnose rien d'autre que l'invitation à retirer tout son intérêt du monde et à le concentrer sur la personne de l'hypnotiseur ; et c'est bien ainsi que cet ordre est compris du sujet, car c'est dans ce retrait de l'intérêt pour le monde extérieur que réside la caractéristique psychologique du sommeil et c'est sur lui que repose la parenté du sommeil avec l'état hypnotique.

Par les mesures qu'il prend, l'hypnotiseur éveille ainsi chez le sujet une part de son héritage archaïque, lequel fut confronté aussi aux parents et connut dans la relation au père une reviviscence individuelle, cet héritage étant la représentation d'une personnalité surpuissante et dangereuse, vis-à-vis de laquelle on n'a pu prendre qu'une position passive-masochiste, à laquelle on a été forcé de remettre sa volonté, et avec laquelle être seul — « paraître devant elle » — semblait une folle audace. Ce n'est que de cette façon approximative que nous pouvons nous représenter la

---

le patient affirme avec obstination que présentement il ne lui vient absolument rien à l'esprit. Ses associations libres se bloquent et les incitations à leur mise en route échouent. En faisant pression sur le patient, on obtient facilement de lui l'aveu qu'il pense à ce qu'il voit par la fenêtre du cabinet de consultation, au papier peint du mur qu'il a sous les yeux, ou à la lampe à gaz qui pend au plafond. On sait alors aussitôt qu'il est entré dans le transfert, qu'il est accaparé par des pensées encore inconscientes qui se rapportent au médecin et l'on voit le blocage des idées spontanées du patient prendre fin dès qu'on lui a donné cette explication.

7. Ferenczi, « Introjektion und Übertragung » (« Introjection et transfert »), Jahrbuch f. psychoanalytische u. psychopathol, Forschungen, I, 1909.

relation d'un individu de la horde originaire au père originaire. Comme nous le savons à partir d'autres réactions, l'individu pris isolément a gardé un degré variable d'aptitude personnelle à faire revivre de telles situations anciennes. Le fait de savoir que l'hypnose n'est malgré tout qu'un jeu, un renouvellement mensonger de ces impressions anciennes, peut néanmoins être conservé et assurer la résistance à des conséquences trop sérieuses de la suspension de la volonté dans l'hypnose.

Le caractère inquiétant, coercitif, de la formation en foule, qui se manifeste dans ses phénomènes de suggestion, peut donc bien être à bon droit expliqué par le fait que ceux-ci découlent de la horde originaire. Le meneur de la foule demeure toujours le père originaire redouté, la foule veut toujours être dominée par une puissance illimitée, elle est au plus haut degré avide d'autorité, elle a, selon l'expression de Le Bon, soif de soumission. Le père originaire est l'idéal de la foule qui domine le moi à la place de l'idéal du moi. L'hypnose peut prétendre à juste titre à cette appellation : une foule à deux ; il reste comme définition de la suggestion : une conviction qui n'est pas fondée sur la perception et le travail de la pensée, mais sur un lien érotique[8].

---

8. Il vaut la peine, me semble-t-il, d'être souligné que les discussions de ce paragraphe nous ont amené à remonter de la conception de l'hypnose selon Bernheim à une conception naïve antérieure. Selon Bernheim, il faut faire découler tous les phénomènes hypnotiques du facteur suggestion qui n'est pas davantage explicable. Nous concluons, quant à nous, que la suggestion est une manifestation partielle de l'état hypnotique, lequel a son véritable fondement dans une disposition, inconsciemment maintenue, issue de l'histoire originaire de la famille humaine. [Freud a déjà exprimé son scepticisme envers les vues de Bernheim sur la suggestion, dans la préface à la traduction du livre de Bernheim sur le sujet (1888-9).]

11

Un stade dans le moi

Si, gardant à l'esprit les descriptions complémentaires des auteurs traitant de la psychologie des foules, on jette un regard sur la vie de l'homme isolé d'aujourd'hui, on peut bien, devant les complications qui s'offrent ici, perdre le courage d'en présenter un résumé. Chaque individu pris isolément est une partie constitutive de différentes foules, lié par identification de différents côtés, et a édifié son idéal du moi selon les modèles les plus divers. Chaque individu pris isolément participe donc de plusieurs âmes des foules, âme de sa race, de sa classe, de sa communauté de foi, de son État, etc., et peut par surcroît accéder à une parcelle d'autonomie et d'originalité. À l'observation, ces formations de foule, stables et durables, frappent moins, étant donné leurs effets qui se maintiennent uniformément, que les foules rapidement formées et passagères, à partir desquelles Le Bon a esquissé avec brio la caractérisation psychologique de l'âme des foules, et c'est dans ces foules bruyantes, éphémères, et pour ainsi dire superposées aux autres, que se produit justement le miracle par lequel ce que nous avons précisément reconnu comme acquis individuel disparaît, même si ce n'est que temporairement, sans laisser de trace.

Ce miracle, nous l'avons compris dans le sens où

l'individu abandonne son idéal du moi et l'échange contre l'idéal de la foule, incarné dans le meneur. Le miracle, qu'il nous soit permis d'ajouter cette correction, n'est pas également grand dans tous les cas. La séparation du moi et de l'idéal du moi n'est, chez de nombreux individus, guère avancée, les deux coïncident encore facilement, le moi a souvent conservé l'autosatisfaction narcissique antérieure. Le choix du meneur est très facilité par cet état de choses. Il lui suffit souvent de posséder les propriétés typiques de ces individus, avec un relief particulièrement net et pur, et de donner l'impression d'une force et d'une liberté libidinale plus grandes ; alors le besoin d'un chef énergique vient à sa rencontre et le revêt de la surpuissance à laquelle sans cela il n'aurait peut-être aucunement prétendu. Les autres, dont l'idéal du moi ne se serait pas sans cela incarné dans sa personne sans subir de retouche, sont alors entraînés « suggestivement », c'est-à-dire par identification.

Ce par quoi nous avons contribué à l'explication de la structure libidinale d'une foule se ramène, nous le reconnaissons, à la distinction du moi d'avec l'idéal du moi et au double mode de lien par là rendu possible — identification et installation de l'objet à la place de l'idéal du moi — l'hypothèse d'un tel stade dans le moi, en tant que premier pas d'une analyse du moi, doit se justifier progressivement dans les domaines les plus divers de la psychologie. Dans mon écrit « Pour introduire le narcissisme »[1], j'ai rassemblé ce qui, dans le matériel pathologique, permettait tout d'abord d'étayer cette séparation. Mais il est permis d'espérer que l'importance de celle-ci se révélera bien plus grande à l'occasion d'un approfondissement ultérieur de la psychologie des psy-

---

1. « Jahrbuch der Psychoanalyse », VI, 1914. Collection des petits écrits sur la théorie des névroses, 4. Folge (*Ges. Werke*, vol. X).

choses. Pensons que le moi adopte désormais une relation d'objet avec l'idéal du moi issu de lui-même, et que, éventuellement, toutes les interactions entre objet extérieur et moi-total, que nous avons appris à connaître dans la théorie des névroses, se répètent sur ce nouveau théâtre à l'intérieur du moi.

Je n'envisagerai ici qu'une des conséquences découlant de ce point de vue et poursuivrai ainsi la discussion d'un problème qu'il m'a fallu, ailleurs, abandonner sans l'avoir résolu[2]. Chacune des différenciations psychiques, que nous avons appris à connaître, représente une nouvelle complication de la fonction psychique, accroît la labilité de celle-ci et peut devenir le point de départ d'une défaillance de la fonction, d'une entrée dans la maladie. Ainsi avons-nous, en naissant, franchi le pas qui mène du narcissisme se suffisant absolument à lui-même à la perception d'un monde extérieur changeant et à la première découverte de l'objet, et à cela est lié le fait que nous ne supportons pas durablement ce nouvel état, que nous l'abolissons périodiquement, et que dans le sommeil nous revenons à l'état antérieur d'absence de stimulation et d'évitement de l'objet. Ce faisant, nous suivons, à vrai dire, une indication du monde extérieur qui, par l'alternance périodique du jour et de la nuit, nous prive temporairement de la plus grande part des stimulations agissant sur nous. Une telle limitation n'intervient pas dans le second exemple, plus significatif pour la pathologie. Dans le cours de notre développement, nous avons effectué une séparation de notre constitution psychique en un moi cohérent et en un refoulé inconscient, laissé en dehors du moi, et nous savons que la

---

2. *Trauer und Melancholie* (*Deuil et mélancolie*). Internationale Zeitschrift für Psychoanalyse, IV, 1916/18. Collection des petits écrits sur la théorie des névroses, 4. Folge (*Ges. Werke*, vol. X).

stabilité de cette nouvelle acquisition est exposée à de constants ébranlements. Dans le rêve et dans la névrose, ce qui est exclu frappe, en vue d'admission, aux portes gardées par les résistances, et en état de santé et de veille, nous avons recours à des ruses particulières pour accueillir temporairement le refoulé dans notre moi par contournement des résistances, associé à un gain de plaisir. Mot d'esprit et humour, pour une part aussi le comique en général, peuvent être considérés sous cet éclairage. A toute personne connaissant la psychologie des névroses, des exemples semblables, de moindre portée, viendront à l'esprit, mais je me hâte d'en arriver à l'application que j'ai en vue.

Il serait tout à fait pensable que la scission de l'idéal du moi d'avec le moi ne soit pas, elle non plus, durablement supportée et qu'elle soit contrainte de s'effacer temporairement. Dans tous les renoncements et toutes les limitations imposées au moi, l'infraction périodique aux interdits est la règle, comme le montre bien l'institution des fêtes qui, à l'origine, ne sont rien d'autre que des excès permis par la loi et qui doivent précisément à cette libération leur caractère de gaieté[3]. Les saturnales des Romains et notre actuel carnaval rejoignent, sur ce point essentiel, les fêtes des primitifs, qui ont coutume de se terminer en débauches de toutes sortes, avec transgression des commandements ordinairement les plus saints. Mais l'idéal du moi englobe la somme de toutes les limitations auxquelles le moi doit se soumettre, et c'est pourquoi le retrait de l'idéal devrait être une fête grandiose pour le moi, qui alors aurait une fois encore le droit d'être content de lui[4].

---

3. *Totem et Tabou* (*Ges. Werke*, vol. IX).
4. Trotter fait découler le refoulement de la pulsion grégaire. Il s'agissait chez moi plutôt d'une transposition dans un autre

Il se crée toujours une sensation de triomphe quand quelque chose dans le moi coïncide avec l'idéal du moi. De même, le sentiment de culpabilité (et le sentiment d'infériorité) peut être compris comme expression de la tension entre moi et idéal.

Il y a, comme on sait, des êtres chez qui la perception diffuse de l'humeur oscille de manière périodique, allant d'une dépression démesurée à un bien-être accru, en passant par un certain état intermédiaire, et ces oscillations apparaissent, certes, selon des amplitudes de grandeurs très différentes allant de ce qui est à peine décelable jusqu'à ces extrêmes qui, sous forme de mélancolie et de manie, interviennent de façon hautement torturante et perturbatrice dans la vie des intéressés. Dans les cas typiques de ces troubles cycliques de l'humeur, les circonstances extérieures ne semblent jouer aucun rôle déterminant ; en fait de motifs intérieurs, on ne retrouve chez ces malades rien de plus ni rien d'autre que chez tous les autres. Aussi a-t-on pris l'habitude de juger ces cas comme non psychogènes. Il sera question plus tard d'autres cas de troubles cycliques de l'humeur tout à fait semblables, mais qui s'expliquent facilement par des traumatismes psychiques.

Les raisons de ces oscillations spontanées de l'humeur sont donc inconnues ; le mécanisme selon lequel une manie relaie une mélancolie échappe à notre compréhension. C'est pourquoi il s'agirait ici des malades auxquels pourrait être appliquée notre hypothèse selon laquelle leur idéal du moi se dissout temporairement dans le moi après avoir exercé préalablement un pouvoir particulièrement rigoureux.

Efforçons-nous d'éviter les obscurités : sur le ter-

---

mode d'expression que d'une contradiction quand je disais dans « Pour introduire le narcissisme » : la formation de l'idéal serait de la part du moi la condition du refoulement.

rain de notre analyse du moi, il n'est pas douteux que chez le maniaque moi et idéal du moi ont conflué, si bien que la personne, dont aucune autocritique ne trouble l'humeur faite de triomphe et de ravissement de soi-même, peut se réjouir de la disparition des inhibitions, des égards pour autrui et des autoreproches. Il est moins évident, mais pourtant tout à fait vraisemblable, que la misère du mélancolique est l'expression d'une division tranchée entre les deux instances du moi, dans laquelle l'idéal démesurément sensible manifeste sans ménagement sa condamnation du moi sous forme de délire d'infériorité et d'autodépréciation. La seule question est de savoir si l'on doit chercher l'origine de cette modification des relations entre le moi et l'idéal du moi dans les rébellions périodiques, postulées plus haut, contre la nouvelle institution, ou si l'on doit en rendre responsables d'autres états de choses.

Le renversement en manie n'est pas un trait nécessaire dans le tableau clinique de la dépression mélancolique. Il est des mélancolies simples, uniques, et il en est de périodiquement répétées qui ne connaissent jamais ce destin. Par ailleurs, il est des mélancolies dans lesquelles les circonstances jouent ouvertement un rôle étiologique. Ce sont les mélancolies consécutives à la perte d'un objet aimé, que ce soit du fait de la mort de celui-ci ou par suite de situations qui ont contraint la libido à se retirer de l'objet. Une telle mélancolie psychogène peut finir en manie et ce cycle se répéter plusieurs fois, tout comme dans une mélancolie apparemment spontanée. L'état des choses est donc passablement obscur, d'autant que jusqu'ici un petit nombre seulement de formes et de cas de mélancolie ont été soumis à l'investigation psychanalytique[5].

---

5. *Cf.* Abraham, « Ansätze zur psychoanalytischen Erforschung und Behandlung des manisch- depressiven Irreseins usw. » (Préli-

Nous ne comprenons jusqu'à présent que ceux des cas où l'objet a été abandonné parce qu'il s'était montré indigne d'amour. Il est ensuite remis en place dans le moi par identification et soumis par l'idéal du moi à un jugement sévère. Les reproches et les agressions envers l'objet se manifestent sous la forme d'auto-reproches mélancoliques[6].

À une telle mélancolie peut également se rattacher le renversement en manie, si bien que cette possibilité représente un aspect indépendant des autres caractères du tableau clinique.

Je ne vois cependant aucune difficulté à faire entrer en ligne de compte le facteur de rébellion périodique du moi contre l'idéal du moi dans les deux sortes de mélancolie, la psychogène comme la spontanée. Dans les mélancolies spontanées, on peut supposer que l'idéal du moi incline au déploiement d'une rigueur particulière qui, par la suite, a automatiquement comme conséquence sa suppression temporaire. Dans les mélancolies psychogènes, le moi serait excité à la rébellion par les sévices, provenant de son idéal, qu'il subit en cas d'identification à un objet rejeté*.

---

minaires à l'étude et au traitement de la folie maniaco-dépressive), 1912, dans les *Klinische Beiträge zur Psychanalyse*, 1921.

6. Plus précisément : ils se cachent derrière les reproches envers le moi propre et leur confèrent la fermeté, l'opiniâtreté et l'implacabilité, par lesquelles se distinguent les auto-reproches des mélancoliques.

* Une autre discussion de la mélancolie se trouve au chapitre V de *Le Moi et le Ça* (1923 b).

12

Annexes

Au cours de cette recherche, maintenant parvenue à un terme provisoire, se sont ouvertes à nous différentes voies latérales, que nous avons d'abord évitées, mais où nous invitaient bien des choses près d'être élucidées. Nous allons maintenant revenir sur une partie de ce que nous avons laissé de côté.

A) La distinction de l'identification du moi et de la substitution de l'objet à l'idéal du moi trouve une illustration dans les deux grandes foules artificielles que nous avons étudiées au début, l'Armée et l'Église chrétienne.

Il est évident que le soldat prend pour idéal son supérieur, donc en réalité le chef de l'armée, cependant qu'il s'identifie à ses semblables et fait découler de cette communauté des moi les obligations, propres à la camaraderie, d'assistance et de partage des biens, réciproques. Mais il devient ridicule s'il veut s'identifier au commandant d'armée. Dans le camp de Wallenstein, le maréchal des logis raille à ce sujet :

> Sa manière de racler du gosier et de cracher,
> Vous la lui avez drôlement bien chipée...*

---

* Schiller, *Le Camp de Wallenstein*, scène VI, vers 208 et 209.

Il en va autrement dans l'Église catholique. Chaque chrétien aime le Christ comme son idéal et se sent lié aux autres chrétiens par identification. Mais l'Église exige de lui davantage. Il doit en outre s'identifier au Christ et aimer les autres chrétiens comme le Christ les a aimés. L'Église exige donc qu'en ces deux cas soit complétée la position libidinale donnée par la formation en foule. L'identification doit venir s'ajouter là où le choix d'objet s'est produit, et l'amour d'objet là où se trouve l'identification. Ce Plus dépasse manifestement la constitution de la foule. On peut être un bon chrétien et pourtant être à cent lieues de penser qu'on pourrait se mettre à la place du Christ, embrasser comme lui tous les hommes dans l'amour. C'est que, faible mortel, on n'est pas obligé de se croire capable de la grandeur d'âme et de la force d'amour du Sauveur. Mais ce prolongement de la répartition libidinale dans la foule est vraisemblablement le facteur sur lequel le christianisme fonde sa prétention à avoir acquis une plus haute moralité.

B) Nous avons dit qu'il serait possible d'indiquer dans le développement psychique de l'humanité, le moment où s'est réalisé, également pour l'individu pris isolément, le progrès que constitue le passage de la psychologie des foules à la psychologie individuelle[1].

À ce propos, il nous faut revenir brièvement sur le mythe scientifique du père de la horde originaire. Celui-ci fut, plus tard, élevé au rang de créateur du

---

1. Ce qui suit a été influencé par un échange d'idées avec Otto Rank (voir « Die Don Juan-Gestalt » (« La figure de Don Juan »), Imago, VIII, 1922) ; depuis, se trouve également édité en livre, 1924. [Cette note a été ajoutée en 1923.]

[Ce passage est à mettre en relation avec les sections 5, 6 et 7 du chapitre IV de *Totem et Tabou*, Standard Ed., *13*, 140 ff.]

monde, à juste titre, car il avait engendré tous les fils qui constituèrent la première foule. Il était l'idéal de chacun d'eux isolément, tout à la fois craint et vénéré, ce qui donna ultérieurement le concept de tabou. Cette multitude se rassembla un jour, le tua et le dépeça. De cette foule, aucun des vainqueurs ne put se mettre à sa place, ou quand l'un le fit, les combats reprirent jusqu'à ce que tous reconnussent qu'ils devaient renoncer à l'héritage du père. Ils constituèrent alors la communauté totémique des frères, tous avec le même droit, et liés par l'interdit totémique qui devait maintenir le souvenir du meurtre et l'expier. Mais l'insatisfaction quant au résultat subsista et devint la source de nouveaux développements. Ceux qui étaient réunis en une foule fraternelle en arrivèrent peu à peu à rétablir l'état ancien à un niveau différent ; l'homme redevint chef d'une famille et brisa les privilèges de ce règne des femmes qui s'était instauré pendant la période sans père. Comme dédommagement, il peut bien alors avoir reconnu les divinités maternelles, dont les prêtres furent castrés afin de préserver la mère, selon l'exemple qu'avait donné le père de la horde originaire ; la nouvelle famille ne fut cependant qu'une ombre de l'ancienne, les pères étaient nombreux et chacun d'eux limité par les droits de l'autre.

La privation, pleine de désirs nostalgiques, peut bien avoir incité un individu à se détacher de la foule et à s'attribuer le rôle du père. Celui qui fit cela fut le premier poète épique, le progrès s'accomplit dans son imagination. Le poète a, par ses mensonges, transformé la réalité dans le sens de ses désirs. Il a inventé le mythe héroïque. Fut héros celui qui, seul, avait abattu le père qui, dans le mythe, apparaissait encore en tant que monstre totémique. De même que le père avait été le premier idéal du garçon, de même le poète créait alors, avec le héros qui veut remplacer le père, le premier idéal du moi. Le point d'origine du héros a été fourni vraisemblablement par le plus jeune fils, le préféré de la mère, celui qu'elle avait protégé de la jalousie paternelle et qui, au temps de la horde originaire, était devenu le successeur du père. Dans la poétisation mensongère des origines, la femme qui avait représenté le prix du combat et la séduction du meurtre, devint vraisemblablement tentatrice et instigatrice du forfait.

Le héros veut avoir accompli seul l'action dont à coup sûr seule la horde dans sa totalité avait pris le risque. Selon une remarque de Rank, cependant, le conte a conservé des traces évidentes de cet état de choses dénié. Car il arrive fréquemment que le héros qui a à s'acquitter d'une tâche difficile — la plupart du temps le plus jeune des fils, plus d'une fois celui qui a fait le sot, c'est-à-dire l'inoffensif, devant le succédané du père — ne peut toutefois s'acquitter de cette tâche qu'avec l'aide d'une troupe de petits animaux (abeilles, fourmis). Ce serait les frères de la horde originaire, comme aussi bien dans la symbolique du rêve insectes et vermine représentent les frères et sœurs (péjorativement : en tant que petits enfants). Dans les mythes et les contes, chacune des tâches est d'ailleurs facile à reconnaître comme substitut de l'acte héroïque.

Le mythe est donc le pas qui permet à l'individu de sortir de la psychologie des foules. Le premier mythe fut à coup sûr le mythe psychologique, celui du héros ; le mythe explicatif de la nature a dû naître beaucoup plus tard. Le poète qui avait fait ce pas et s'était ainsi, dans son imagination, détaché de la foule, sait pourtant dans la réalité, selon une autre remarque de Rank, trouver le chemin du retour vers elle. Car il s'avance et raconte à cette foule les exploits de son héros, fruits de son invention. Ce héros n'est au fond nul autre que lui-même. Ce faisant, il descend jusqu'à la réalité et élève ses auditeurs jusqu'aux hauteurs de l'imagination. Les auditeurs, eux, comprennent le poète, ils peuvent, en vertu du même rapport nostalgique au père originaire, s'identifier au héros[2].

Le mensonge du mythe héroïque culmine dans la déification du héros. Peut-être le héros déifié était-il antérieur au dieu-père, précurseur du retour du père originaire sous forme de divinité. La chronologie de la lignée des dieux s'établirait ainsi dès lors : déesse-mère — héros — dieu-père. Mais ce n'est qu'avec la promotion du père originaire jamais oublié que la divinité acquit les traits que nous lui connaissons encore aujourd'hui[3].

C) Nous avons dans cet essai beaucoup parlé des pulsions sexuelles directes et inhibées quant au but et osons espérer que cette distinction ne se heurtera pas à une grande résistance. Pourtant une discussion détaillée sur ce sujet ne sera pas mal venue, même si elle se contente de répéter ce qui, pour une large part, a déjà été dit dans des passages précédents.

Le premier, mais aussi le meilleur exemple, de pulsions sexuelles inhibées quant au but, c'est le développement libidinal de l'enfant qui nous l'a fait connaître. Tous les sentiments que l'enfant éprouve pour ses parents et les personnes qui s'occupent de lui, se prolongent sans limitation dans les désirs par lesquels s'expriment les tendances sexuelles de l'en-

---

2. *Cf.* Hanns Sachs, Gemeinsame Tagtraüme, Autoreferat eines Vortrages auf dem VI. Psychoanalytischen Kongress in Haag, 1920 (Rêves diurnes collectifs, Compte rendu personnel d'une conférence au VIe congrès psychanalytique de La Haye, 1920). *Internationale Zeitschrift für Psychoanalyse*, VI 1920 ; publié ultérieurement aussi en livre Imago-Bücher, Bd. 3.

3. Dans cet exposé abrégé, on a renoncé à tout le matériel provenant de la légende, du mythe, du conte, de l'histoire des mœurs, etc., pour étayer cette construction.

fant. L'enfant exige de ces personnes aimées toutes les tendresses connues de lui, il veut les embrasser, les toucher, les examiner, est curieux de voir leurs organes génitaux et d'être présent lors de l'accomplissement de leurs fonctions excrétrices intimes, il promet d'épouser sa mère ou sa nourrice, quelque représentation qu'il ait de cela, de donner un enfant à son père, etc. Une observation directe, tout comme l'éclairage analytique porté après-coup sur les résidus infantiles, ne laisse aucun doute sur la fusion totale des sentiments tendres et jaloux et des desseins sexuels, et nous démontre à quel point l'enfant transforme fondamentalement la personne aimée en objet de toutes ses tendances sexuelles non encore exactement centrées (*cf. Théorie de la sexualité*).

Cette première configuration de l'amour chez l'enfant, qui se rattache typiquement au complexe d'Œdipe, succombe ensuite, comme on sait, dès le début de la période de latence, à une poussée du refoulement. Ce qu'il en reste se présente à nous sous la forme d'un lien affectif purement tendre qui s'adresse aux mêmes personnes, mais ne doit plus être qualifié de « sexuel ». La psychanalyse qui éclaire les profondeurs de la vie psychique n'a pas de peine à montrer que même les liens sexuels des premières années d'enfance subsistent encore mais refoulés et inconscients. Elle nous donne le courage d'affirmer que partout où nous rencontrons un sentiment tendre, celui-ci succède à un lien objectal pleinement « sensuel » avec la personne en question ou son prototype (son imago). Elle ne peut certes pas nous révéler sans recherche particulière si, dans un cas donné, cet afflux sexuel antérieur subsiste encore en tant que refoulé ou s'il est déjà tari. En termes encore plus nets : il est établi qu'il est encore présent en tant que forme et possibilité et peut, à tout instant, par régression, être réinvesti, réactivé ; la seule question qui se pose, sans qu'on puisse toujours se prononcer, est de savoir quel investissement et quelle efficacité il a encore présentement. Il faut ici prendre également garde à deux sources d'erreur, au Scylla de la sous-estimation de l'inconscient refoulé, comme au Charybde du penchant à ne mesurer la normale qu'à l'aune du pathologique.

À la psychologie, qui ne veut ou ne peut pénétrer la profondeur du refoulé, les liens affectifs tendres apparaissent de toute façon comme l'expression de tendances qui n'ont pas pour but le sexuel, même s'ils sont issus de tendances qui, elles, l'ont eu[4].

Nous sommes autorisés à dire qu'ils ont été détournés de ces buts sexuels, bien qu'il y ait des difficultés, lorsqu'on décrit un tel détournement quant au but, à se conformer aux exigences de la métapsychologie. D'ailleurs ces pulsions inhibées quant au but conservent toujours encore quelques-uns des buts sexuels originels; même le fidèle plein de tendresse, même l'ami, l'adorateur, cherche la proximité corporelle et la vue de la personne qui n'est plus désormais aimée qu'au sens « *paulinien* ». Si nous le voulons, nous pouvons reconnaître dans ce détournement quant au but un début de *sublimation* des pulsions sexuelles, mais nous pouvons aussi reculer encore plus loin la frontière de cette dernière. Les pulsions sexuelles inhibées quant au but ont sur les non inhibées un grand avantage fonctionnel. Comme elles ne sont pas susceptibles d'une satisfaction totale à proprement parler, elles se montrent particulièrement capables de créer des liens durables, alors que les pulsions direc-

---

4. Les sentiments hostiles sont certainement constitués de façon un peu plus compliquée. [Dans la 1re édition seulement, cette note de bas de page donnait : « Les sentiments hostiles, qui sont constitués de façon un petit peu plus compliquée, n'offrent pas d'exception à cette règle. »]

tement sexuelles perdent chaque fois de leur énergie du fait de la satisfaction et sont forcées d'en attendre le renouvellement par recharge de la libido sexuelle, à l'occasion de quoi l'objet peut, entre-temps, être changé. Les pulsions inhibées sont susceptibles de se mélanger, selon toutes les proportions possibles, avec les pulsions non inhibées, et peuvent se retransformer à rebours en celles-ci, tout comme elles en sont issues. On sait avec quelle facilité se développent, à partir de relations affectives à caractère amical, fondées sur la reconnaissance et l'admiration, des désirs érotiques (le « Embrassez-moi pour l'amour du grec », de Molière)* entre maître et écolière, entre artiste et auditrice ravie, particulièrement chez des femmes. Et même, la formation de tels liens affectifs, tout d'abord dépourvus d'intention, ouvre directement une voie, souvent parcourue, menant au choix d'objet sexuel. Dans la « Frömmigkeit des Grafen von Zinzendorf »**, Pfister a montré par un exemple plus qu'évident, certes pas isolé, comme il suffit de peu pour que même un lien religieux intense se convertisse en ardente excitation sexuelle. D'autre part, la transformation de tendances sexuelles directes, en soi éphémères, en lien durable simplement tendre, est également quelque chose de très habituel, et la consolidation d'un mariage conclu sous le coup de la passion amoureuse repose pour une grande part sur ce processus.

Et nous ne serons naturellement pas étonnés si l'on nous dit que les tendances sexuelles inhibées

---

* En français dans le texte. *Cf. Les Femmes savantes*, III, 5 :
Quoi ! Monsieur sait du grec ! Ah ! permettez, de grâce,
Que, pour l'amour du grec, Monsieur, on vous embrasse.

** « La piété du comte de Zinzendorf » d'Oskar Pfister parut en 1910 dans les *Schriften angewandten Seelekunde*, herausgegeben von Prof. Dr. Sigmund Freud, Achtes Heft, Leipzig und Wien.

quant au but proviennent de tendances directement sexuelles, précisément lorsque des obstacles internes ou externes s'opposent à l'accession aux buts sexuels. Le refoulement de la période de latence est un de ces obstacles internes — ou mieux : intériorisés. Du père de la horde originaire nous avons supposé que, du fait de son intolérance sexuelle, il contraint tous les fils à l'abstinence et les accule ainsi à des liaisons inhibées quant au but, alors qu'il se réserve pour lui-même une libre jouissance sexuelle et reste par là même sans lien. Tous les liens sur lesquels repose la foule sont de la nature des pulsions inhibées quant au but. Mais par là nous nous sommes rapprochés de la discussion d'un nouveau thème qui traite de la relation entre les pulsions sexuelles directes et la formation en foule.

D) Par les deux dernières remarques nous sommes déjà préparé à trouver que les tendances sexuelles directes sont défavorables à la formation en foule. Certes, il y a eu également dans l'histoire du développement de la famille des relations de foule dans l'amour sexuel (le mariage de groupe), mais plus l'amour entre les sexes devenait important pour le moi, plus il développait l'état amoureux, et plus insistante devenait son exigence d'une limitation à deux personnes — *una cum uno** —, qui est indiquée par la nature du but génital. Les penchants polygames en furent réduits à se satisfaire de changements d'objet successifs.

Les deux personnes, réduites l'une à l'autre dans la poursuite de la satisfaction sexuelle, s'insurgent contre la pulsion grégaire, contre le sentiment de foule, en recherchant la solitude. Plus elles sont amoureuses, plus parfaitement elles se suffisent.

---

* En latin dans le texte : « une seule avec un seul ».

Leur rejet de l'influence de la foule s'exprime sous forme de pudeur. Les motions affectives extrêmement violentes de la jalousie sont mobilisées pour protéger le choix d'objet sexuel contre le préjudice causé par un lien à la foule. C'est seulement lorsque le facteur tendre, donc personnel, de la relation amoureuse, s'efface totalement derrière le facteur sensuel, que sont possibles le commerce amoureux d'un couple en présence d'autres ou des actes sexuels simultanés à l'intérieur d'un groupe, comme dans l'orgie. Mais on a alors une régression à un état antérieur des relations entre les sexes, dans lequel l'état amoureux ne jouait aucun rôle, où les objets sexuels étaient tenus pour équivalents, au sens par exemple du mot méchant de Bernard Shaw : « Être amoureux, c'est surestimer outre mesure la différence entre une femme et une femme ».

Il existe nombre de signes d'après lesquels l'état amoureux n'a fait qu'une entrée tardive dans les relations sexuelles entre homme et femme, si bien que l'antagonisme entre amour sexuel et lien à la foule s'est développé tardivement. Il peut ici sembler que cette hypothèse serait incompatible avec notre mythe de la famille originaire. La bande des frères n'a-t-elle pas été poussée au meurtre du père par l'amour envers les mères et les sœurs et n'est-il pas difficile de se représenter cet amour autrement qu'entier et primitif, c'est-à-dire comme une union intime du tendre et du sensuel ? Mais en réfléchissant plus avant, cette objection se résout en confirmation. Une des réactions au meurtre du père ne fut-elle pas l'institution de l'exogamie totémique, l'interdiction de toute relation sexuelle avec les femmes de la famille, tendrement aimées dès l'enfance ? Ainsi fut enfoncé, entre les motions tendres et sensuelles de l'homme, le coin qui reste aujourd'hui encore fixé dans la vie amoureuse de celui-ci[5]. Par suite de cette exogamie, les besoins sensuels des hommes durent se satisfaire avec des femmes étrangères et non aimées.

Dans les grandes foules artificielles, Église et Armée, il n'y a pas de place pour la femme comme objet sexuel. La relation amoureuse entre homme et femme reste extérieure à ces organisations. Même là où se forment des foules, composées d'un mélange d'hommes et de femmes, la différence de sexes ne joue aucun rôle. Cela n'a guère de sens de se demander si la libido qui maintient les foules est de nature homosexuelle ou hétérosexuelle, car elle n'est pas différenciée selon les sexes et en particulier ignore complètement les buts de l'organisation génitale de la libido.

Les tendances sexuelles directes conservent, même chez l'individu qui par ailleurs se dissout dans la foule, une part de fonctionnement individuel. Là où elles deviennent surpuissantes, elles désagrègent toute formation de foule. L'Église catholique avait les meilleurs motifs pour recommander à ses fidèles de ne pas se marier et pour imposer à ses prêtres le célibat, mais l'état amoureux a souvent poussé, même des ecclésiastiques, à quitter l'Église. De la même manière l'amour pour la femme rompt les liens à la foule propres à la race, à la division en nations et au système social des classes, et accomplit de ce fait des réalisations culturellement importantes. Il semble assuré que l'amour homosexuel s'accommode beaucoup mieux des liens à la foule, même là où il apparaît sous la forme d'une tendance sexuelle inhibée quant au but; fait remarquable, dont l'explication ne manquerait pas de mener loin.

---

5. Voir « Über die allgemeinste Erniedrigung des Liebeslebens » (Sur le rabaissement le plus habituel de la vie amoureuse), 1912 (*Ges. Werke*, vol. VIII).

L'étude psychanalytique des psychonévroses nous a appris qu'il faut faire découler leurs symptômes de tendances sexuelles directes refoulées mais demeurées actives. On peut compléter cette formule en ajoutant : ou de tendances sexuelles inhibées quant au but, chez lesquelles l'inhibition n'a pas totalement réussi ou a laissé la place à un retour au but sexuel refoulé. À cet état de choses correspond le fait que la névrose rend asocial, détache des formations en foule habituelles celui qui en est atteint. On peut dire que la névrose exerce sur la foule une action désagrégeante, exactement comme l'état amoureux. Ainsi peut-on voir que, là où s'est produit un choc puissant aboutissant à la formation en foule, les névroses reculent et peuvent disparaître au moins pour un temps. On a d'ailleurs essayé à juste titre d'exploiter à des fins thérapeutiques ce conflit de la névrose et de la formation en foule. Même celui qui ne regrette pas la disparition des illusions religieuses dans le monde culturel d'aujourd'hui, accordera qu'elles offraient à ceux qu'elles liaient, aussi longtemps qu'elles-mêmes étaient encore en vigueur, la protection la plus forte contre le danger de la névrose*. Il n'est pas non plus difficile de reconnaître dans tous les liens aux sectes et communautés mystico-religieuses ou philosophico-mystiques l'expression de la fausse guérison de névroses diverses. Tout cela se rattache à l'opposition des tendances sexuelles directes et inhibées quant au but.

Abandonné à lui-même, le névrosé est contraint de substituer ses formations de symptômes aux grandes formations de foules dont il est exclu. Il se crée son propre monde de fantasmes, sa religion, son système de délires et répète ainsi les institutions

---

* Voir le début de la section 2 de « Les possibilités futures de la thérapie psychanalytique » (1910).

de l'humanité, avec une déformation qui témoigne nettement de la contribution par trop puissante des tendances sexuelles directes[6].

E) Ajoutons à notre conclusion, en nous plaçant au point de vue de la théorie de la libido, une estimation comparative des états dont nous venons de nous occuper — état amoureux, hypnose, formation en foule — et de la névrose.

L'état amoureux repose sur la présence simultanée de tendances sexuelles directes et de tendances sexuelles inhibées quant au but, l'objet attirant sur lui une partie de la libido narcissique du moi. Il n'a d'espace que pour le moi et l'objet.

L'hypnose partage avec l'état amoureux la limitation à ces deux personnes, mais elle repose intégralement sur des tendances sexuelles inhibées quant au but et met l'objet à la place de l'idéal du moi.

La foule multiplie ce processus, elle concorde avec l'hypnose par la nature des pulsions qui assurent sa cohésion et par la substitution de l'objet à l'idéal du moi, mais elle y ajoute l'identification à d'autres individus, qui peut-être fut possible à l'origine grâce à une même relation à l'objet.

Les deux états, l'hypnose aussi bien que la formation en foule, sont des sédiments héréditaires provenant de la phylogenèse de la libido humaine, l'hypnose comme disposition, la foule, en plus comme survivance directe. La substitution des tendances sexuelles inhibées quant au but aux tendances sexuelles directes favorise dans les deux cas la séparation du moi et de l'idéal du moi, ce qui commence déjà dans l'état amoureux.

La *névrose* n'entre pas dans cette série. Elle aussi repose sur une particularité du développement libi-

---

6. Voir *Totem et Tabou*, à la fin du chapitre II : le tabou et l'ambivalence (*Ges. Werke*, vol. IX).

dinal humain, sur la double instauration de la fonction sexuelle directe, interrompue par la période de latence[7]. Dans cette mesure, elle partage avec l'hypnose et la formation en foule le caractère d'une régression, lequel est absent de l'état amoureux. Elle apparaît dans tous les cas où le passage des pulsions sexuelles directes aux pulsions sexuelles inhibées quant au but n'a pas complètement réussi, et elle correspond à un *conflit* entre les pulsions admises dans le moi qui sont venues à bout d'un tel développement et les parties de ces mêmes pulsions qui, issues de l'inconscient refoulé — tout comme d'autres motions pulsionnelles totalement refoulées —, tendent vers leur satisfaction directe. Elle est, quant à son contenu, d'une richesse peu commune, étant donné qu'elle englobe toutes les relations possibles entre le moi et l'objet, aussi bien celles dans lesquelles l'objet est maintenu, que d'autres où il est soit abandonné, soit érigé dans le moi lui-même, et tout aussi bien encore les relations conflictuelles entre le moi et son idéal du moi.

---

7. Voir *Sexualtheorie (Théorie de la sexualité)*, 5e édition, 1922, p. 96 (*Ges. Werke*, vol. V).

Le moi et le ça
(1923)

Das Ich und das Es, *Gesammelte Werke*,
tome XIII, p. 235-289

Traduit de l'allemand par Jean Laplanche

Ce qui sera débattu ici continue des lignes de pensée que j'ai commencé à formuler dans « Au-delà du principe de plaisir » (1920)*, pensées à l'égard desquelles j'avais personnellement, comme je l'indiquais dans ce texte, une attitude de curiosité bienveillante. Je reprends ici ces pensées, je les relie à différents faits fournis par l'observation analytique, je cherche à tirer de ce rapprochement de nouvelles conclusions, mais sans faire aucun nouvel emprunt à la biologie et en me tenant, de ce fait, plus près de la psychanalyse que dans l'« Au-delà ». Ce qui suit a le caractère d'une synthèse plutôt que d'une spéculation et semble s'être fixé un but élevé. Je sais pourtant que je ne vais pas plus loin qu'une ébauche à grands traits, et je suis parfaitement d'accord quant à cette limitation.

J'aborde là des choses qui n'ont pas fait jusqu'ici l'objet de l'élaboration psychanalytique et je ne peux éviter de toucher à nombre de théories qui furent énoncées soit par des non-analystes, soit par d'anciens analystes au moment où ils abandonnaient les positions de l'analyse. Moi qui ai toujours été

---

* Présent volume, p. 47-128.

prêt par ailleurs à reconnaître mes obligations envers les travaux des autres, je ne me sens, dans ce cas, nullement obligé à semblable gratitude. Si la psychanalyse n'a pas jusqu'ici pris en considération certaines choses, ce n'est pas qu'elle soit jamais passée à côté de leurs effets ni qu'elle ait voulu dénier leur importance, mais bien parce qu'elle suit un chemin déterminé qui ne l'avait pas encore menée jusque-là. Et finalement, quand elle est parvenue à ce point, il faut bien dire que les choses lui apparaissent autrement qu'aux autres.

1

Conscience et inconscient

Dans ce chapitre introductif, il n'y a rien de nouveau à dire et on ne peut éviter de répéter ce qui a été souvent énoncé auparavant. La division du psychique en conscient et inconscient est la présupposition fondamentale de la psychanalyse : elle seule lui donne la possibilité de comprendre les processus pathologiques aussi fréquents qu'importants de la vie de l'âme, et de les faire entrer dans le cadre de la science. Encore une fois et en d'autres termes : la psychanalyse ne peut situer l'essence du psychique dans la conscience, mais doit considérer la conscience comme une qualité du psychique qui peut s'ajouter à d'autres qualités ou rester absente.

Si je pouvais me représenter que tous ceux qui s'intéressent à la psychologie liront cet écrit, je m'attendrais aussi à ce qu'une partie des lecteurs s'arrête dès ce point sans me suivre plus loin, car c'est là le premier Schibboleth de la psychanalyse. Pour la plupart de ceux qui ont une culture philosophique, l'idée d'un fait psychique qui ne soit, aussi, conscient est si inconcevable qu'elle leur paraît absurde et réfutable par la simple logique. Cela vient tout simplement, à mon avis, de ce qu'ils n'ont jamais étudié les phénomènes significatifs de l'hypnose et du rêve, qui — en dehors de toute référence au pathologique — imposent une telle conception. Pour sa part, leur psychologie de la conscience est incapable de résoudre les problèmes du rêve et de l'hypnose.

Être conscient est tout d'abord un terme purement descriptif, qui s'autorise de la perception la plus immédiate et la plus certaine. Ensuite l'expérience nous montre qu'un élément psychique, une représentation par exemple, n'est pas d'ordinaire conscient d'une manière durable. Ce qui est bien plutôt caractéristique, c'est que l'état de conscience passe rapidement ; la représentation qui est maintenant consciente ne l'est plus au moment suivant ; pourtant, elle peut le redevenir dans certaines conditions aisément réalisées. Entre-temps elle était, nous ne savons quoi ; nous pouvons dire qu'elle était *latente*, et nous entendons par là qu'elle était à tout instant *capable de devenir consciente*. Même en disant qu'elle était *inconsciente*, nous donnons une description correcte. Cet inconscient coïncide alors avec : latent-capable de devenir conscient. Les philosophes nous objecteraient sans doute : non, le terme inconscient ne peut être appliqué ici ; tant que la représentation était à l'état de latence, elle n'était absolument rien de psychique. En les contredisant dès ce moment, nous nous engagerions dans une querelle de mots où il n'y aurait rien à gagner.

Mais nous sommes parvenus au terme ou concept de l'inconscient par une autre voie, en élaborant des expériences dans lesquelles la *dynamique* psychique joue un rôle. L'expérience nous a appris, c'est-à-dire nous a forcés à admettre, qu'il y a des processus psychiques ou représentations très forts — ici entre d'abord en ligne de compte un facteur quantitatif, donc économique — qui peuvent avoir dans la vie de l'âme tous les effets qu'ont en général les représentations et aussi des effets qui à leur tour peuvent devenir conscients sous forme de représentations ; seulement, ces processus ne deviennent pas eux-mêmes conscients. Il n'est pas nécessaire de répéter ici en détail ce qui a déjà été si souvent exposé. Ne nous attardons pas, c'est ici que la théorie psychanalytique fait son entrée et affirme que de telles représentations ne peuvent pas être conscientes parce qu'une certaine force s'y oppose, que sans cela elles pourraient devenir conscientes, et que l'on verrait alors combien peu elles se distinguent d'autres éléments psychiques bien connus. Ce qui rend cette théorie irréfutable, c'est que la technique psychanalytique a procuré les moyens à l'aide desquels on peut supprimer l'opposition de cette force et rendre conscientes les représentations en cause. L'état dans lequel celles-ci se trouvaient avant d'être rendues conscientes, nous l'appelons *refoulement*, et la force qui a produit et maintenu le refoulement, nous affirmons qu'elle se manifeste à nous pendant le travail analytique sous forme de *résistance*.

Notre concept de l'inconscient nous vient donc de la théorie du refoulement. Le refoulé est pour nous le prototype de l'inconscient. Mais nous voyons qu'il y a deux sortes d'inconscient : celui qui est latent, tout en étant capable de devenir conscient, et le refoulé, qui est en soi, et pour tout dire, incapable de devenir conscient. Notre compréhension de la dynamique psychique ne peut rester sans influence sur la nomenclature et la description. Le latent, qui n'est inconscient que du point de vue descriptif, et non au sens dynamique, nous l'appelons *préconscient*; quant au nom d'*inconscient*, nous le réservons au refoulé qui est inconscient au sens dynamique ; de sorte que nous avons maintenant trois termes, conscient (*cs*), préconscient (*pcs*) et inconscient (*ics*), dont le sens n'est plus simplement descriptif. Le *Pcs*, selon nous, se situe beaucoup plus près du *Cs* que l'*Ics*, et, puisque nous avons appelé psychique l'*Ics*, nous aurons d'autant moins de scrupules à le faire pour le *Pcs* latent.

Pourquoi donc ne pas rester plutôt en bon accord avec les philosophes, et ne pas séparer, de façon conséquente, le *Pcs* comme l'*Ics* du psychique conscient ? Les philosophes nous proposeraient alors de décrire le *Pcs* et l'*Ics* comme deux espèces ou degrés du psychoïde, et l'unité serait faite. Mais il s'ensuivrait des difficultés sans fin dans notre conception, et le seul fait important, à savoir que ces psychoïdes coïncident sur presque tous les autres points avec ce que l'on reconnaît être le psychique, ce fait serait repoussé à l'arrière-plan au bénéfice d'un préjugé qui date du temps où ces psychoïdes, ou le plus important d'entre eux, n'étaient pas encore connus.

Nous pouvons maintenant utiliser aisément nos trois termes, *cs*, *pcs* et *ics*, à condition de ne pas oublier qu'au sens descriptif il y a deux espèces d'inconscient, tandis qu'au sens dynamique il n'y en a qu'une. Dans des exposés qui se proposent certains buts, on peut négliger cette distinction, dans d'autres elle est évidemment indispensable. Toujours est-il que nous nous sommes assez bien habitués à ce double sens de l'inconscient, et nous nous en sommes bien accommodés. On ne peut l'éviter, à mon avis du moins ; la distinction entre conscient et inconscient est en définitive une question de perception, à laquelle il faut répondre par oui ou par non, et l'acte de la perception lui-même ne fournit aucune information sur la raison pour laquelle une chose est perçue ou n'est pas perçue. Il n'y a pas lieu de se plaindre de ce que le facteur dynamique ne puisse trouver dans les phénomènes qu'une expression à double sens[1].

---

1. *Cf.* ici : Remarques sur le concept d'inconscient (trad. fr. in : *Métapsychologie*, Paris, Gallimard, coll. Idées). Une récente orientation de la critique de l'inconscient mérite ici d'être prise en considération. Des chercheurs, qui ne refusent pas de reconnaître les faits psychanalytiques, mais ne veulent pas admettre l'inconscient, se tirent d'affaire à l'aide du fait incontesté que la conscience aussi

Mais, à mesure qu'on avance dans le travail psychanalytique, on découvre que ces distinctions elles aussi sont insuffisantes, insuffisantes du point de vue pratique. Parmi les situations qui mettent ceci en évidence, nous relevons comme décisive celle-ci : nous nous sommes formé la représentation d'une organisation cohérente des processus de l'âme dans

---

— en tant que phénomène — présente une large échelle de gradations dans l'intensité ou la clarté. De même qu'il y a des processus qui sont conscients d'une façon très vive, très aiguë et très saisissable, de même l'expérience vécue nous en présente d'autres qui ne sont conscients que d'une façon faible et même à peine discernable ; et les plus faiblement conscients d'entre eux seraient précisément ceux pour lesquels la psychanalyse prétend employer le terme impropre d'inconscient. Ces processus seraient néanmoins conscients eux aussi, ou « dans la conscience », et pourraient être rendus pleinement et fortement conscients si on leur accordait une attention suffisante.

Pour autant que des arguments puissent avoir une influence sur la décision dans une telle question qui dépend ou bien d'une convention ou bien de facteurs affectifs, on peut ajouter ici les remarques suivantes : la référence à une échelle de clarté dans le fait d'être conscient n'a rien de contraignant et n'a pas plus de force démonstrative que les propositions de ce genre : il y a tant de degrés d'éclairement depuis la lumière la plus vive et aveuglante jusqu'à la faible lueur que, par conséquent, il n'y a absolument pas d'obscurité. Ou encore : il y a différents degrés de vitalité, par conséquent il n'y a pas de mort. Ces propositions peuvent bien d'une certaine façon avoir un sens, mais elles doivent être rejetées au point de vue pratique, comme on le constate en essayant d'en tirer des conclusions précises, par exemple : donc il n'y a pas besoin d'allumer de lampes, ou encore : donc tous les organismes sont immortels. En outre, en subsumant l'imperceptible sous le conscient, on n'aboutit qu'à porter atteinte à la seule et unique certitude immédiate qui soit dans le psychique. Une conscience dont on ne sait rien, cela me paraît beaucoup plus absurde qu'un psychique inconscient. Enfin, c'est manifestement sans prendre en considération les conditions dynamiques qui furent déterminantes pour la conception psychanalytique que l'on a tenté d'assimiler ainsi l'inaperçu à l'inconscient. En effet, on néglige là deux faits : premièrement, il est très difficile, il faut un grand effort pour apporter à cet inaperçu assez d'attention, et deuxièmement, quand on y est parvenu, ce qui était aupara-

une personne et nous l'appelons le *moi* de cette personne. C'est à ce moi que se rattache la conscience; il commande les accès à la motilité, c'est-à-dire à la décharge des excitations dans le monde extérieur; c'est cette instance psychique qui exerce un contrôle sur tous ses propres processus partiels, qui va dormir la nuit tout en exerçant encore la censure du rêve. De ce moi partent aussi les refoulements par lesquels certaines tendances psychiques doivent être exclues non seulement de la conscience mais aussi des autres manières de s'affirmer et d'agir. Ce qui a été écarté ainsi par le refoulement s'oppose, dans l'analyse, au moi, et l'analyse se trouve devant la tâche de supprimer les résistances que le moi manifeste lorsqu'on s'occupe du refoulé. Nous observons pendant l'analyse que le malade rencontre des difficultés lorsque nous lui assignons certaines tâches; ses associations s'arrêtent quand elles ont à s'approcher du refoulé. Nous lui disons alors qu'il est dominé par une résistance, mais il n'en sait rien et, même s'il devait deviner d'après ses sentiments de déplaisir qu'une résistance agit à ce moment en lui, il ne sait ni la nommer ni l'indiquer. Mais comme cette résistance part certainement de son moi et appartient à celui-ci, nous nous trouvons devant une situation imprévue. Nous avons trouvé dans le moi lui-même quelque chose qui est inconscient aussi, qui se comporte exactement comme le refoulé, c'est-à-dire manifeste de puissants effets, sans devenir lui-même conscient, et demande pour être rendu conscient un travail parti-

---

vant inaperçu n'est pas maintenant reconnu par la conscience, mais au contraire il lui paraît assez souvent complètement étranger, opposé et est repoussé avec brusquerie par elle. Le recours qu'on veut faire de l'inconscient à ce qui est peu aperçu et pas aperçu, n'est donc qu'un rejeton du préjugé selon lequel l'identité du psychique avec le conscient est établie une fois pour toutes.

culier. Il résulte de cette expérience, pour la pratique analytique, que nous aboutissons à des imprécisions et à des difficultés innombrables si nous persévérons dans notre mode d'expression habituel et si, par exemple, nous voulons ramener la névrose à un conflit entre le conscient et l'inconscient. Nous devons substituer à cette opposition une autre, issue de notre compréhension des rapports structuraux de la vie psychique : l'opposition entre le moi cohérent et le refoulé qui est séparé de lui par clivage[2].

Mais les conséquences pour notre conception de l'inconscient sont encore plus importantes. La perspective dynamique nous avait apporté la première correction, le point de vue structural nous apporte la seconde. Nous sommes amenés à reconnaître que l'*Ics* ne coïncide pas avec le refoulé ; il reste exact que tout refoulé est *ics*, mais tout *Ics* n'est pas pour autant refoulé. Une partie du moi également, et Dieu sait quelle importante partie du moi, peut être *ics*, est certainement *ics*. Et cet *Ics* du moi n'est pas latent au sens du *Pcs*, sans quoi il ne saurait être activé sans devenir *cs* et on ne saurait rencontrer d'aussi grandes difficultés pour le rendre conscient. Nous trouvant devant la nécessité de poser l'existence d'un troisième inconscient, un *Ics* non refoulé, nous devons admettre que le caractère d'être inconscient perd pour nous de son importance. Il devient une qualité aux multiples significations, ne permettant pas, comme nous l'aurions fait volontiers, d'en tirer des conséquences étendues et exclusives. Nous devons pourtant nous garder de le négliger, car, en fin de compte, la propriété : conscient ou non, est notre unique fanal dans les ténèbres de la psychologie des profondeurs.

---

2. *Cf. Au-delà du principe de plaisir.*

2

Le moi et le ça

La recherche pathologique a trop exclusivement dirigé notre intérêt sur le refoulé. Nous voudrions en apprendre davantage sur le moi, depuis que nous savons que le moi aussi peut être inconscient, au sens propre du terme. Notre seul point d'appui dans nos recherches était jusqu'à présent le critère : être conscient ou être inconscient ; finalement, nous avons vu les multiples significations que cela peut avoir.

Or, tout notre savoir est toujours lié à la conscience. Même l'*Ics*, nous ne pouvons le connaître qu'en le rendant conscient. Mais attention, comment est-ce possible ? Que veut dire : rendre quelque chose conscient ? Comment cela peut-il se produire ?

Nous savons déjà à quel maillon nous rattacher ici. Nous avons dit que la conscience est la *surface* de l'appareil psychique, c'est-à-dire que nous l'avons attribuée comme fonction à un système qui, spatialement, est le premier en partant du monde extérieur. Spatialement, non seulement d'ailleurs dans le sens de la fonction, mais, cette fois, dans le sens aussi du découpage anatomique[1]. Notre recherche, elle aussi,

---

1. Voir : *Au-delà du principe de plaisir*.

doit prendre cette surface perceptive comme point de départ.

Au départ, sont *cs* toutes les perceptions qui viennent de l'extérieur (perceptions sensorielles) et, de l'intérieur, ce que nous nommons sensations et sentiments. Qu'en est-il alors de ces processus internes que nous pourrions — d'une façon grossière et imprécise — réunir sous le terme de processus de pensée ? Eux qui s'accomplissent quelque part à l'intérieur de l'appareil, comme des déplacements d'énergie psychique sur la voie de l'action, est-ce eux qui se déplacent vers la surface qui fait naître la conscience ? Ou bien est-ce la conscience qui vient à eux ? Notons que c'est là une des difficultés qui se présentent quand on veut prendre au sérieux la représentation spatiale, *topique*, des événements psychiques. Les deux possibilités sont également inconcevables, il devrait y en avoir une troisième qui soit la bonne.

J'ai déjà fait ailleurs[2] l'hypothèse que la véritable différence entre une représentation *ics* et une représentation *pcs* (une pensée) consiste en ceci que la première s'accomplit sur un quelconque matériel qui reste non reconnu, tandis que, dans la dernière (la représentation *pcs*), vient s'ajouter la connexion avec des *représentations de mot*. C'est là la première tentative faite pour donner des deux systèmes *Pcs* et *Ics* des critères qui soient autres que la relation à la conscience. La question : comment quelque chose devient-il conscient ? s'énonce donc, de façon plus adéquate : comment quelque chose devient-il préconscient ? et la réponse serait : par connexion avec les représentations de mot correspondantes.

Ces représentations de, mot sont des restes mnésiques, elles ont été autrefois des perceptions et peu-

---

2. *L'Inconscient*, 1915 [trad. fr. in *Métapsychologie*, Gallimard, coll. Idées].

vent, comme tous les restes mnésiques, redevenir conscientes. Avant que nous ne traitions plus à fond de leur nature, il se fait jour en nous comme une nouvelle idée : ne peut devenir conscient que ce qui fut autrefois déjà perception *cs*, et ce qui, provenant de l'intérieur, sentiments exceptés, veut devenir conscient, doit tenter de se transposer en perceptions externes. Ceci est rendu possible par le moyen des traces mnésiques.

Les restes mnésiques, nous les concevons comme contenus dans des systèmes qui sont immédiatement contigus au système *Pc-Cs*, de sorte que leurs investissements peuvent se propager facilement, à partir de l'intérieur, aux éléments de ce système. On pense ici aussitôt à l'hallucination et au fait que le souvenir le plus vif se distingue toujours de l'hallucination aussi bien que de la perception externe ; mais, tout aussi vite, nous vient la solution : dans la reviviscence d'un souvenir, l'investissement est maintenu dans le système mnésique, tandis que l'hallucination, indiscernable de la perception, peut apparaître quand l'investissement ne fait pas qu'empiéter de la trace mnésique sur l'élément *Pc*, mais passe complètement sur celui-ci.

Les restes verbaux proviennent essentiellement de perceptions auditives, de sorte qu'ainsi il existerait pour le système *Pcs* une origine sensorielle particulière. Quant aux éléments visuels de la représentation de mot, on peut, en première analyse, les négliger comme secondaires, acquises par la lecture, et de même pour les images motrices du mot qui, sauf chez les sourds-muets, jouent le rôle de signes auxiliaires. Le mot est bien à proprement parler le reste mnésique du mot entendu.

Gardons-nous d'oublier, pour des raisons de simplification, la signification des restes mnésiques optiques — restes mnésiques des choses — ou de dénier le fait que les processus de pensée peuvent devenir conscients par un retour aux restes visuels et que c'est là, chez beaucoup de personnes, la voie privilégiée. L'étude des rêves et des fantasmes préconscients, d'après les observations de J. Varendonck, peut nous fournir une représentation des particularités de cette pensée visuelle. On s'aperçoit que, en général, dans ces phénomènes, c'est seulement le matériel concret de la pensée qui devient conscient, mais que pour les relations, qui sont particulièrement caractéristiques de la pensée, il ne peut exister d'expression visuelle. La pensée en images n'est donc qu'un mode très imparfait du devenir conscient. Elle est aussi, en quelque façon, plus proche des processus inconscients que la pensée en mots et elle est indubitablement plus ancienne que celle-ci, d'un point de vue onto- aussi bien que phylogénétique.

Pour en revenir à notre propos, si c'est là la voie par laquelle quelque chose d'inconscient en soi devient préconscient, à la question : comment rendons-nous (pré)conscient quelque chose de refoulé ?, il faut répondre : en mettant en place par le travail analytique ces termes intermédiaires *pcs*. La conscience reste donc à sa place, mais sans pour autant que l'*Ics* ne soit en quelque sorte remonté jusqu'au *Cs*.

Alors que la relation de la perception externe au moi est tout à fait manifeste, celle qui existe entre la perception interne et le moi nécessite une recherche particulière. À son propos surgit une nouvelle fois ce doute : a-t-on véritablement raison de rapporter toute la conscience au seul système superficiel *Pc-Cs* ?

La perception interne fournit des sensations de processus provenant des couches les plus diverses et certainement aussi les plus profondes de l'appareil psychique. Elles sont mal connues et leur meilleur exemple est encore celui des sensations de la série plaisir-déplaisir. Elles sont plus originaires, plus élémentaires que celles qui proviennent de l'extérieur et elles peuvent encore se produire dans des états où la conscience est obscurcie. Sur leur plus grande importance économique et sur le fondement métapsychologique de ce fait, je me suis expliqué autre part. Ces sensations sont multiloculaires comme les perceptions externes ; elles peuvent venir simultanément de différents endroits et, ainsi, avoir des qualités différentes et même opposées.

Les sensations qui ont le caractère du plaisir n'ont, en soi, rien qui pousse de façon pressante, tandis que les sensations de déplaisir ont ce caractère au plus haut degré. Ces dernières poussent au changement, à la décharge, et c'est la raison pour laquelle nous interprétons le déplaisir comme une élévation et le plaisir comme un abaissement de l'investissement d'énergie. Nommons ce qui devient conscient comme plaisir et déplaisir un « autre-chose » dans l'écoulement des processus psychiques, autre d'un point de vue et quantitatif et qualitatif, la question est alors de savoir si cet autre-chose peut devenir conscient sur place ou s'il doit nécessairement être transmis jusqu'au système *Pc*.

L'expérience clinique décide pour la seconde réponse. Elle nous montre que cet autre-chose se comporte comme une motion refoulée. Il peut déployer des forces poussantes sans que le moi ne s'aperçoive de la compulsion qu'il subit. C'est seulement la résistance contre la compulsion, la suspension de la réaction de décharge qui rend aussitôt cet autre-chose conscient sous forme de déplaisir. Tout aussi bien que les tensions des besoins, la douleur peut aussi rester inconsciente, cette douleur qui tient le milieu entre perception externe et interne, se comportant comme une perception interne alors même qu'elle provient du monde extérieur. Il reste donc exact que sensations et sentiments, eux aussi, ne deviennent conscients qu'en atteignant le système *Pc* ; si la transmission est bloquée, ils ne se réalisent pas sous forme de sensations, bien que l'autre-chose qui leur correspond demeure le même dans l'écoulement de l'excitation. D'une manière abrégée qui n'est pas tout à fait correcte, nous parlons alors de *sensations inconscientes* en maintenant l'analogie, qui n'est pas tout à fait justifiée, avec les représentations inconscientes. La différence est, en effet, qu'en ce qui concerne la représentation *ics* il faut d'abord créer des termes intermédiaires pour l'amener au *Cs*, tandis que ce n'est pas le cas pour les sensations, qui se transmettent directement. En d'autres termes, la distinction entre *Cs* et *Pcs* n'a aucun sens en ce qui concerne les sensations, le *Pcs* ici fait défaut, les sensations sont ou bien conscientes ou bien inconscientes. Même lorsqu'elles sont liées à des représentations de mot, ce n'est pas à celles-ci qu'elles doivent de devenir conscientes, elles le deviennent directement.

Le rôle des représentations de mot devient maintenant tout à fait clair. Par leur intermédiaire, les processus de pensée internes sont transformés en perceptions. Il s'agit, dirait-on, de démontrer cette proposition : toute connaissance provient de la perception externe. Par un surinvestissement de la pensée, les pensées sont perçues effectivement — comme venant de l'extérieur — et de ce fait, sont tenues pour vraies*.

Après avoir ainsi éclairci les relations entre les perceptions externes et internes et le système superficiel *Pc-Cs*, nous pouvons nous mettre à achever l'édification de notre représentation du moi. Nous le

---

* Jeu de mots entre *wahrnehmen* (percevoir, étymologiquement : « prendre vrai ») et *für wahr gehalten* : tenu pour vrai. Freud n'est pas le seul à jouer sur ce terme : *cf.* Hegel, Heidegger...

voyons partir du système *Pc* comme de son noyau et englober d'abord le *Pcs* qui s'étaye sur les restes mnésiques. Mais le moi est aussi, nous l'avons appris, inconscient.

Ici, je pense que nous aurons grand intérêt à suivre les indications d'un auteur qui affirme en vain, pour des motifs personnels, qu'il n'a rien à faire avec les hautes sphères de la science rigoureuse. Je veux parler de G. Groddeck qui ne cesse d'insister sur le fait que ce que nous appelons notre moi se comporte dans la vie de façon essentiellement passive et que, selon son expression, nous sommes « *vécus* » par des forces inconnues, et impossibles à maîtriser[3]. Nous avons tous éprouvé de telles impressions, même si elles ne nous ont pas dominé au point d'exclure toutes les autres, et nous n'hésitons pas à assigner aux vues de Groddeck leur place dans le corps de la science. Je propose d'en tenir compte en appelant l'entité qui part du système *Pc* et qui est tout d'abord *pcs* le *moi*, et en nommant, à la façon de Groddeck, l'autre partie du psychisme dans laquelle le moi se continue et qui se comporte comme *ics*, le *ça*[4].

Nous verrons bientôt si nous pouvons tirer parti de cette conception pour décrire et comprendre les faits. Un individu, donc, est selon nous un ça psychique, inconnu et inconscient, à la surface duquel est posé le moi qui s'est développé à partir du système *Pc* comme de son noyau. Si nous cherchons à figurer les choses graphiquement, nous ajouterons que le moi n'enveloppe pas complètement le ça,

---

[3]. G. Groddeck, *Le Livre du ça* (*Das Buch vom Es*), 1923. Trad. fr. Paris, Gallimard, 1973.

[4]. Groddeck lui-même a probablement suivi l'exemple de Nietzsche chez qui cette expression grammaticale est tout à fait courante pour désigner ce qui, dans notre ère, est impersonnel et, pour ainsi dire, soumis à la nécessité de la nature.

mais seulement dans les limites où le système *Pc* constitue sa surface, donc à peu près comme le disque germinatif est posé sur l'œuf. Le moi n'est pas nettement séparé du ça, il fusionne avec lui dans sa partie inférieure.

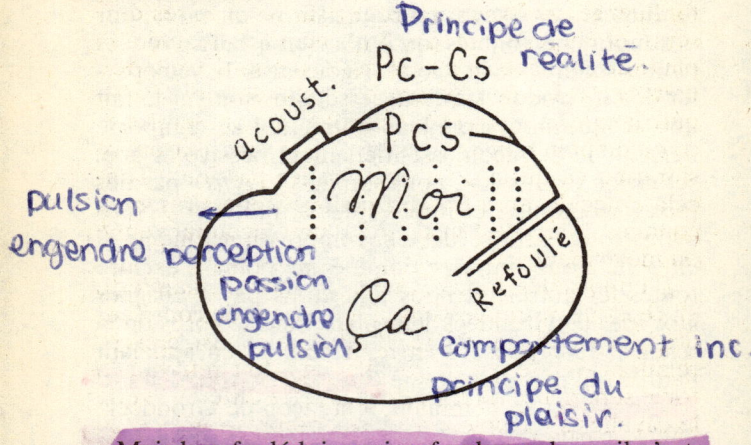

Mais le refoulé lui aussi se fond avec le ça, il n'est qu'une partie de celui-ci. Le refoulé n'est nettement séparé du moi que par les résistances du refoulement, tandis que par le ça il peut communiquer avec lui. Nous nous apercevons aussitôt que presque toutes les distinctions que la pathologie nous a amenés à décrire ne se rapportent qu'aux couches superficielles de l'appareil psychique, les seules qui nous soient connues. Nous pourrions esquisser un dessin montrant ces rapports, dessin dont les contours, bien entendu, ne sont là que pour permettre la figuration, sans pouvoir prétendre à une interprétation particulière. Peut-être ajouterons-nous que le moi porte une « calotte acoustique » et, comme en témoigne l'anatomie du cerveau, d'un seul côté ? Elle est posée sur lui, pourrait-on dire, de travers.

Il est facile de voir que le moi est la partie du ça qui a été modifiée sous l'influence directe du monde extérieur par l'intermédiaire du *Pc-Cs*, qu'il est en quelque sorte une continuation de la différenciation superficielle. Il s'efforce aussi de mettre en vigueur l'influence du monde extérieur sur le ça et ses desseins, et cherche à mettre le principe de réalité à la place du principe de plaisir qui règne sans limitation dans le ça. La perception joue pour le moi le rôle qui, dans le ça, échoit à la pulsion. Le moi représente ce qu'on peut nommer raison et bon sens, par opposition au ça qui a pour contenu les passions. Tout cela coïncide avec les distinctions populaires bien connues, mais n'est juste que d'une façon moyenne ou idéalement.

L'importance fonctionnelle du moi se manifeste en ceci que, normalement, il lui revient de commander les accès à la motilité. Il ressemble ainsi, dans sa relation avec le ça, au cavalier qui doit réfréner la force supérieure du cheval, avec cette différence que le cavalier s'y emploie avec ses propres forces et le moi, lui, avec des forces d'emprunt. Cette comparaison nous conduit plus loin. De même que le cavalier, s'il ne veut pas se séparer de son cheval, n'a souvent rien d'autre à faire qu'à le conduire où il veut aller, de même le moi a coutume de transformer en action la volonté du ça, comme si c'était la sienne propre.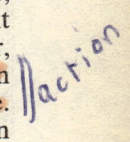

Dans l'apparition du moi et dans sa séparation d'avec le ça, un autre facteur que l'influence du système *Pc* semble encore avoir joué un rôle. Le corps propre, et avant tout sa surface, est un lieu dont peuvent provenir simultanément des perceptions externes et internes. Il est vu comme un objet étranger, mais en même temps il livre au toucher des sensations de deux sortes, dont l'une peut être assimilée à une perception interne. La physiologie a suffisamment examiné la façon dont le corps propre se découpe dans

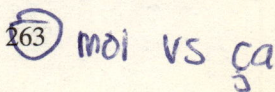

le monde de la perception. La douleur aussi semble jouer là un rôle et la manière dont on acquiert, dans des affections douloureuses, une nouvelle connaissance de ses organes est peut-être exemplaire de la manière dont, d'une façon générale, on arrive à se représenter son propre corps.

Le moi est avant tout un moi corporel, il n'est pas seulement un être de surface, mais il est lui-même la projection d'une surface[5]. Si l'on cherche une analogie anatomique, le mieux est de l'identifier avec l'« homoncule cérébral » des anatomistes, qui se trouve dans le cortex cérébral, la tête en bas et les pieds en haut, regardant vers l'arrière et, on le sait, portant à gauche la zone du langage.

Les relations entre le moi et la conscience ont été souvent considérées, mais quelques faits importants doivent être ici décrits à nouveau. Habitués à transporter partout avec nous le point de vue de la valeur sociale ou éthique, nous ne sommes pas surpris d'apprendre que l'activité des basses passions se déroule dans l'inconscient, mais nous nous attendons à ce que les fonctions psychiques aient d'autant plus facilement et sûrement accès à la conscience qu'elles sont situées plus haut dans cette échelle de valeurs. Mais ici l'expérience psychanalytique nous détrompe. Nous avons d'une part la preuve que même un travail intellectuel délicat et difficile, qui exige ordinairement une réflexion soutenue, peut aussi être accompli préconsciemment, sans parvenir à la conscience.

---

5. C.à.d. : le moi est finalement dérivé de sensations corporelles, principalement de celles qui ont leur source dans la surface du corps. Il peut ainsi être considéré comme une projection mentale de la surface du corps, et de plus, comme nous l'avons vu plus haut, il représente la surface de l'appareil mental.
[Cette note fut ajoutée à la traduction anglaise de 1927, avec l'autorisation de Freud.]

De tels faits sont tout à fait indubitables, ils se produisent par exemple dans l'état de sommeil et se traduisent par ceci qu'une personne, après avoir cherché en vain pendant la journée la solution d'un problème difficile, mathématique ou autre, la connaît immédiatement à son réveil[6].

Mais une autre constatation est beaucoup plus étrange. Nous apprenons dans nos analyses qu'il y a des personnes chez qui l'autocritique et la conscience morale, donc des fonctions psychiques qu'on place parmi les plus élevées, sont inconscientes et produisent, en tant qu'inconscientes, les effets les plus importants. Le fait que la résistance reste inconsciente dans l'analyse ne constitue donc en aucune façon une situation unique en son genre. Mais une nouvelle expérience, celle qui nous oblige, en dépit de tout notre esprit critique, à parler d'un *sentiment de culpabilité inconscient*, nous déroute beaucoup plus. Elle fait surgir de nouvelles énigmes, d'autant que nous entrevoyons peu à peu que ce sentiment de culpabilité inconscient joue un rôle économique décisif dans un grand nombre de névroses, et oppose à la guérison les plus solides obstacles. Pour en revenir à notre échelle de valeurs, nous devrons dire : ce n'est pas seulement le plus profond, mais aussi le plus élevé dans le moi qui peut être inconscient. C'est comme si se trouvait ainsi démontré ce que nous avons dit précédemment du moi conscient : il est avant tout un moi-corps.

---

6. Un cas de ce genre m'a été communiqué tout récemment et, en fait, comme une objection à ma description du « travail du rêve ».

3

Le moi et le sur-moi (idéal du moi)

Si le moi n'était que la partie du ça modifiée par l'influence du système perceptif, le représentant du monde extérieur réel dans le psychique, la situation serait simple. Mais il s'y ajoute quelque chose d'autre.

Nous avons exposé ailleurs[1] les motifs qui nous ont amené à admettre l'existence d'un niveau dans le moi, d'une différenciation à l'intérieur du moi, qu'il convient de nommer *idéal du moi* ou *sur-moi*. Ces motifs gardent toute leur valeur[2]. Le point nouveau, qui exige explication, c'est que cette partie du moi est dans une relation moins étroite avec la conscience.

Il nous faut ici aller chercher un peu plus loin. Nous étions parvenus à expliquer l'affection doulou-

---

1. « Pour introduire le narcissisme » (tr. fr. in *La vie sexuelle*, Paris, P.U.F.). « Psychologie des foules et analyse du moi » (trad. fr. présent volume, p. 129-242).
2. J'ai seulement commis une erreur qui exige rectification, en attribuant à ce sur-moi la fonction de l'épreuve de réalité. Il serait tout à fait conforme aux relations du moi avec le monde de la perception que l'épreuve de réalité demeure la tâche propre au moi. — J'ai aussi tenu autrefois des propos plutôt vagues concernant un *noyau du moi*, formulations qui doivent maintenant être rectifiées dans la mesure où seul le système *Pc-Cs* doit être considéré comme noyau du moi.

reuse de la mélancolie par l'hypothèse que l'objet perdu est ré-érigé dans le moi, donc qu'un investissement d'objet est relayé par une identification[3]. Mais à ce moment nous ne reconnaissions pas encore toute la signification de ce processus et nous ne savions pas combien il est fréquent et typique. Nous avons depuis lors compris qu'une telle substitution a une part importante dans la formation du moi et contribue essentiellement à produire ce qu'on nomme son *caractère*.

Aux toutes premières origines, à la phase orale primitive de l'individu, investissement d'objet et identification ne peuvent guère être distingués l'un de l'autre. Plus tard on peut seulement admettre que les investissements d'objet partent du ça, qui ressent les tendances érotiques comme des besoins. Le moi, qui au début est encore faible, a connaissance des investissements d'objet, il y consent ou bien il cherche à s'en défendre par le processus du refoulement[4].

Si l'on vient à abandonner cet objet sexuel ou si on y est contraint, il n'est pas rare qu'en remplacement survienne la modification du moi qu'il faut décrire, ainsi que dans la mélancolie, comme érection de l'objet dans le moi ; nous ne savons pas encore avec précision comment se produit cette substitution.

---

3. *Deuil et Mélancolie* (trad. fr. in *Métapsychologie*, Paris, Gallimard, coll. Idées).
4. On trouverait un parallèle intéressant à la substitution de l'identification au choix d'objet dans une croyance des primitifs et dans l'interdit qui se fonde sur elle : pour les primitifs les qualités de l'animal incorporé sous forme de nourriture demeurent, dans celui qui le mange, comme caractère. Cette croyance, on le sait, fait partie aussi des fondements du cannibalisme et continue d'agir dans la série des coutumes qui vont du repas totémique jusqu'à la Sainte Communion. Les conséquences qui sont attribuées ici à l'emprise orale sur l'objet valent effectivement aussi pour le choix d'objet sexuel ultérieur.

Peut-être le moi, par cette introjection qui est une sorte de régression au mécanisme de la phase orale, facilite-t-il ou rend-il possible l'abandon de l'objet. Peut-être cette identification est-elle d'une façon générale la condition pour que le ça abandonne ses objets. En tout cas, le processus est très fréquent, surtout dans les premières phases du développement, ce qui permet de concevoir que le caractère du moi résulte de la sédimentation des investissements d'objet abandonnés, qu'il contient l'histoire de ces choix d'objet. Naturellement, on doit d'emblée attribuer à la capacité de résistance une échelle qui indique dans quelle mesure le caractère d'une personne se défend contre ces influences provenant de l'histoire des choix d'objet érotiques, ou bien les admet. Chez des femmes qui ont eu de nombreuses expériences amoureuses, on a l'impression de pouvoir facilement retrouver dans leurs traits de caractère les restes de leurs investissements d'objet. Il faut aussi tenir compte d'une simultanéité entre investissement d'objet et identification, donc d'une modification de caractère, avant que l'objet n'ait été abandonné. Dans ce cas la modification du caractère pourrait survivre à la relation d'objet et en un certain sens la conserver.

Selon un autre point de vue, on peut dire que cette transposition d'un choix d'objet érotique en une modification du moi est aussi une voie par laquelle le moi peut maîtriser le ça et approfondir ses relations avec lui, à vrai dire au prix d'une grande docilité à l'égard de ce qui est vécu par le ça. Quand le moi adopte les traits de l'objet, il s'impose pour ainsi dire lui-même au ça comme objet d'amour, il cherche à remplacer pour lui ce qu'il a perdu en disant : « Tu peux m'aimer moi aussi, vois comme je ressemble à l'objet. »

La transposition de la libido d'objet en libido narcissique, qui se produit ici, comporte manifestement un abandon des buts sexuels, une désexualisation, donc une espèce de sublimation. Et même, une question surgit qui mérite d'être traitée à fond : n'est-ce pas là la voie générale de la sublimation, toute sublimation ne se produit-elle pas par l'intermédiaire du moi qui commence par transformer la libido d'objet sexuelle en libido narcissique, pour lui assigner éventuellement ensuite un autre but[5] ? Cette transformation ne peut-elle pas avoir comme conséquence d'autres destins pulsionnels, par exemple entraîner une désunion des différentes pulsions fondues ensemble ? Nous y reviendrons plus loin.

Par rapport à notre but faisons une digression, et elle est inévitable, en arrêtant un moment notre attention sur les identifications du moi à des objets. Si elles prennent le dessus, deviennent par trop nombreuses, trop fortes et inconciliables entre elles, alors on peut s'attendre à un résultat pathologique. Cela peut aller jusqu'à un éclatement du moi, les différentes identifications s'isolant les unes des autres par des résistances ; et peut-être le secret des cas qu'on appelle *personnalités multiples* réside-t-il en ce que les différentes identifications accaparent alternativement la conscience. Même si les choses ne vont pas aussi loin, apparaît le thème des conflits entre les différentes identifications, entre lesquelles le moi se divise, conflits qui ne peuvent, en fin de compte, être totalement considérés comme pathologiques.

Quelle que soit la forme que puisse prendre plus tard la capacité de résistance du caractère aux

---

5. Le grand réservoir de la libido au sens de l'*introduction du narcissisme*, nous devons reconnaître, maintenant que nous avons distingué le moi et le ça, que c'est le ça. La libido qui afflue vers le moi par les identifications ici décrites constitue son «*narcissisme secondaire*».

influences des investissements d'objet abandonnés les effets des premières identifications, qui ont lieu au tout premier âge, garderont un caractère général et durable. Ceci nous ramène à la naissance de l'idéal du moi, car derrière lui se cache la première et la plus importante identification de l'individu : l'identification au père de la préhistoire personnelle[6]. Celle-ci tout d'abord semble n'être pas le résultat ou l'issue d'un investissement d'objet ; c'est une identification directe, immédiate, plus précoce que tout investissement d'objet. Mais les choix d'objet, qui appartiennent à la première période sexuelle et concernent le père et la mère, semblent, dans un déroulement normal, trouver leur issue dans une telle identification, venant ainsi renforcer l'identification primaire.

Quoi qu'il en soit, ces relations sont si compliquées qu'il est nécessaire de les décrire plus à fond. Deux facteurs sont responsables de cette complexité — la disposition triangulaire de la relation œdipienne et la bisexualité constitutionnelle de l'individu.

Dans sa forme simplifiée, le cas de l'enfant mâle se présente ainsi : tout au début, il développe un investissement d'objet à l'égard de la mère, qui prend son point de départ dans le sein maternel et représente le modèle exemplaire d'un choix d'objet selon le type par étayage ; quant au père, le garçon s'en empare par identification. Les deux relations

---

6. Peut-être serait-il plus prudent de dire « identification aux parents », car avant la connaissance certaine de la différence des sexes, du manque du pénis, père et mère ne se voient pas accorder une valeur différente. J'ai pu récemment observer l'histoire d'une jeune femme qui, à partir du moment où elle avait constaté son propre manque de pénis, avait refusé la possession de cet organe non à toutes les femmes, mais seulement à celles qu'elle tenait pour inférieures. Dans son esprit, sa mère avait conservé le sien. Pour simplifier l'exposé, je ne traiterai que de l'identification au père.

cheminent un certain temps côte à côte jusqu'à ce que, les désirs sexuels à l'égard de la mère se renforçant et le père étant perçu comme un obstacle à ces désirs, le complexe d'Œdipe apparaisse[7]. L'identification au père prend alors une tonalité hostile, elle se convertit en désir d'éliminer le père et de le remplacer auprès de la mère. À partir de là, la relation au père est ambivalente ; on dirait que l'ambivalence inhérente dès l'origine à l'identification est devenue manifeste. L'attitude ambivalente à l'égard du père et la tendance objectale uniquement tendre envers la mère représentent chez le garçon le contenu du complexe d'Œdipe simple, positif.

Lors de la destruction du complexe d'Œdipe, l'investissement objectal de la mère doit être abandonné. Il peut être remplacé de deux manières, soit par une identification à la mère, soit par un renforcement de l'identification au père. Notre usage est de considérer cette dernière issue comme la plus normale ; elle permet de maintenir dans une certaine mesure la relation tendre à la mère. Du fait de la disparition du complexe d'Œdipe la masculinité dans le caractère du garçon se trouverait ainsi consolidée. D'une manière tout à fait analogue, la position œdipienne de la petite fille peut aboutir à un renforcement de son identification à la mère (ou à l'instauration de celle-ci) qui établit le caractère féminin de l'enfant.

Ces identifications ne répondent pas à notre attente car elles n'introduisent pas dans le moi l'objet abandonné ; mais cette issue se rencontre aussi, et il est plus facile de l'observer chez la fille que chez le garçon. L'analyse nous apprend fréquemment que la petite fille, après avoir dû renoncer au père comme objet d'amour, sort alors sa masculinité et s'identifie

---

7. *Cf.* « Psychologie des foules et analyse du moi », ch. VII.

non pas à la mère, mais au père, donc à l'objet perdu. Cela suppose évidemment que ses dispositions masculines soient assez fortes — quelle que puisse être par ailleurs leur nature.

Que la situation œdipienne ait pour issue une identification au père ou à la mère, cela semble donc dépendre dans les deux sexes de la force relative des dispositions sexuelles masculine et féminine. C'est là l'une des façons dont la bisexualité intervient dans les destins du complexe d'Œdipe. L'autre façon est encore plus importante. On a en effet l'impression que le complexe d'Œdipe simple n'est pas du tout le plus fréquent, mais qu'il correspond à une simplification ou à une schématisation, même si elle reste bien souvent justifiée dans la pratique. Une investigation plus poussée découvre la plupart du temps le complexe d'Œdipe *dans sa forme plus complète*, complexe qui est double, positif et négatif, sous la dépendance de la bisexualité originaire de l'enfant : le garçon n'a pas seulement une position ambivalente envers le père et un choix d'objet tendre pour la mère, mais il se comporte en même temps comme une fille en manifestant la position féminine tendre envers le père et la position correspondante d'hostilité jalouse à l'encontre de la mère. Cette intervention de la bisexualité rend bien difficile d'y voir clair dans les relations des choix d'objet et des identifications primitifs, et encore plus difficile de les décrire d'une façon compréhensible. Il se pourrait aussi que l'ambivalence constatée dans les rapports avec les parents doive être entièrement rattachée à la bisexualité et qu'elle ne se développe pas, comme je l'ai présenté plus haut, à partir de l'identification et en raison de l'attitude de rivalité.

Je crois qu'on fait bien d'admettre, en général et tout particulièrement chez les névrosés, l'existence du complexe d'Œdipe complet. L'expérience analytique montre alors que dans nombre de cas l'un ou l'autre constituant du complexe s'évanouit, ne laissant que des traces à peine perceptibles, de sorte qu'on obtient une série avec, à l'une de ses extrémités le complexe d'Œdipe normal positif, et à l'autre le complexe inversé, négatif, tandis que les termes intermédiaires revêtent la forme complète, avec une participation variable des deux composantes. Lors de la disparition du complexe d'Œdipe, les quatre tendances qu'il comporte se grouperont de telle sorte qu'une identification au père et une identification à la mère en résultent : l'identification au père conservera l'objet maternel du complexe positif et remplacera en même temps l'objet paternel du complexe inversé ; ceci vaudra de façon analogue pour l'identification à la mère. Dans la marque plus ou moins forte des deux identifications se reflétera l'inégalité des deux dispositions sexuelles.

On peut donc admettre comme résultat le plus général de la phase sexuelle dominée par le complexe d'Œdipe, une sédimentation dans le moi qui consiste dans la production de ces deux identifications accordées de quelque façon l'une à l'autre. Cette modification du moi garde sa position particulière, elle s'oppose au reste du contenu du moi comme idéal du moi ou sur-moi.

Cependant le sur-moi n'est pas simplement un résidu des premiers choix d'objet du ça, mais il a aussi la signification d'une formation réactionnelle énergique contre eux. Sa relation au moi ne s'épuise pas dans le précepte : tu *dois* être ainsi (comme le père), elle comprend aussi l'interdiction : tu *n'as pas le droit* d'être ainsi (comme le père), c'est-à-dire tu n'as pas le droit de faire tout ce qu'il fait ; certaines choses lui restent réservées. Ce double visage de l'idéal du moi dérive du fait que l'idéal du moi a fait tous ses efforts pour le refoulement du complexe d'Œdipe, et même qu'il ne doit sa naissance qu'à son renversement. Le refoulement du complexe d'Œdipe n'a évidemment pas été une tâche facile. Les parents, en particulier le père, ayant été reconnus comme l'obstacle à la réalisation des désirs œdipiens, le moi infantile en vue d'accomplir ce refoulement se renforça en érigeant en lui ce même obstacle. Il emprunta d'une certaine façon au père la force nécessaire, emprunt qui est un acte extraordinairement lourd de conséquences. Le sur-moi conservera le caractère du père ; plus le complexe d'Œdipe a été fort et plus son refoulement s'est produit rapidement (sous l'influence de l'autorité, de l'instruction religieuse, de l'enseignement, des lectures), plus sévère sera plus tard la domination du sur-moi sur le moi comme conscience morale, voire comme sentiment de culpabilité inconscient. — D'où tire-t-il la force pour cette domination, et le caractère compulsionnel qui se manifeste comme impératif catégorique ? je ferai plus tard une supposition à ce sujet.

Si nous considérons encore une fois la naissance du sur-moi telle que nous l'avons décrite, nous reconnaissons qu'il est le résultat de deux facteurs biologiques de la plus haute importance* : le long état de détresse et de dépendance infantiles de l'être humain et le fait de son complexe d'Œdipe, que nous avons bien ramené à l'interruption du développement de la libido par la période de latence, donc à l'*instauration diphasée* de sa vie sexuelle. Dans cette

---

* Freud lui-même a corrigé comme suit ce passage dans l'édition anglaise de 1927 : « ... le résultat de deux facteurs de la plus haute importance, l'un de nature biologique, l'autre de nature historique : le long état de détresse et de dépendance infantiles de l'être humain et le fait de son complexe d'Œdipe, dont nous avons montré que le refoulement est lié à l'interruption du développement libidinal par la période de latence, donc à l'instauration diphasée de la vie sexuelle de l'être humain. »

dernière propriété, spécifiquement humaine semble-t-il, une hypothèse psychanalytique voit l'héritage du développement vers la culture imposé par la période glaciaire. Ainsi la séparation du sur-moi d'avec le moi n'a rien de fortuit, elle porte les traits les plus marquants du développement de l'individu et de l'espèce, et même, en donnant à l'influence des parents une expression persistante, elle pérennise l'existence des facteurs auxquels elle doit son origine.

On a reproché d'innombrables fois à la psychanalyse de ne pas se soucier de ce qui, dans l'homme, est supérieur, moral, suprapersonnel. Ce reproche était injuste, du double point de vue historique et méthodique. Du premier point de vue, car, dès le début, c'est aux tendances morales et esthétiques dans le moi que nous avons assigné ce qui donne impulsion au refoulement; du second point de vue, puisqu'on ne voulait pas voir que la recherche psychanalytique ne pouvait faire son apparition, comme le fait un système philosophique, avec son appareil théorique complet et achevé, mais qu'elle devait frayer progressivement sa voie vers la compréhension des complications psychiques au moyen de l'analyse, en leurs éléments, des phénomènes normaux et anormaux. Aussi longtemps que nous avions à nous consacrer à l'étude du refoulé dans la vie psychique, nous n'éprouvions pas le besoin de partager l'anxiété de ceux qui se préoccupaient de savoir où nous avions laissé ce qu'il y a de supérieur en l'homme. Maintenant que nous nous risquons à l'analyse du moi, nous pouvons répondre à tous ceux qui, ébranlés dans leur conscience éthique, se sont récriés qu'il doit pourtant y avoir dans l'homme un être supérieur : certainement, et voici cet être supérieur, l'idéal du moi ou sur-moi, la représentation de notre relation aux parents. Petits enfants, nous avons connu, admiré, redouté ces êtres supérieurs, plus tard, nous les avons pris en nous-mêmes.

L'idéal du moi est donc l'héritier du complexe d'Œdipe et, de ce fait, l'expression des plus puissantes motions et des plus importants destins de la libido du ça. Par son édification, le moi a assuré son emprise sur le complexe d'Œdipe et, en même temps, il s'est lui-même soumis au ça. Tandis que le moi est essentiellement représentant du monde extérieur, de la réalité, le sur-moi se pose en face de lui comme mandataire du monde intérieur, du ça. Les conflits entre le moi et l'idéal refléteront en dernière analyse, nous sommes maintenant prêts à l'admettre, l'opposition entre réel et psychique, monde extérieur et monde intérieur.

Ce que la biologie et les destins de l'espèce humaine ont créé et laissé dans le ça, est repris par le moi au moyen de la formation d'idéal et revécu en lui sur le plan individuel. Par suite de l'histoire de sa formation, l'idéal du moi a les liens les plus étendus avec l'acquis phylogénétique de l'individu, son héritage archaïque. Ce qui a appartenu au plus profond de la vie psychique individuelle, la formation d'idéal en fait ce qu'il y a de plus élevé dans l'âme humaine, cela au sens de notre échelle de valeurs. Mais ce serait peine perdue que de localiser l'idéal du moi, ne fût-ce qu'à la façon dont nous avons localisé le moi, ou de vouloir le faire entrer dans l'une des comparaisons par lesquelles nous avons essayé de figurer la relation du moi au ça.

Il est facile de montrer que l'idéal du moi satisfait à toutes les exigences posées à l'essence supérieure de l'homme. Formation substitutive qui remplace la nostalgie pour le père, il contient le germe à partir duquel toutes les religions se sont formées. Lorsque le moi se compare à son idéal, le jugement qu'il porte sur sa propre insuffisance engendre le senti-

...it d'humilité religieuse auquel le croyant en appelle dans sa ferveur nostalgique. Au cours du développement ultérieur, maîtres et autorités ont continué le rôle du père; leurs ordres et leurs interdictions sont restés puissants dans le moi-idéal et, sous forme de *conscience morale*, exercent désormais la censure morale. La tension entre les exigences de la conscience morale et les réalisations du moi est ressentie comme *sentiment de culpabilité.* Les sentiments sociaux reposent sur des identifications à d'autres sur la base d'un même idéal du moi.

Religion, morale et sentiment social — ces contenus principaux de ce qu'il y a de plus élevé dans l'homme[8] — ont été originairement une seule et même chose. D'après l'hypothèse de *Totem et Tabou*, ces contenus furent acquis phylogénétiquement en liaison avec le complexe paternel: la religion et la restriction morale lorsque fut maîtrisé le complexe d'Œdipe proprement dit, les sentiments sociaux lorsqu'il fallut surmonter la rivalité qui subsistait entre les membres de la jeune génération. Dans toutes ces acquisitions morales, il semble que ce soit le sexe masculin qui soit allé de l'avant, et qu'une hérédité croisée ait transmis ce patrimoine aux femmes également. Aujourd'hui encore, les sentiments sociaux naissent chez l'individu comme une super-structure, qui s'élève par-dessus les motions de rivalité jalouse à l'égard des frères et sœurs. L'hostilité ne pouvant être satisfaite, il se produit une identification avec celui qui était d'abord le rival. Des observations faites sur des cas légers d'homosexualité viennent à l'appui de la supposition selon laquelle cette identification, elle aussi, est le

---

8. Nous laissons ici de côté science et art.

substitut d'un choix d'objet tendre qui a pris la place de l'attitude agressive-hostile[9].

Mais l'évocation de la phylogénèse fait surgir de nouveaux problèmes devant lesquels, au moment de répondre, on serait tenté de s'esquiver prudemment. Mais rien n'y fait, il faut risquer l'épreuve, même si l'on craint que s'y dévoile l'insuffisance de toute notre tentative. La question se pose ainsi : qui a acquis jadis la religion et la moralité en liaison avec le complexe paternel, le moi du primitif, ou son ça ? Si c'est le moi, pourquoi ne parlons-nous pas simplement d'une hérédité dans le moi ? Si c'est le ça, comment cela s'accorde-t-il avec le caractère du ça ? Ou bien, est-il interdit de reporter dans des temps si anciens la différenciation en moi, sur-moi et ça ? Ou bien, ne faut-il pas avouer honnêtement que toute notre conception des processus du moi n'aide en rien à comprendre la phylogénèse et ne s'y applique pas ?

Répondons d'abord aux questions les plus faciles. La différenciation du moi et du ça doit être attribuée non seulement aux hommes primitifs, mais encore à des êtres vivants beaucoup plus simples, puisqu'elle est l'expression nécessaire de l'influence du monde extérieur. Quant au sur-moi, nous l'avons fait provenir tout droit des expériences vécues qui ont conduit au totémisme. La question de savoir si c'est le moi ou bien le ça qui a fait ces expériences et ces acquisitions se dissout bientôt. La première réflexion nous indique que le ça ne peut faire l'expérience ou l'épreuve d'un destin extérieur sans passer par le *moi* qui représente auprès de lui le monde extérieur. Mais on ne peut pourtant pas parler d'une transmis-

---

9. *Cf.* « Psychologie des foules et analyse du moi » (trad. fr. in présent volume) — « Sur quelques mécanismes névrotiques dans la jalousie, la paranoïa et l'homosexualité » (trad. fr. in *Névrose, psychose, perversion*, Paris, P.U.F.).

sion héréditaire directe dans le *moi*. Ici s'ouvre la faille entre l'individu réel et le concept de l'espèce. On ne doit pas non plus trop figer la distinction du moi et du ça ni oublier que le moi est une partie du ça qui a subi une différenciation particulière. Il semble que les expériences vécues du moi se perdent tout d'abord pour le patrimoine héréditaire, mais que, si elles se répètent avec une fréquence et une force suffisantes chez de nombreux individus, se succédant de génération en génération, elles se transposent, pour ainsi dire, en expériences vécues du ça, dont les empreintes sont maintenues par hérédité. De la sorte, le ça héréditaire héberge les restes des existences d'innombrables moi, et, lorsque le moi puise son sur-moi dans le ça, peut-être ne fait-il que remettre au jour des figures du moi plus anciennes, et les ressusciter.

L'histoire de l'apparition du sur-moi permet de comprendre que des conflits qui opposaient d'abord le moi aux investissements d'objet du ça puissent se continuer en conflits avec l'héritier de ces investissements, le sur-moi. Lorsque le moi a mal réussi à maîtriser le complexe d'Œdipe, l'investissement énergétique de celui-ci, qui trouve son origine dans le ça, va se réactiver dans la formation réactionnelle de l'idéal du moi. La large communication entre cet idéal et ces motions pulsionnelles *ics* nous permettra de résoudre cette énigme : comment l'idéal, lui-même en grande partie inconscient, peut-il rester inaccessible au moi ? Le combat qui avait fait rage dans les couches profondes, et qui n'avait pu être mené à son terme par une rapide sublimation et identification, se poursuit maintenant, comme la bataille contre les Huns peinte par Kaulbach, dans une région supérieure.

4

Les deux espèces de pulsions

Nous avons déjà dit que si notre partition de l'être psychique en un ça, un moi et un sur-moi représente un progrès dans notre connaissance, elle doit aussi se montrer capable d'aider à une compréhension plus profonde et à une meilleure description des relations dynamiques dans la vie psychique. Nous avons aussi déjà clairement dégagé le fait que le moi se trouve sous l'influence particulière de la perception, et que l'on peut dire en gros que les perceptions ont pour le moi la même signification que les pulsions pour le ça. Mais, de plus, le moi est soumis également à l'action des pulsions, comme le ça, dont il n'est d'ailleurs qu'une partie particulièrement modifiée.

Concernant les pulsions, j'ai développé récemment (*Au-delà du principe du plaisir*) une conception que je vais maintenir ici, et mettre à la base des discussions qui suivent. Selon cette conception, il faut distinguer deux espèces de pulsions, dont l'une, *les pulsions sexuelles* ou *Éros*, est de loin la plus évidente et la plus accessible à la connaissance. Elle englobe non seulement la pulsion sexuelle proprement dite, non inhibée, et les motions pulsionnelles inhibées quant au but et sublimées qui en dérivent, mais aussi la pulsion d'auto-conservation, que nous devons attribuer au moi, et que nous avions opposée pour de justes raisons, au début du travail analytique, aux pulsions d'objet sexuelles. Pour mettre en évidence la deuxième espèce de pulsion, nous allions rencontrer des difficultés ; finalement nous en arrivâmes à considérer le sadisme comme son représentant. Sur la base de réflexions théoriques appuyées par la biologie, nous supposâmes l'existence d'une *pulsion de mort*, qui a pour tâche de ramener le vivant organique à l'état inanimé, tandis que l'Éros poursuit le but de compliquer la vie en rassemblant, de façon toujours plus extensive, la substance vivante éclatée en particules, et naturellement, en plus, de la maintenir. Les deux pulsions se comportent là, au sens le plus strict, de façon conservatrice, puisqu'elles tendent à la restauration d'un état qui a été perturbé par l'apparition de la vie. L'apparition de la vie serait donc la cause de la continuation de la vie et en même temps, aussi, de la tendance à la mort, et la vie elle-même serait un combat et un compromis entre ces deux tendances. La question de l'origine de la vie resterait une question cosmologique qui, d'après le but et l'intention de la vie, recevrait une réponse *dualiste*.

À chacune de ces deux espèces de pulsions serait ordonné un processus physiologique particulier (construction et décomposition), dans chaque morceau de substance vivante les deux sortes de pulsions seraient à l'œuvre, mais ceci dans une union aux proportions variables, de sorte qu'une substance pourrait se charger de représenter l'Éros de façon éminente.

De quelle façon des pulsions des deux espèces s'allient, se mélangent et se combinent, il serait encore impossible de se le représenter ; mais que cela se produise régulièrement et sur une grande échelle, c'est là une hypothèse qu'on ne saurait refuser dans le cadre de notre propos. La réunion des organismes élémentaires en êtres vivants pluricellulaires aurait permis de neutraliser la pulsion de mort de la cellule individuelle, et de dériver sur le monde extérieur les motions destructrices par l'entremise d'un organe particulier. Cet organe serait la musculature, et la pulsion de mort se manifesterait désormais — bien que ce ne soit vraisemblablement que d'une manière partielle — sous la forme de *pulsion de destruction* tournée contre le monde extérieur et d'autres êtres vivants.

Une fois admise la représentation d'une union des deux espèces de pulsions, la possibilité d'une *désunion* — plus ou moins complète — s'impose à nous. La composante sadique de la pulsion sexuelle nous fournirait un exemple classique d'une union pulsionnelle au service d'une fin, le *sadisme* devenu indépendant sous forme de perversion offrirait le modèle d'une désunion, sans qu'elle soit, à vrai dire, poussée à l'extrême. Ceci nous procure une ouverture sur un large domaine de faits qui n'avaient pas encore été envisagés sous ce jour. Nous reconnaissons que la *pulsion de destruction* est régulièrement mise au service de l'Éros à des fins de décharge, nous supposons que l'attaque épileptique est le produit et le signe d'une désunion pulsionnelle, et nous nous faisons à l'idée que, parmi les conséquences de bien des névroses graves, il faut particulièrement souligner la désunion pulsionnelle et la place prépondérante prise par la pulsion de mort. Pour généraliser rapidement, nous pourrions supposer que l'essence d'une régression de la libido, par exemple de la phase génitale à la phase sadique-anale, repose sur une désunion pulsionnelle, et qu'inversement, le progrès de la première phase génitale à la phase génitale définitive a pour condition un apport de composantes érotiques. On peut aussi se demander si l'*ambivalence* commune, qui se trouve si souvent renforcée dans la prédisposition constitutionnelle à la névrose, ne peut pas être conçue comme le résultat d'une désunion ; toutefois celle-ci est si originaire que l'on doit plutôt la considérer comme une union pulsionnelle qui ne s'est pas accomplie.

Notre intérêt va naturellement se tourner vers ces deux questions : ne peut-on découvrir des relations fécondes entre d'une part les formations dont nous avons admis l'existence, le moi, le sur-moi et le ça, et d'autre part les deux espèces de pulsions ? En outre pouvons-nous assigner au principe de plaisir, qui domine les processus psychiques, une position définie par rapport aux deux espèces de pulsions et aux différenciations psychiques ? Mais avant d'entamer cette discussion, nous devons dissiper un doute concernant la position même du problème. Il n'y a, assurément, aucun doute en ce qui concerne le principe de plaisir, la partition du moi se justifie par la clinique, mais la distinction des deux espèces de pulsions paraît insuffisamment assurée, et il se pourrait que des faits provenant de l'analyse clinique viennent en révoquer la prétention.

Il semble qu'il y ait un fait de ce genre. À la place de l'opposition des deux espèces de pulsions, nous pouvons mettre la polarité de l'amour et de la haine. Pour trouver une représentance d'Éros, nous ne sommes certes pas dans l'embarras ; en revanche nous sommes très contents de pouvoir montrer, dans la pulsion de destruction, à laquelle la haine indique la voie, un représentant de cette pulsion de mort difficile à saisir. Or, l'observation clinique nous apprend que la haine n'est pas seulement, avec une régularité inattendue, le compagnon de l'amour (ambivalence), qu'elle n'est pas seulement son précurseur fréquent dans les relations humaines, mais aussi que, dans toutes sortes de conditions, la haine se transforme en amour, et l'amour en haine. Mais si cette transformation est plus qu'une simple succession temporelle, si c'est une relève, alors manifestement le sol se dérobe pour une distinction aussi fondamentale que celle des pulsions érotiques et des pulsions de mort, qui présuppose l'existence de processus physiologiques aux directions opposées,

Le cas où l'on aime d'abord et où l'on hait ensuite la même personne, ou inversement, si elle nous en a donné des raisons, n'appartient manifestement pas à notre problème. N'en relève pas non plus le cas où un état amoureux qui n'est pas encore manifeste se traduit tout d'abord par de l'hostilité et une tendance agressive, car là il se pourrait que la composante destructive ait pris les devants dans l'investissement de l'objet, jusqu'à ce que la composante érotique se soit associée à elle. Mais nous connaissons plusieurs cas, dans la psychologie des névroses, où l'hypothèse d'une transformation est plus tentante. Dans la *paranoïa persecutoria*, le malade se défend sur un mode particulier d'un lien homosexuel trop fort avec une certaine personne, et le résultat en est que cette personne la plus aimée devient le persécuteur, contre lequel se dirige l'agressivité souvent dangereuse du malade. Nous avons le droit d'interpoler en disant qu'à la phase précédente l'amour s'est converti en haine. Dans la genèse de l'homosexualité mais aussi dans celle des sentiments sociaux désexualisés, la recherche psychanalytique vient seulement de nous apprendre l'existence de sentiments de rivalité violents et induisant une tendance agressive ; c'est seulement une fois qu'ils ont été surmontés que l'objet précédemment haï devient l'objet aimé, ou la matière d'une identification. La question est de savoir si, dans ces cas, il faut admettre une transposition directe de la haine en amour. Ici en effet il s'agit de changements purement internes, indépendants de tout changement dans le comportement de l'objet.

Mais l'investigation analytique du processus à

l'œuvre dans la transformation paranoïaque nous rend familière la possibilité d'un autre mécanisme. Il existe dès le début une attitude ambivalente, et la transformation s'opère par un déplacement réactionnel de l'investissement, de l'énergie étant retirée à la motion érotique et apportée à la motion hostile.

Quelque chose d'analogue, sinon identique, survient dans le cas où, surmontée, la rivalité hostile conduit à l'homosexualité. L'attitude hostile n'a aucune perspective de satisfaction et de ce fait — donc pour des motifs économiques — elle est relayée par l'attitude aimante qui offre plus de perspectives de satisfaction, c'est-à-dire de possibilités de décharge. Ainsi pour aucun de ces cas nous n'avons besoin d'admettre une transformation directe de la haine en amour, qui serait inconciliable avec le caractère qualitativement différent des deux espèces de pulsions.

Mais nous remarquons qu'en recourant à cet autre mécanisme pour la transformation de l'amour en haine, nous avons fait tacitement une autre hypothèse, qui mérite d'être énoncée. Nous avons fait comme s'il existait dans la vie psychique — dans le moi ou dans le ça, cela reste indéterminé — une énergie déplaçable qui, en soi indifférente, peut venir s'ajouter à une motion qualitativement différenciée, érotique ou destructive, et augmenter son investissement total. Nous ne pouvons absolument pas nous passer de l'hypothèse d'une telle énergie déplaçable. La seule question est de savoir d'où elle provient, à quoi elle ressortit, et ce qu'elle signifie.

Le problème de la qualité des motions pulsionnelles et de leur conservation à travers les différents destins pulsionnels est encore très obscur, et actuellement à peine abordé. Sur les pulsions sexuelles partielles, qui sont particulièrement bien accessibles à l'observation, on peut constater l'existence d'un certain nombre de processus qui rentrent dans le même cadre : par exemple, les pulsions partielles communiquent dans une certaine mesure les unes avec les autres, une pulsion provenant d'une certaine source érogène peut abandonner son intensité pour renforcer une pulsion partielle d'une autre source, la satisfaction d'une pulsion peut se substituer à la satisfaction d'une autre, etc., ce qui doit nous encourager à avancer des hypothèses d'une certaine sorte.

D'ailleurs, dans la présente discussion, je n'ai à proposer qu'une hypothèse et non pas une preuve. Il semble plausible que cette énergie déplaçable, indifférente, probablement en activité dans le moi et dans le ça, provient de la réserve de libido narcissique, et est donc de l'Éros désexualisé. Les pulsions érotiques, en effet, se montrent, d'une façon générale, plus plastiques, plus susceptibles de dérivation et de déplacement que les pulsions de destruction. On peut alors poursuivre, sans forcer les choses, en disant que cette libido déplaçable travaille au service du plaisir, pour éviter les stases et faciliter des décharges. Ici il faut bien dire que la voie empruntée par la décharge, si toutefois décharge il y a, est en quelque sorte indifférente. Ce trait, nous le savons, est caractéristique des processus d'investissement dans le ça. On le rencontre dans les investissements érotiques, où l'on constate une indifférence particulière en ce qui concerne l'objet, tout particulièrement dans les transferts au cours de l'analyse, qui doivent nécessairement s'accomplir, indifféremment sur une personne ou une autre. Récemment, Rank a apporté de beaux exemples d'actions de vengeance névrotiques dirigées contre des personnes qui n'étaient pas les bonnes. Cette façon de procéder de l'inconscient nous fait penser à l'anecdote comique où il faut bien pendre un des trois tailleurs du village parce que l'unique forgeron a commis un crime passible de mort. Il faut un châtiment, même s'il n'atteint pas le coupable. Cette laxité, nous l'avons observée en premier dans les déplacements du processus primaire au cours du travail du rêve. Dans celui-ci les objets n'entraient que secondairement en ligne de compte ; il en serait de même, dans le cas qui nous occupe, pour les voies de l'action de décharge. Cela ressemblerait bien au moi, que d'exiger une plus grande exactitude dans le choix de l'objet aussi bien que de la voie de décharge.

Si cette énergie de déplacement est de la libido désexualisée, il est permis aussi de l'appeler *sublimée*, car elle s'en tiendrait encore et toujours à l'intention principale de l'Éros, unir et lier, en servant à instaurer cet ensemble unitaire — ou cette aspiration unitaire — qui caractérise le moi. Si nous incluons dans ces déplacements les processus de pensée au sens large, alors le travail de pensée lui aussi est alimenté par sublimation de forces de pulsion érotiques.

Nous retrouvons ici la possibilité évoquée plus haut, que la sublimation se produise régulièrement par la médiation du moi. Nous nous souvenons de l'autre cas, celui où ce même moi liquide les premiers investissements d'objets du ça, et certainement aussi des investissements ultérieurs, en réveillant leur libido dans le moi, et en la liant à la modification du moi produite par identification. À cette transposition en libido du moi est naturellement lié un abandon des buts sexuels, une désexualisation. En tout cas ceci nous permet de saisir une importante réalisation du moi dans sa relation à l'Éros. En s'emparant ainsi de la libido des investissements d'objet, en s'imposant comme seul et unique objet d'amour, en désexualisant ou en sublimant la libido du ça, le moi travaille à l'encontre des desseins de l'Éros et se met au service des motions pulsionnelles adverses. Il doit acquiescer à une autre partie des investissements d'objet du ça, pour ainsi dire y prêter la main. Nous aurons à parler plus tard d'une autre conséquence possible de cette activité du moi.

Il conviendrait d'apporter maintenant à la théorie du narcissisme un développement important. À l'origine toute la libido est accumulée dans le ça, alors que le moi est encore en cours de formation ou débile. Le ça envoie une partie de cette libido sur des investissements d'objets érotiques, et ensuite le moi qui a pris de la force cherche à s'emparer de cette libido d'objet et à s'imposer au ça comme objet d'amour. Le narcissisme du moi est donc un narcissisme secondaire, retiré aux objets.

Encore et toujours nous nous apercevons que les motions pulsionnelles dont nous pouvons suivre la trace, se révèlent être des rejetons de l'Éros. N'étaient les considérations formulées dans *Au-delà du principe de plaisir* et en fin de compte la contribution d'éléments sadiques à l'Éros, il nous serait difficile de maintenir notre dualisme fondamental. Mais puisque nous sommes forcés de maintenir cette conception, l'impression s'impose à nous que les pulsions de mort sont pour l'essentiel muettes et que tout le bruit de la vie provient surtout de l'Éros[1].

De l'Éros et du combat contre l'Éros ! On ne peut écarter la conception qui veut que le principe de plaisir serve au ça de boussole dans le combat contre la libido qui introduit des perturbations dans l'écoulement de la vie. Si le principe de constance au sens de Fechner règne sur la vie, qui serait donc alors un glissement vers la mort, ce sont les revendications de l'Éros, des pulsions sexuelles, qui sous forme de besoin pulsionnels arrêtent la baisse du niveau en

---

[1]. Il faut dire, selon notre conception, que les pulsions de destruction dirigées vers l'extérieur ont été détournées du soi par l'intermédiaire de l'Éros.

introduisant de nouvelles tensions. Le ça s'en défend guidé par le principe de plaisir, autrement dit la perception du déplaisir, de différentes manières. D'abord en se hâtant de céder aux exigences de la libido non désexualisée, donc en luttant pour la satisfaction des tendances directement sexuelles. Dans une beaucoup plus ample mesure, le ça y parvient au cours d'une de ces satisfactions, celle où concourent toutes les revendications partielles et où il se débarrasse des substances sexuelles qui sont, pour ainsi dire, les porteurs des tensions érotiques, à l'état de saturation. Le rejet des substances sexuelles au cours de l'acte sexuel correspond dans une certaine mesure à la séparation du soma et du plasma germinal. D'où la similitude entre l'état qui suit la satisfaction sexuelle complète et le moment de la mort, et chez des animaux inférieurs la coïncidence de la mort avec l'acte de la procréation. Ces êtres vivants meurent de la reproduction, dans la mesure où, Éros étant mis hors de jeu par la satisfaction, la pulsion de mort a les mains libres pour exécuter ses desseins. Enfin, comme nous l'avons vu, le moi facilite au ça son travail de maîtrise en sublimant des parties de la libido pour lui-même et pour ses fins.

5

Les relations de dépendance du moi

L'intrication de notre sujet peut justifier le fait qu'aucun des titres des chapitres ne recouvre tout à fait leur contenu et que nous revenions sans cesse sur ce qui a déjà été traité lorsque nous voulons aborder l'étude de nouvelles relations.

Nous avons dit et répété que le moi se forme pour une bonne part à partir d'identifications qui remplacent des investissements abandonnés par le ça, et que les premières de ces identifications se comportent régulièrement comme une instance particulière dans le moi, s'opposent au moi comme sur-moi, tandis que le moi, une fois renforcé, peut plus tard se montrer plus résistant face à l'influence de telles identifications. Le sur-moi doit sa position particulière dans le moi ou par rapport au moi à un facteur qui doit être apprécié de deux côtés : premièrement, il est la première identification qui se soit produite tant que le moi était encore faible, et, deuxièmement, il est l'héritier du complexe d'Œdipe et a donc introduit dans le moi les objets de la plus haute importance. Par rapport aux modifications ultérieures du moi, sa relation est, dans une certaine mesure, semblable à celle qui existe entre la phase sexuelle primaire de l'enfance et la vie sexuelle ultérieure après la puberté. Bien qu'il soit accessible à toutes les influences ultérieures, il conserve pourtant tout au long de la vie le caractère que lui a conféré son origine dans le complexe paternel, c'est-à-dire la capacité de s'opposer au moi et de le maîtriser. Il est le mémorial de la faiblesse et de la dépendance qui étaient jadis celles du moi et il perpétue sa domination, même sur le moi maturé. De même que l'enfant subissait la contrainte d'obéir à ses parents, de même le moi se soumet à l'impératif catégorique de son sur-moi.

Mais l'origine qu'il tire des premiers investissements d'objet du ça, donc du complexe d'Œdipe, a encore plus de signification pour le sur-moi. Cette origine, comme nous l'avons déjà exposé, le met en relation avec les acquisitions phylogénétiques du ça et en fait la réincarnation de formations antérieures du moi qui ont laissé leurs sédiments dans le ça. Ainsi, le sur-moi reste en permanence proche du ça et peut assurer la fonction de le représenter face au moi. Il plonge profondément dans le ça et est pour cette raison plus éloigné de la conscience que le moi[1].

Ces relations, nous les mettrons le mieux en évidence en nous adressant à certains faits cliniques qui depuis longtemps ne sont plus une nouveauté, mais qui attendent encore une élaboration théorique.

Il y a des personnes qui, dans le travail analytique, se comportent très étrangement. Lorsqu'on leur donne espoir et qu'on leur montre qu'on est satisfait de la situation du traitement, elles semblent insatisfaites et aggravent régulièrement leur état. Au début, on voit là de l'esprit de contradiction, un effort pour prouver au médecin leur supériorité. Plus tard, on parvient à une conception plus profonde et plus juste.

---

1. On peut dire que le moi psychanalytique ou métapsychologique lui aussi a la tête en bas, comme l'homoncule cérébral des anatomistes.

La conviction s'impose non seulement que ces personnes ne supportent ni d'être louées ni d'être reconnues, mais qu'elles réagissent aux progrès de la cure de façon inversée. Toute résolution partielle qui devrait avoir pour conséquence — et qui l'a réellement chez d'autres — une amélioration ou une rémission temporaire des symptômes, provoque chez elles un renforcement momentané de leur souffrance ; leur état s'aggrave au cours du traitement au lieu de s'améliorer. Elles témoignent de ce qu'on nomme la *réaction thérapeutique négative*.

Sans aucun doute, il y a chez elles quelque chose qui s'oppose à la guérison ; elles appréhendent l'approche de celle-ci comme un danger. Ce qui l'emporte, dit-on, chez ces personnes, ce n'est pas la volonté de guérir, mais le besoin d'être malade. Si l'on analyse cette résistance de la façon habituelle, si l'on en défalque l'attitude d'opposition à l'égard du médecin et la fixation aux différentes formes du bénéfice de la maladie, il reste encore l'essentiel, qui se révèle être l'obstacle le plus fort au rétablissement, plus fort que ceux que nous connaissons déjà : l'inaccessibilité narcissique, l'attitude négative à l'égard du médecin et le bénéfice de la maladie auquel on s'accroche.

On en arrive finalement à l'idée qu'il s'agit d'un facteur pour ainsi dire « moral », d'un sentiment de culpabilité, qui trouve la satisfaction dans l'état de maladie et ne veut pas renoncer à la punition par la souffrance. On peut définitivement s'arrêter à cette peu réconfortante explication. Mais ce sentiment de culpabilité est muet pour le malade, il ne lui dit pas qu'il est coupable : le patient ne se sent pas coupable, mais malade. Ce sentiment de culpabilité se manifeste seulement sous la forme d'une résistance à la guérison difficilement réductible. Il est aussi particulièrement difficile de persuader le malade que ce soit là son motif de persévérer dans la maladie, et il s'en tiendra à l'explication plus facile que la cure analytique n'est pas le bon moyen de lui venir en aide[2].

Ce que nous venons de décrire correspond aux éventualités les plus extrêmes mais pourrait bien aussi intervenir — pour une moindre mesure — dans un très grand nombre de cas et peut-être dans toutes les névroses assez graves. Bien plus, c'est peut-être justement ce facteur, le comportement de l'idéal du moi, qui détermine de façon décisive la gravité d'une affection névrotique. C'est pourquoi nous ne man-

---

2. Contre l'obstacle du sentiment inconscient de culpabilité l'analyste livre un combat qui n'est pas facile. Directement, on ne peut rien contre lui, et indirectement rien d'autre que dévoiler lentement ses fondements inconscients refoulés de sorte qu'il se transforme peu à peu en sentiment de culpabilité conscient. On a une chance particulière d'agir sur lui quand ce sentiment *ics* de culpabilité est un sentiment *emprunté*, c'est-à-dire quand il est le résultat d'une identification à une autre personne qui fut jadis l'objet d'un investissement érotique. Une telle prise en charge du sentiment de culpabilité est souvent le seul reste, difficile à reconnaître, de la relation amoureuse abandonnée. On ne peut pas méconnaître la ressemblance de ce processus avec celui de la mélancolie. Si l'on peut découvrir cet ancien investissement d'objet derrière le sentiment *ics* de culpabilité, la tâche thérapeutique est alors souvent brillamment résolue ; sinon, l'issue de l'effort thérapeutique n'est en rien garantie Elle dépend en premier lieu de l'intensité du sentiment de culpabilité à laquelle la thérapie ne peut souvent opposer aucune force contraire de même grandeur. L'issue dépend peut-être aussi d'un autre facteur : la personne de l'analyste permet-elle au malade de le mettre à la place de son idéal du moi ; à cela est liée la tentation pour le médecin de jouer vis-à-vis du malade le rôle d'un prophète, d'un sauveur des âmes, d'un messie. Comme les règles de l'analyse s'opposent résolument à une telle utilisation de la personnalité du médecin, il faut reconnaître honnêtement qu'il y a là une nouvelle barrière à l'effet de l'analyse ; la tâche de celle-ci n'est pas de rendre impossibles les réactions morbides, mais d'offrir au moi du malade la liberté de se décider pour ceci ou pour cela.

querons pas de faire quelques remarques complémentaires sur la façon dont se manifeste en différentes circonstances le sentiment de culpabilité.

Le sentiment de culpabilité normal, conscient (conscience morale), ne présente aucune difficulté d'interprétation ; il repose sur la tension entre le moi et l'idéal du moi et il est l'expression d'une condamnation du moi par son instance critique. Les sentiments d'infériorité, bien connus chez les névrosés, n'en sont sans doute pas très éloignés. Dans deux affections qui nous sont familières, le sentiment de culpabilité est intensément conscient ; l'idéal du moi se montre alors d'une particulière sévérité, il fait rage contre le moi, souvent de façon cruelle. À côté de cet aspect concordant il existe dans les deux affections, névrose obsessionnelle et mélancolie, des différences de comportement de l'idéal du moi qui ne sont pas moins importantes.

Dans la névrose obsessionnelle (dans certaines formes), le sentiment de culpabilité s'exprime bruyamment mais sans pouvoir se justifier devant le moi. Le moi du malade se révolte donc contre l'allégation qu'il est coupable, et il réclame du médecin qu'il vienne renforcer son propre refus de ces sentiments de culpabilité. Il serait déraisonnable de lui céder, car cela resterait sans effet. L'analyse montre alors que le sur-moi est influencé par des processus qui sont restés inconnus au moi. On peut retrouver réellement les impulsions refoulées qui fondent le sentiment de culpabilité. Ici le sur-moi en a su plus long que le moi sur le ça inconscient.

Dans la mélancolie l'impression que le sur-moi s'est annexé la conscience est encore plus forte. Mais ici le moi n'élève aucune protestation, il se reconnaît coupable et se soumet aux châtiments. Nous comprenons à quoi tient cette différence. Dans la névrose obsessionnelle, il s'agissait de motions inconvenantes, qui sont restées en dehors du moi, mais dans la mélancolie, l'objet qui s'attire la colère du sur-moi est englobé par identification dans le moi.

Si dans ces deux affections névrotiques le sentiment de culpabilité atteint une intensité si extraordinaire, la raison n'en va certainement pas de soi ; et pourtant le principal problème que pose la situation se trouve ailleurs. Nous en différerons la discussion jusqu'à ce que nous ayons traité des autres cas, où le sentiment de culpabilité reste inconscient.

C'est bien essentiellement dans l'hystérie et les états de type hystérique que cela se produit. Par quel mécanisme ce sentiment reste-t-il inconscient ?, c'est facile à deviner ici. Le moi hystérique se défend contre la perception pénible qui le menace, en provenance de la critique de son sur-moi, de la même manière qu'il a coutume de se défendre contre un investissement d'objet insupportable : par un acte de refoulement. Si le sentiment de culpabilité reste inconscient, cela dépend donc du moi. Nous savons que d'habitude le moi entreprend les refoulements au service et pour le compte de son sur-moi ; mais voici un cas où il se sert de la même arme contre son maître sévère. Dans la névrose obsessionnelle prédominent, on le sait, les phénomènes de formation réactionnelle ; ici le moi réussit seulement à tenir à distance le matériel auquel se rapporte le sentiment de culpabilité.

On peut aller plus loin et avancer l'hypothèse qu'une grande partie du sentiment de culpabilité doit être normalement inconsciente puisque la formation de la conscience morale est intimement liée au complexe d'Œdipe qui appartient à l'inconscient. Si l'on voulait soutenir ce paradoxe que l'homme moral n'est pas seulement beaucoup plus immoral qu'il ne le croit mais aussi beaucoup plus moral qu'il ne le sait, la psychanalyse, dont les données fondent la première partie de cette affirmation, n'aurait rien non plus à objecter à la seconde partie[3].

Nous avons eu la surprise de découvrir qu'une augmentation de ce sentiment *ics* de culpabilité peut faire d'un homme un criminel. Mais c'est indubitable. On peut montrer qu'il y a chez de nombreux criminels, en particulier des jeunes, un puissant sentiment de culpabilité qui existait avant l'acte et qui n'en est donc pas la conséquence mais le motif, comme si l'on ressentait comme un soulagement de pouvoir rattacher ce sentiment inconscient de culpabilité à quelque chose de réel et d'actuel.

Dans toutes ces circonstances, le sur-moi fait la preuve de son indépendance à l'égard du moi conscient, et de ses relations intimes avec le ça inconscient. Étant donné l'importance que nous avons attribuée aux restes de mot préconscients dans le moi, la question se pose maintenant — le sur-moi, s'il est *ics*, n'est-il pas constitué par de telles représentations de mot ou sinon par quoi d'autre ? Nous répondrons avec prudence que le sur-moi, lui aussi, ne peut dénier ses origines dans l'entendu. Il est en effet une partie du moi et il reste accessible à la conscience à partir de ces représentations de mot (concepts, abstractions) ; mais l'apport d'énergie d'investissement à ces contenus du sur-moi ne provient pas de la perception auditive, enseignement, lecture, mais des sources qui sont dans le ça.

Voici maintenant la question pour laquelle nous avions différé notre réponse : comment se fait-il que le sur-moi se manifeste essentiellement comme sentiment de culpabilité (ou plutôt comme critique ; le

---

3. Cette proposition n'est qu'apparemment un paradoxe. Elle signifie que la nature de l'homme déborde largement, dans le bien comme dans le mal, ce qu'il croit sur lui-même, c'est-à-dire ce qui est connu de son moi par la perception de la conscience.

sentiment de culpabilité est la perception qui correspond, dans le moi, à cette critique) et, avec cela, fasse preuve envers le moi d'une dureté et d'une sévérité si extraordinaires ? Si nous nous tournons d'abord vers la mélancolie, nous découvrons que le sur-moi excessivement fort, qui s'est annexé la conscience, fait rage contre le moi avec une violence impitoyable, comme s'il s'était emparé de tout le sadisme disponible dans l'individu. Suivant notre conception du sadisme, nous dirions que la composante destructrice s'est retranchée dans le sur-moi et s'est tournée contre le moi. Ce qui maintenant règne dans le sur-moi, c'est, pour ainsi dire, une pure culture de la pulsion de mort, et en fait il réussit assez souvent à mener le moi à la mort, si ce dernier ne se défend pas à temps de son tyran en virant dans la manie.

Les reproches de conscience sont aussi douloureux et torturants dans certaines formes de névrose obsessionnelle, mais ici la situation est moins claire. Il est remarquable que l'obsessionnel, au contraire du mélancolique, ne franchit en fait jamais le pas de l'autodestruction ; c'est comme s'il était immunisé contre le danger de suicide, et il en est beaucoup mieux protégé que l'hystérique. Nous comprenons que ce qui garantit la sécurité du moi c'est le fait que l'objet a été maintenu. Dans la névrose obsessionnelle, il est devenu possible, par une régression à l'organisation prégénitale, que les impulsions amoureuses se transposent en impulsions d'agression contre l'objet. Ici encore, la pulsion de destruction a été libérée et cherche à détruire l'objet, ou au moins donne l'impression d'avoir cette intention. Le moi n'a pas pris en lui ces tendances, et il lutte contre elles par des formations réactionnelles et des mesures préventives ; elles demeurent dans le ça. Le sur-moi, cependant, se conduit comme si le moi en était responsable, et il nous montre en même temps, par le sérieux avec lequel il persécute ces intentions destructrices, qu'il ne s'agit pas d'une simple apparence provoquée par la régression, mais d'un réel remplacement de l'amour par la haine. Impuissant des deux côtés, le moi se défend vainement, aussi bien contre les instigations du ça meurtrier que contre les reproches de la conscience morale punitive. Il réussit à inhiber au moins les actions les plus brutales des deux côtés; le premier résultat est une interminable auto-torture et dans un temps ultérieur une torture systématique de l'objet, dans la mesure où il peut être atteint.

Les dangereuses pulsions de mort sont traitées, dans l'individu, de différentes manières : elles sont en partie rendues inoffensives par union avec des composantes érotiques, en partie déviées vers l'extérieur sous forme d'agression, mais pour leur grande partie elles poursuivent indubitablement leur travail interne sans entraves. Comment se fait-il alors que dans la mélancolie le sur-moi puisse devenir une sorte de lieu de rassemblement des pulsions de mort ?

Du point de vue de la restriction pulsionnelle, de la moralité, on peut dire : le ça est totalement amoral, le moi s'efforce d'être moral, le sur-moi peut devenir hyper-moral et alors aussi cruel que seul le ça peut l'être. *[à citer]* Il est remarquable que plus un homme restreint son agressivité envers l'extérieur, plus il devient sévère, donc agressif, dans son idéal du moi. La manière ordinaire de regarder les choses perçoit cela dans le sens contraire, elle voit dans l'exigence de l'idéal du moi le motif pour la répression de l'agressivité. Toutefois les faits restent bien tels que nous l'avons dit : plus un homme maîtrise son agressivité, plus intense devient la tendance agressive de son idéal contre son moi. C'est comme un déplacement, un retournement sur le propre moi. Déjà la morale commune normale a un caractère durement restreignant, cruellement interdicteur. C'est bien là que s'enracine la conception de l'Être supérieur qui punit inexorablement.

Je ne puis maintenant élucider plus avant ces questions sans introduire une nouvelle hypothèse. Le sur-moi, nous le savons, est bien né par une identification avec le modèle paternel. Toute identification de ce genre a le caractère d'une désexualisation ou même d'une sublimation. Or il semble que dans une telle transposition, il se produise aussi une désunion pulsionnelle. La composante érotique n'a plus, après la sublimation, la force de lier la totalité de la destruction qui s'y adjoignait, et celle-ci devient libre, comme tendance à l'agression et à la destruction. C'est de cette désunion que l'idéal en général tirerait son trait de dureté et de cruauté, celui du devoir impératif.

Arrêtons-nous encore un peu à la névrose obsessionnelle. La désunion de l'amour, avec l'agressivité ne s'est pas produite par une action du moi, mais elle est la conséquence d'une régression qui s'est accomplie dans le ça. Mais ce processus s'est étendu du ça sur le sur-moi, qui aiguise maintenant sa sévérité contre le moi innocent. Mais, dans les deux cas, le moi, qui a maîtrisé la libido par identification, en subirait la punition, de la part du sur-moi, par l'agressivité qui était mêlée à la libido.

Les représentations que nous avons du moi commencent à s'éclaircir, et ses différentes relations gagnent en netteté. Nous voyons maintenant le moi avec sa force et ses faiblesses. Il est chargé de fonctions importantes, en vertu de sa relation au système perception il établit l'ordonnancement temporel des processus psychiques et il soumet ceux-ci à l'épreuve de réalité. En intercalant les processus de pensée, il parvient à différer les décharges motrices et il domine les accès à la motilité. Cette dernière domination est pourtant plus formelle que factuelle, le moi, dans la relation à l'action, ayant pour ainsi dire la position d'un monarque constitutionnel sans la sanction duquel rien ne peut devenir loi, mais qui y regarde beaucoup avant d'opposer son veto à une proposition du parlement. Le moi s'enrichit, de l'extérieur, par toutes les expériences de la vie ; mais le ça est son autre monde extérieur qu'il s'efforce de se soumettre. Il retire au ça de la libido, transforme les investissements d'objet du ça en configurations du moi. Avec l'aide du sur-moi, il puise, d'une façon qui nous est encore obscure, dans les expériences préhistoriques accumulées dans le ça.

Il est deux voies par lesquelles le contenu du ça peut pénétrer dans le moi. L'une est la voie directe, l'autre passe par l'idéal du moi ; qu'il prenne l'une ou l'autre voie peut être d'une importance décisive pour bien des activités psychiques. Le moi évolue de la perception des pulsions à la maîtrise des pulsions, de l'obéissance aux pulsions à l'inhibition des pulsions. Dans cette action, l'idéal du moi, qui est d'ailleurs en partie une formation réactionnelle contre les processus pulsionnels du ça, intervient pour une forte part. La psychanalyse est un outil qui doit donner au moi la possibilité de conquérir progressivement le ça.

D'un autre côté pourtant, nous voyons ce même moi comme une pauvre créature, devant servir trois maîtres et subissant, par conséquent, la menace de trois dangers, de la part du monde extérieur, de la libido du ça et de la sévérité du sur-moi. À ces trois dangers correspondent trois sortes d'angoisse, car l'angoisse est l'expression d'une retraite devant le danger. Comme être de frontière, le moi veut faire la médiation entre le monde et le ça, rendre le ça docile au monde et rendre le monde, par le moyen de ses actions musculaires, conforme au désir du ça. Il se comporte véritablement comme le médecin dans une cure analytique, en se recommandant lui-même — avec la considération qu'il porte au monde réel — au ça comme objet de libido, et en essayant de dériver sur lui sa libido. Il n'est pas seulement l'assistant du ça mais aussi son valet obséquieux, qui quémande l'amour de son maître. Il tente, si possible, de rester en bonne entente avec le ça, il recouvre les ordres *ics* de celui-ci avec ses rationalisations *pcs*, il fait miroiter l'illusion que le ça obéit aux avertissements de la réalité, même lorsque le ça est resté rigide et inflexible, il masque les conflits du ça avec la réalité et si possible aussi ceux avec le sur-moi. Dans sa position intermédiaire entre ça et réalité, il n'est que trop souvent soumis à la tentation de devenir complaisant, opportuniste et menteur, un peu comme un homme d'État dont les vues sont justes mais qui veut gagner les faveurs de l'opinion publique.

Entre les deux espèces de pulsions, sa position n'est pas impartiale. Par son travail d'identification et de sublimation il prête assistance aux pulsions de mort dans le ça pour la maîtrise de la libido, mais il court ainsi le risque de devenir objet des pulsions de mort et de périr lui-même. Aux fins de cette action d'assistance, il a dû lui-même se remplir de libido, il devient ainsi représentant de l'Éros et dès lors veut vivre et être aimé.

Mais, comme son travail de sublimation a pour conséquence une désunion pulsionnelle et une libération des pulsions d'agression dans le sur-moi, il s'expose, par son combat contre la libido, au danger des sévices et de la mort. Quand le moi souffre ou même succombe sous l'agression du sur-moi, son destin fait pendant à celui des protistes qui périssent du fait des produits de décomposition qu'ils ont eux-mêmes créés. Un semblable produit de décomposition, au sens économique, tel nous paraît être la morale qui opère dans le sur-moi.

Parmi les relations de dépendance du moi, celle qui le lie au sur-moi est sans doute la plus intéressante.

Le moi est bien le véritable lieu de l'angoisse. Menacé par les trois sortes de dangers, le moi développe le réflexe de fuite, en retirant son propre investissement de la perception menaçante ou du processus du ça estimé tel, et en le dépensant sous forme d'angoisse. Cette réaction primitive est plus tard relayée par la mise sur pied d'investissements de projection (mécanisme des phobies). Ce que le moi redoute du danger extérieur et du danger libidinal dans le ça, on ne saurait le préciser ; nous savons que c'est le débordement ou l'anéantissement, mais on ne peut le concevoir analytiquement. Le moi suit simplement l'avertissement du principe de plaisir. En revanche, on peut dire ce qui se cache derrière l'angoisse du moi face au sur-moi, l'angoisse de conscience. Venant de l'être supérieur, qui est devenu idéal du moi, provint autrefois la menace de castration, et cette angoisse de castration est vraisemblablement le noyau autour duquel se dépose ce qui sera l'angoisse de conscience, c'est elle qui se continue sous forme d'angoisse de conscience.

La proposition résonnante : toute angoisse est en réalité angoisse de mort, cette proposition comporte à peine un sens, et ne peut en tout cas se justifier. Bien plutôt, il me paraît tout à fait correct de distinguer l'angoisse de mort de l'angoisse d'objet (angoisse-réel) et de l'angoisse libidinale névrotique. Elle propose à la psychanalyse un problème difficile, car la mort est un concept abstrait au contenu négatif, pour lequel on ne saurait trouver une correspondance inconsciente. Le mécanisme de l'angoisse de mort pourrait seulement être que le moi dépouille dans une très large mesure son investissement libidinal narcissique, donc s'abandonne lui-même, comme il le fait, dans tel autre cas d'angoisse, pour un autre objet. Mon opinion, c'est que l'angoisse de mort se joue entre moi et sur-moi.

Nous connaissons la survenue de l'angoisse de mort dans deux conditions, qui d'ailleurs sont tout à fait analogues au développement d'angoisse connu par ailleurs, comme réaction à un danger extérieur et comme processus interne, par exemple dans la mélancolie. Une fois encore, le cas névrotique peut nous aider à comprendre le cas réel.

L'angoisse de mort de la mélancolie n'admet que cette seule explication : le moi s'abandonne parce qu'il se sent haï et persécuté par le sur-moi au lieu d'être aimé. Vivre est donc, pour le moi, synonyme d'être aimé, être aimé par le sur-moi qui, ici encore, entre en scène comme représentant du ça. Le sur-moi représente la même fonction de protection et de salut que, jadis, le père, et, plus tard, la providence ou le destin. Mais le moi ne peut que tirer la même conséquence lorsqu'il se trouve dans un danger réel d'une excessive grandeur et qu'il ne croit pas pouvoir surmonter par ses propres forces. Il se voit abandonné de toutes les puissances protectrices et se laisse mourir. C'est d'ailleurs encore la même situation qui se trouvait au fondement du premier grand état d'angoisse, celui de la naissance, et de l'angoisse-nostalgie infantile, celle de la séparation d'avec la mère protectrice.

Sur la base de ces considérations, l'angoisse de mort, comme l'angoisse de conscience, peut être conçue comme élaboration de l'angoisse de castration. Étant donné la grande importance du sentiment de culpabilité pour les névroses, on ne saurait non plus écarter l'idée que l'angoisse névrotique commune connaisse, dans les cas graves, un renforcement par le développement d'angoisse entre moi et sur-moi (angoisse de castration, de conscience, de mort).

Le ça, auquel nous revenons à la fin, n'a pas de moyens de témoigner au moi de l'amour ou de la haine. Il ne peut pas dire ce qu'il veut; il n'a pas constitué une volonté unitaire. Éros et pulsion de mort combattent en lui; nous avons vu par quels moyens ces pulsions-ci résistent à celles-là. Nous pourrions présenter les choses comme si le ça se trouvait sous la domination des muettes mais puissantes pulsions de mort qui veulent le repos et veulent amener au repos ce trouble-paix d'Éros, en suivant les signaux du principe de plaisir; mais nous craindrions de sous-estimer ainsi le rôle de l'Éros.

Table

PRÉFACE 7

CONSIDÉRATIONS ACTUELLES SUR LA GUERRE
ET SUR LA MORT (1915) 9

1. La désillusion causée par la guerre 11
2. Notre relation à la mort 31

AU-DELÀ DU PRINCIPE DE PLAISIR (1920) 47

PSYCHOLOGIE DES FOULES ET ANALYSE
DU MOI (1921) 129

Note des Traducteurs 131
1. Introduction 137
2. La peinture de l'âme des foules
   par Le Bon 141
  3. Autres évaluations
     de la vie psychique collective 155
  4. Suggestion et libido 163
  5. Deux foules artificielles :
     l'Église et l'Armée 171
  6. Autres problèmes et orientations de travail . 181
  7. L'identification 187
  8. État amoureux et hypnose 195

9. La pulsion grégaire 203
10. La foule et la horde originaire 211
11. Un stade dans le moi 221
12. Annexes 229

LE MOI ET LE ÇA (1923) 243
1. Conscience et inconscient 247
2. Le moi et le ça 255
3. Le moi et le sur-moi (Idéal du moi) 267
4. Les deux espèces de pulsions 281
5. Les relations de dépendance du moi 291

Petite Bibliothèque Payot

Guy Achard, La communication à Rome / **211**
Alfred Adler, Connaissance de l'homme / **26**
Alfred Adler, Le sens de la vie / **47**
Alfred Adler, Le tempérament nerveux / **84**
Alfred Adler, L'enfant difficile / **122**
Alfred Adler, L'éducation des enfants / **390**
Alfred Adler, L'enfant caractériel à l'école / **442**
Theodor W. Adorno, Minima Moralia / **477**
Theodor W. Adorno, Dialectique négative / **478**
Ernest Aeppli, Les rêves et leur interprétation / **64**
Giorgio Agamben, Enfance et histoire / **387**
Régis Airault, Fous de l'Inde / **437**
Franz Alexander, La médecine psychosomatique / **426**
Franz Alexander, Principes de psychanalyse / **444**
Alexandrian, Histoire de la philosophie occulte / **205**
Alexandrian, Histoire de la littérature érotique / **230**
René Alleau, De la nature des symboles / **319**
Anne Ancelin-Schützenberger, Le psychodrame / **394**
Jacques André, Être médecin à Rome / **256**
Gérard Apfeldorfer, Je mange, donc je suis / **140**
Hannah Arendt, Politique et pensée / **289**
Jean-Paul Aron, Le mangeur du XIXe siècle / **8**
Paul-Laurent Assoun, Freud et la femme / **219**
Piera Aulagnier, Un interprète en quête de sens / **43**
Pierre Avril, Essais sur les partis politiques / **41**
David Bakan, Freud et la tradition mystique juive / **395**
Michael Balint, Le défaut fondamental / **44**
Michael Balint, Les voies de la régression / **383**
Ilse Barande, Ferenczi / **270**
Jean-Pierre Barou, L'œil pense / **283**
Charles Baudouin, L'œuvre de Jung / **133**
Jean Bayet, La religion romaine / **360**
Walter Benjamin, Charles Baudelaire / **39**
Pierre Benoit, Le langage de la maladie / **318**
Edmund Bergler, La névrose de base / **382**
Edmund Bergler, Les parents ne sont pas responsables des névroses de leurs enfants / **399**
Eric Berne, Analyse transactionnelle et psychothérapie / **37**
Roger Beteille, La chemise fendue / **288**
Alfred Binet, Le fétichisme dans l'amour / **393**
Sarah Blaffer Hrdy, La femme qui n'évoluait jamais / **425**
Ernst Bloch, La philosophie de la Renaissance / **201**
Alain Blum, Naître, vivre et mourir en URSS/ **489**

Philippe Boulu, La dynamique du cerveau / **124**
François Boureau, Contrôlez votre douleur / **60**
Jean Bourguignon/Charles Houin, Vie d'Arthur Rimbaud / **172**
Régis Boyer, La saga de saint Óláf / **77**
T. Berry Brazelton, Écoutez votre enfant / **74**
T. Berry Brazelton, L'enfant et son médecin / **139**
Jacques Brosse, Mythologie des arbres / **161**
François Burgat, L'islamisme au Maghreb / **241**
Louis-Jean Calvet, Georges Brassens / **129**
Louis-Jean Calvet, Linguistique et colonialisme / **419**
Véronique Campion-Vincent/Jean-Bruno Renard,
Légendes urbaines / **338**
Henri Carré, Sully / **355**
Olivier Carré, Le nationalisme arabe / **285**
Bernard Cathelat, Publicité et société / **83**
Léonce Chaleil, La mémoire du village / **192**
Jean-Pierre Chartier, Introduction à la pensée freudienne / **162**
Jean-Pierre Chartier, Les parents martyrs / **163**
Roger Chartier, Pratiques de la lecture / **167**
Malek Chebel, L'esprit de sérail / **265**
Malek Chebel,
Le livre des séductions, *suivi de* Dix aphorismes sur l'amour / **284**
Malek Chebel, La formation de l'identité politique / **331**
Malek Chebel, Psychanalyse des Mille et Une Nuits / **436**
Malek Chebel, Encyclopédie de l'amour en Islam, tome I / **456**,
tome II / **457**
Léon Chertok, L'hypnose / **10**
Louis Chevalier, Juanito / **213**
Bernard Chevallier / Christophe Pincemaille,
L'impératrice Joséphine / **309**
Victor Chklovski, Le voyage de Marco Polo / **127**
Noam Chomsky, Le langage et la pensée / **31**
George Clare, Dernière valse à Vienne / **345**
Commission « Efficacité de l'État » du Xe Plan présidée par
François de Closets, Le pari de la responsabilité / **21**
A. Cohen, Le Talmud / **65**
Peter Collier / David Horowitz, Les Kennedy / **101**
Politique d'Auguste Comte,
Textes choisis et présentés par Juliette Grange / **293**
Politique de Condorcet,
Textes choisis et présentés par Charles Coutel / **281**
Edward Conze, Le bouddhisme / **223**
Le Coran, tome I / **349**, tome II / **350**
Stanley Coren, Comment parler chien / **458**
Joël Cornette, Le roi de guerre / **391**

Egon C. Corti, Élisabeth d'Autriche / **125**
Egon C. Corti,
Vie, mort et résurrection d'Herculanum et de Pompéi / **268**
Bernard Cottret, Calvin / **348**
Youssef Courbage / Philippe Fargues,
Chrétiens et Juifs dans l'Islam arabe et turc / **310**
Jean-Jacques Courtine / Claudine Haroche,
Histoire du visage / **185**
Norman Cousins, Comment je me suis soigné par le rire / **462**
Maurice Croiset, La civilisation de la Grèce antique / **206**
Roger Dadoun, Cent fleurs pour Wilhelm Reich / **359**
Liza C. Dalby, Geisha / **106**
Christian David, L'état amoureux / **36**
Christian David, La bisexualité psychique / **326**
Marie-Madeleine Davy, Encyclopédie des mystiques, tome I / **273**, tome II / **274**, tome III / **275**, tome IV / **276**
Christophe Dejours, Le corps d'abord / **476**
Hélène Deutsch, Problèmes de l'adolescence / **67**
G. Devroede, Ce que les maux de ventre disent de notre passé / **482**
Paul Diel, Le symbolisme dans la mythologie grecque / **7**
Paul Diel, Éducation et rééducation / **19**
Paul Diel, Le symbolisme dans la Bible / **20**
Paul Diel, Psychologie de la motivation / **66**
Paul Diel, La divinité / **71**
Paul Diel, La peur et l'angoisse / **78**
Paul Diel / Jeanine Solotareff,
Le symbolisme dans l'Évangile de Jean / **200**
Françoise Dolto / J. D. Nasio, L'enfant du miroir / **110**
Henri Dontenville, Mythologie française / **332**
Jean Doresse, Les livres secrets de l'Égypte / **329**
Albert Einstein, La relativité / **25**
Frank Elgar, Cézanne / **253**
Mircea Eliade, Religions australiennes / **352**
Richard Evans, Entretiens avec Carl Gustav Jung / **427**
E. E. Evans-Pritchard,
Des théories sur la religion des primitifs / **414**
Christine Fauré,
Les déclarations des droits de l'homme de 1789 / **81**
Sandor Ferenczi, Thalassa / **112**
Thomas Ferenczi, L'invention du journalisme en France / **279**
Marc Ferro, Nicolas II / **62**
Marc Ferro, Comment on raconte l'histoire aux enfants / **82**
Moses I. Finley, Démocratie antique et démocratie moderne / **35**
James G. Frazer, Mythes sur l'origine du feu / **48**
Sigmund Freud,
Cinq leçons sur la psychanalyse, *suivi de* Contribution à l'histoire du mouvement psychanalytique / **1**

Sigmund Freud, Totem et tabou / 9
Sigmund Freud, Psychopathologie de la vie quotidienne / 11
Sigmund Freud, Essais de psychanalyse / 15
Sigmund Freud, Introduction à la psychanalyse / 16
Sigmund Freud / William C. Bullitt,
Le Président T. W. Wilson. Portrait psychologique / 27
Erich Fromm, Le langage oublié / 17
Erich Fromm, Le cœur de l'homme / 68
Albert Gabrieleff, Psychiatre de quartier / 367
John Kenneth Galbraith, La crise économique de 1929 / 3
Théodore H. Gaster, Les plus anciens contes de l'humanité / 369
Philippe Gillet, Le goût et les mots / 144
Eva-Marie Golder, Au seuil de l'inconscient / 381
Albert Grenier, Les Gaulois / 202
Pierre Grimal, L'amour à Rome / 231
Mirko D. Grmek, Claude Bernard / 69
Mirko D. Grmek, Histoire du sida / 236
Béla Grunberger, Le narcissisme / 160
Jean Guiloineau, Nelson Mandela / 190
Christian Guyonvarc'h / Françoise Le Roux,
La civilisation celtique / 254
Esther Harding, Les mystères de la femme / 407
Michael J. Harner, Les Jivaros / 264
Gisèle Harrus-Révidi, Psychanalyse de la gourmandise / 314
Jean Hatzfeld, Histoire de la Grèce ancienne / 226
Karen Horney, La psychologie de la femme / 418
Heinrich H. Houben, Christophe Colomb / 93
Johan Huizinga, L'automne du Moyen Âge / 6
Gérard Israël, La question chrétienne / 447
Nancy Huston, Dire et interdire / 422
William James, Aux étudiants, aux enseignants / 373
William James, Expériences d'un psychiste / 374
Karl Jaspers, Initiation à la méthode philosophique / 174
Elisabeth Jeronymides, Elles aussi deviendront mères / 487
Alain Joxe, L'Amérique mercenaire / 232
Odette Joyeux, Le troisième œil. La vie de Nicéphore Niepce / 165
Carl Gustav Jung / Charles Kerényi,
Introduction à l'essence de la mythologie / 168
Ernst Jünger, Le boqueteau 125 / 240
Helen A. Keller, Sourde, muette, aveugle / 59
Paul Kennedy, Naissance et déclin des grandes puissances / 63
John Maynard Keynes, Essais sur la monnaie et l'économie / 24
A. Kirkpatrick, Les conquistadors espagnols / 92
Melanie Klein, Deuil et dépression / 486
Melanie Klein / Joan Riviere, L'amour et la haine / 18

Siegfried Kracauer, Le roman policier / 410
Blandine Kriegel, L'État et les esclaves / 4
Étienne de La Boétie, Le discours de la servitude volontaire / 134
Élisabeth Labrousse, La révocation de l'Édit de Nantes / 34
Pierre Lafforgue, Petit Poucet deviendra grand / 443
Étienne Lamazou, L'ours et les brebis / 250
François Laplantine, L'anthropologie / 227
Jean-Philippe Lauer, Saqqarah / 107
T. E. Lawrence, Les sept piliers de la sagesse / 99
Michel Le Bris, L'homme aux semelles de vent / 95
Michel Le Bris,
Une amitié littéraire : Henry James-Robert L. Stevenson / 177
Michel H. Ledoux, Introduction à l'œuvre de Françoise Dolto / 262
David Lelait, Romy au fil de la vie / 479
Jean-G. Lemaire, La relaxation / 45
Jean-G. Lemaire, Les mots du couple / 398
Sous la direction de Bernard Lewis, L'islam / 207
Jean-Pierre Letort-Trégaro, Pierre Abélard / 311
Anna Lietti, Pour une éducation bilingue / 179
Lin Yutang, La Chine et les Chinois / 316
Le Livre interdit,
Textes choisis et présentés par Jean-Christophe Abramovici / 298
Konrad Lorenz, Évolution et modification du comportement / 33
Robert Löwie, Histoire de l'ethnologie classique / 49
Georges Lukacs, Le roman historique / 388
Margaret Mahler, Psychose infantile / 30
Maine de Biran : la vie intérieure,
Textes choisis et présentés par Bruce Bégout / 237
Bronislaw Malinowski,
La sexualité et sa répression dans les sociétés primitives / 28
Bronislaw Malinowski, La vie sexuelle des sauvages / 378
Bronislaw Malinowski,
Trois essais sur la vie sociale des primitifs / 413
Thomas Mann, Goethe et Tolstoï / 366
Jean Markale, La femme celte / 108
Karl Marx, Misère de la philosophie,
Textes choisis et présentés par Jean Kessler / 294
Henri Massé, Anthologie persane / 330
Les Matérialistes au XVIIIe siècle,
Textes choisis et présentés par Jean-Claude Bourdin / 280
Predrag Matvejevitch, Bréviaire méditerranéen / 251
Annelise Maugue,
L'identité masculine en crise au tournant du siècle / 409
Marcel Mauss, Manuel d'ethnographie / 13
Gérard Mendel, Pour décoloniser l'enfant / 5

Jack Messy, La personne âgée n'existe pas / **180**
Jacques Meunier, Le monocle de Joseph Conrad / **150**
A. de Mijolla / S. A. Shentoub,
Pour une psychanalyse de l'alcoolisme / **40**
Susana Millar, La psychologie du jeu / **432**
Pierre Milza, Voyage en Ritalie / **224**
Eugène Minkowski, La schizophrénie / **328**
Eugène Minkowski, Vers une cosmologie / **370**
Marie Moscovici, Il est arrivé quelque chose / **46**
Janine Mossuz-Lavau, Les lois de l'amour / **448**
Georges Mounin, La sémantique / **317**
J. D. Nasio,
Enseignement de 7 concepts cruciaux de la psychanalyse / **111**
J. D. Nasio, Cinq leçons sur la théorie de Jacques Lacan / **203**
J. D. Nasio, L'hystérie / **263**
J. D. Nasio, Le plaisir de lire Freud / **356**
J. D. Nasio, Le silence en psychanalyse / **400**
J. D. Nasio, Le Livre de la douleur et de l'amour / **445**
André Neher, L'identité juive / **198**
André Neher, Prophètes et prophéties / **272**
Jean-Pierre Néraudau, Être enfant à Rome / **295**
Robert Neuburger, L'autre demande / **481**
Rudolf Otto, Le sacré / **218**
Rudolf Otto, Mystique d'Orient et mystique d'Occident / **278**
Marc-Alain Ouaknin,
Concerto pour quatre consonnes sans voyelles / **186**
Marc-Alain Ouaknin, Méditations érotiques / **187**
André Parrot, L'archéologie / **303**
Willy Pasini, La qualité des sentiments / **243**
Willy Pasini, Éloge de l'intimité / **306**
Willy Pasini, Nourriture et amour / **335**
Michel Perrin, Le chemin des Indiens morts / **297**
Michel Pinçon/Monique Pinçon-Charlot, La chasse à courre / **269**
Danielle Porte, Le prêtre à Rome / **255**
Jean Poueigh, Le folklore des pays d'oc / **212**
Paul C. Racamier, Les schizophrènes / **32**
Otto Rank, Le traumatisme de la naissance / **22**
Otto Rank, Don Juan, suivi de Le double / **23**
Jean-Jacques Rassial, L'adolescent et le psychanalyste / **305**
Wilhelm Reich, Écoute, petit homme ! / **29**
Wilhelm Reich, Reich parle de Freud / **343**
Wilhelm Reich, La psychologie de masse du fascisme / **344**
Wilhelm Reich, L'éther, Dieu et le diable / **357**
Wilhelm Reich, L'irruption de la morale sexuelle / **358**
Wilhelm Reich, La superposition cosmique / **368**

Theodor Reik, Le besoin d'avouer / **325**
Claude Revault d'Allonnes, Être, faire, avoir un enfant / **182**
Emmanuel Ringelblum, Chronique du ghetto de Varsovie / **246**
François Rivenc, Introduction à la logique / **14**
Jean-Noël Robert, Les plaisirs à Rome / **197**
Marthe Robert,
La révolution psychanalytique. La vie et l'œuvre de Freud / **2**
Géza Róheim, La panique des dieux / **375**
Jean Ropars, Au pays d'Yvonne / **138**
Jean Ropars, L'amour de la terre / **233**
William Rossi, Érotisme du pied et de la chaussure / **455**
Marie Rouanet, Les enfants du bagne / **214**
Maximilien Rubel, Marx critique du marxisme / **377**
Bertrand Russel, La conquête du bonheur / **411**
Bertrand Russel, La méthode scientifique en philosophie / **423**
Catherine Salles, Lire à Rome / **196**
Catherine Salles, Les bas-fonds de l'Antiquité / **220**
Pierre Sansot, Cahiers d'enfrance / **191**
Pierre Sansot, Jardins publics / **257**
Pierre Sansot, La France sensible / **258**
Pierre Sansot, Les vieux, ça ne devrait jamais devenir vieux / **417**
Pierre Sansot, Le rugby est une fête, le tennis non plus / **420**
Pierre Sansot, Bains d'enfance / **466**
Edward Sapir, Le langage / **416**
John Saul, Les bâtards de Voltaire / **376**
Max Scheler, Nature et forme de la sympathie / **459**
Gershom G. Scholem, La Kabbale et sa symbolique / **12**
Albert Schweitzer, Les grands penseurs de l'Inde / **38**
Marcel Scipion, L'homme qui courait après les fleurs / **249**
Jacques Semelin, Sans armes face à Hitler / **340**
Idries Shah, La magie orientale / **204**
Marc Sherringham, Introduction à la philosophie esthétique / **123**
Jeanine Solotareff, Le symbolisme dans les rêves / **199**
Jérôme Spycket, Clara Haskil / **76**
Constantin Stanislavski, La formation de l'acteur / **42**
Robert Louis Stevenson, Essais sur l'art de la fiction / **98**
Lytton Strachey, La reine Victoria / **126**
Rabindranath Tagore, La maison et le monde / **61**
Paco Ignacio Taibo II, Ernesto Guevara connu aussi
comme le Che, tome I / **401**, tome II / **402**
Wou Tch'eng-en, Le singe pèlerin / **109**
René Thévenin / Paul Coze,
Mœurs et histoire des Indiens d'Amérique du Nord / **94**
Louis-Vincent Thomas, Mort et pouvoir / **361**
Lionel Tiger, À la recherche des plaisirs / **463**

Louise A. Tilly / Joan W. Scott,
Les femmes, le travail et la famille / **421**
Léon Tolstoï, Les récits de Sébastopol / **354**
Jean Toulemonde, Les inquiets / **431**
Robert Turcan, Héliogabale et le sacre du soleil / **327**
Jean-Didier Urbain, L'idiot du voyage / **166**
Jean-Didier Urbain, Sur la plage / **271**
Jean-Didier Urbain, L'archipel des morts / **337**
Jean-Didier Urbain, Secrets de voyage / **464**
Jean-Didier Urbain, Ethnologue mais pas trop / **465**
Kati Varga, L'adolescent violent et sa famille / **304**
Anne Vincent-Buffault, Histoire des larmes / **415**
La Vision perspective (1435-1740),
Textes choisis et présentés par Philippe Hamou / **238**
Alan W. Watts, Le bouddhisme zen / **70**
Alan W. Watts, Éloge de l'insécurité / **449**
Arthur Weigall, Alexandre le Grand / **149**
Donald W. Winnicott, L'enfant et sa famille / **50**
Donald W. Winnicott, Fragment d'une analyse / **113**
Jean-Pierre Winter, Les errants de la chair / **396**
Marina Yaguello, Les mots et les femmes / **75**
Theodore Zeldin, Histoire des passions françaises :
tome I, Ambition et amour / **450**, tome II, Orgueil et intelligence / **451**, tome III, Goût et corruption / **452**, tome IV, Colère et politique / **453**, tome V, Anxiété et hypocrisie / **454**

Petite Bibliothèque Payot / Voyageurs

Edward Abbey, Désert solitaire / 228
John James Audubon, Journal du Missouri / 142
Gérard Badou, L'énigme de la Vénus Hottentote / 446
Nicolas Baïkov, Dans les collines de Mandchourie / 380
Nicolas Baïkov, Des tigres et des hommes / 435
Nigel Barley, Un anthropologue en déroute / 176
Nigel Barley, Le retour de l'anthropologue / 267
Nigel Barley, L'anthropologie n'est pas un sport dangereux / 365
Nigel Barley, L'anthropologue mène l'enquête / 438
Jean-Michel Barrault, *Le Sacre* et *La Pensée* / 282
Sybille Bedford, Visite à Don Otavio / 102
Nicole-Lise Bernheim, Chambres d'ailleurs / 363
Nicole-Lise Bernheim, Saisons japonaises / 424
Isabella L. Bird, Une Anglaise au Far West / 485
Alain Blottière, L'oasis / 210
Jean-Claude Bourlès, Retours à Conques / 242
Jean-Claude Bourlès, Le grand chemin de Compostelle / 341
Jean-Claude Bourlès, Une Bretagne intérieure / 404
Jean-Claude Bourlès, Passants de Compostelle / 406
Nicolas Bouvier, Chronique japonaise / 53
Nicolas Bouvier, L'usage du monde / 100
Nicolas Bouvier, Journal d'Aran et d'autres lieux / 155
Rupert Brooke, Lettres d'Amérique / 433
Bill Bryson, Motel Blues / 260
Bill Bryson, American Rigolos / 467
Frank Bullen, La croisière du Cachalot / 147
Robert Byron, Route d'Oxiane / 137
Pino Cacucci, Poussières mexicaines / 307
René Cagnat, La rumeur des steppes / 408
Bernadette Chovelon, George Sand et Venise / 488
B. Chovelon / C. Abbadie, La Chartreuse de Valldemosa / 412
Jean Clair, Le voyageur égoïste / 364
Jean Clausel, Indes / 372
Jean-Luc Coatalem, Mission au Paraguay / 346
Anita Conti, Géants des mers chaudes / 322
Anita Conti, Racleurs d'océans / 339
Anita Conti, L'océan, les bêtes et l'homme / 440
Jules Crevaux, Le mendiant de l'Eldorado / 135
Jules Crevaux, En radeau sur l'Orénoque / 193
Richard H. Dana, Deux années sur le gaillard d'avant / 266
George Dawson / Richard Glaubman, Life is so good / 439
Paul Del Perugia, Les derniers rois mages / 154
Charles M. Doughty, Arabia Deserta / 189
Lady Lucie Duff Gordon, Lettres d'Égypte / 333
Gerald Durrell, La forêt ivre / 221

Gerald Durrell, Le aye-aye et moi / 313
Isabelle Eberhardt, Écrits intimes / 239
Robert Fortune, La route du thé et des fleurs / 181
Robert Fortune, Le vagabond des fleurs / 320
Philippe Grangereau, Au pays du grand mensonge / 473
Robert Graves, Lawrence et les Arabes / 121
Graham Greene, Routes sans lois / 87
Samuel Hearne, Le piéton du Grand-Nord / 434
Werner Herzog, Sur le chemin des glaces / 277
William H. Hudson, Sous le vent de la pampa / 184
William H. Hudson, Un flâneur en Patagonie / 194
Édith et François-Bernard Huyghe, Les coureurs d'épices / 287
Zia Jaffrey, Les derniers eunuques / 484
Michel Jan, Le réveil des Tartares / 379
Michel Jan, La grande muraille de Chine / 472
Isabelle Jarry, Théodore Monod / 169
John Keay, Voyageurs excentriques / 308
John Keay, Voyageurs extraordinaires / 480
Gilles Lapouge, Les pirates / 55
Laurie Lee, Un beau matin d'été / 208
Patrick Leigh Fermor, Le temps des offrandes / 470
Patrick Leigh Fermor, Entre fleuve et forêt / 471
Barry Lopez, Le chant de la rivière / 234
Ella Maillart, La voie cruelle / 51
Ella Maillart, Des monts Célestes aux sables Rouges / 72
Ella Maillart, La vagabonde des mers / 85
Ella Maillart, Oasis interdites / 175
Ella Maillart, Croisières et caravanes / 247
Ella Maillart, Ti-Puss / 292
Ella Maillart, Parmi la jeunesse russe / 324
Mary McCarthy, Les pierres de Florence / 468
Mary McCarthy, En observant Venise / 469
Guillaume Manier,
Un paysan picard à Saint-Jacques-de-Compostelle / 441
Gaston Maspero, Ruines et paysages d'Égypte / 474
Peter Matthiessen, Deux saisons à l'âge de pierre / 151
Peter Matthiessen, Silences africains / 386
Joseph Méry, Les nuits italiennes / 428
Jacques Meunier/Anne-Marie Savarin, Le chant du *Silbaco* / 104
Jacques Meunier, Les Gamins de Bogota / 397
Geoffrey Moorhouse, Au bout de la peur / 188
Présenté par Jean-Pierre Moreau,
Un flibustier français dans la mer des Antilles / 209
Corinne Moutout, Aurores sud-africaines / 362
John Muir, Voyages en Alaska / 235
Bernard Nantet / Édith Ochs, À la découverte des Falasha / 351
Eric Newby, Un petit tour dans l'Hindou Kouch / 90

Tomás O'Crohan, L'homme des îles / **195**
Redmond O'Hanlon, Au cœur de Bornéo / **54**
Redmond O'Hanlon, Help ! / **146**
Jean-Michel Palmier, Retour à Berlin / **312**
Francis Parkman, La piste de l'Oregon / **153**
Passage du nord-est (Le) / **299**
Dmitri Pechkov / Thomas Stevens, La Russie à cheval / **429**
Jean-Pierre Péroncel-Hugoz, Villes du Sud / **131**
Odette du Puigaudeau, Grandeur des îles / **286**
Jean Rolin, La ligne de front / **96**
Jean Rolin, Journal de Gand aux Aléoutiennes / **244**
Jean Rolin, Chemins d'eau / **300**
Marie Rouanet, Balades des jours ordinaires / **403**
Marie Rouanet, Dans la douce chair des villes / **475**
Corrado Ruggeri, À table avec les cannibales / **483**
Pierre Savorgnan de Brazza, Au cœur de l'Afrique / **183**
Annemarie Schwarzenbach, La mort en Perse / **342**
Annemarie Schwarzenbach, Orient exils / **384**
Freya Stark, La vallée des Assassins / **321**
Fanny Stevenson, Le voyage de la Janet Nichol / **301**
Robert Louis Stevenson, Dans les mers du Sud / **248**
John M. Synge, Les îles Aran / **302**
Colin Thubron, Les Russes / **52**
Colin Thubron, Derrière la Grande Muraille / **118**
Gérard Toffin, Les tambours de Katmandou / **353**
Florence Trystram, Le procès des étoiles / **136**
Mark Twain, La vie sur le Mississippi, tome I / **91**, tome II / **105**
Mark Twain, À la dure, tome I / **170**, tome II / **171**
Mark Twain, Le voyage des innocents / **259**
Laurens Van der Post, Le monde perdu du Kalahari / **291**
Daniel Vaxelaire, Les chasseurs d'épices / **222**
Monique Vérité, Odette du Puigaudeau / **405**
Éric Vibart, Alain Gerbault / **89**
Paul-Émile Victor, L'iglou / **252**
Michel Vieuchange, Smara / **141**
Vivienne de Watteville, Un thé chez les éléphants / **385**
Vivienne de Watteville,
Petite musique de chambre sur le mont Kenya / **389**
Evelyn Waugh, Bagages enregistrés / **73**
Evelyn Waugh, Hiver africain / **103**
Olivier Weber, Chasseurs de dragons / **392**
Olivier Weber, Voyage au pays de toutes les Russies / **460**
Edith Wharton,
Les mœurs françaises et comment les comprendre / **462**
Jacques Yonnet, Rue des Maléfices / **245**
Gavin Young, C'est encore loin la Chine ? / **164**

Achevé d'imprimer en Février 2005
par Novoprint (Barcelone)

Dépôt légal : Mars 2005

Imprimé en Espagne